BIBLIOTHÈQUE ROSE ILLUSTRÉE

ŒUVRES CHOISIES

DE

MOLIÈRE

ILLUSTRÉES DE 22 VIGNETTES

PAR E. HILLEMACHER

TOME SECOND

M. DE POURCEAUGNAC
LE BOURGEOIS GENTILHOMME — LES FEMMES SAVANTES
LE MALADE IMAGINAIRE

> C'est à mon sens comme un bienfait public
> que de faire aimer Molière à plus de gens.
> SAINTE-BEUVE.

PARIS
LIBRAIRIE DE L. HACHETTE ET Cie
BOULEVARD SAINT-GERMAIN, N° 77
1866

PRIX : 2 FRANCS

ŒUVRES CHOISIES

DE

MOLIÈRE

IMPRIMERIE GÉNÉRALE DE CH. LAHURE
Rue de Fleurus, 9, à Paris

ŒUVRES CHOISIES

DE

MOLIÈRE

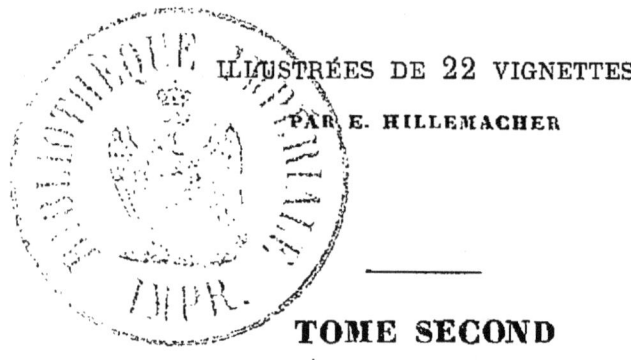

ILLUSTRÉES DE 22 VIGNETTES

PAR E. HILLEMACHER

TOME SECOND

M. DE POURCEAUGNAC
LE BOURGEOIS GENTILHOMME — LES FEMMES SAVANTES
LE MALADE IMAGINAIRE

> C'est à mon sens comme un bienfait public
> que de faire aimer Molière à plus de gens.
> SAINTE-BEUVE.

PARIS

LIBRAIRIE DE L. HACHETTE ET Cie

BOULEVARD SAINT-GERMAIN, N° 77

—

1866

Tous droits réservés

MONSIEUR DE POURCEAUGNAC

COMÉDIE-BALLET

1669

PERSONNAGES.

M. DE POURCEAUGNAC. (Molière.)

ORONTE.

JULIE, fille d'Oronte. (La femme de Molière.)

ÉRASTE, amant de Julie.

NÉRINE, femme d'intrigue, feinte Picarde.

LUCETTE, feinte Gasconne.

SBRIGANI, Napolitain, homme d'intrigue.

PREMIER MÉDECIN.

SECOND MÉDECIN.

UN APOTHICAIRE.

UN PAYSAN.

UNE PAYSANNE.

PREMIER SUISSE.

SECOND SUISSE.

UN EXEMPT.

DEUX ARCHERS.

La scène est à Paris.

MONSIEUR DE POURCEAUGNAC.

COMEDIE-BALLET[1].

ACTE PREMIER.

SCÈNE I. — JULIE, ÉRASTE, NÉRINE.

JULIE. — Mon Dieu! Éraste, gardons d'être surpris. Je tremble qu'on ne nous voie ensemble; et tout seroit perdu après la défense que l'on m'a faite.

ÉRASTE. — Je regarde de tous côtés, et je n'aperçois rien.

JULIE, à Nérine. — Aie aussi l'œil au guet, Nérine; et prends bien garde qu'il ne vienne personne.

NÉRINE, se retirant dans le fond du théâtre. — Reposez-vous sur moi, et dites hardiment ce que vous avez à vous dire.

JULIE. — Avez-vous imaginé pour notre affaire quel-

---

1. *Monsieur de Pourceaugnac* fut joué devant le roi à Chambord en septembre 1669, et sur le théâtre du Palais-Royal le 15 novembre de la même année.

que chose de favorable? et croyez-vous, Éraste, pouvoir venir à bout de détourner ce fâcheux mariage que mon père s'est mis en tête?

ÉRASTE. — Au moins, y travaillons-nous fortement; et déjà nous avons préparé un bon nombre de batteries pour renverser ce dessein ridicule.

NÉRINE, accourant, à Julie. — Par ma foi, voilà votre père.

JULIE. — Ah! séparons-nous vite.

NÉRINE. — Non, non, non, ne bougez; je m'étois trompée.

JULIE. — Mon Dieu! Nérine, que tu es sotte de nous donner de ces frayeurs!

ÉRASTE. — Oui, belle Julie, nous avons dressé pour cela quantité de machines : et nous ne feignons point de mettre tout en usage, sur la permission que vous m'avez donnée. Ne nous demandez point tous les ressorts que nous ferons jouer; vous en aurez le divertissement; et, comme aux comédies, il est bon de vous laisser le plaisir de la surprise, et de ne vous avertir point de tout ce qu'on vous fera voir : c'est assez de vous dire que nous avons en main divers stratagèmes tout prêts à produire dans l'occasion, et que l'ingénieuse Nérine et l'adroit Sbrigani entreprennent l'affaire.

NÉRINE. — Assurément. Votre père se moque-t-il, de vouloir vous anger[1] de son avocat de Limoges, monsieur de Pourceaugnac, qu'il n'a vu de sa vie, et qui vient par le coche vous enlever à notre barbe? Faut-il que trois ou quatre mille écus de plus, sur la parole de votre oncle, lui fassent rejeter un amant qui vous agrée? et une per-

---

1. *Anger*, vieux mot qui signifie charger, embarrasser.

sonne comme vous est-elle faite pour un Limousin? S'il a envie de se marier, que ne prend-il une Limousine, et ne laisse-t-il en repos les chrétiens? Le seul nom de monsieur de Pourceaugnac m'a mise dans une colère effroyable. J'enrage de monsieur de Pourceaugnac. Quand il n'y auroit que ce nom-là, monsieur de Pourceaugnac, j'y brûlerai mes livres, ou je romprai ce mariage; et vous ne serez point madame de Pourceaugnac. Pourceaugnac! cela se peut-il souffrir? Non, Pourceaugnac est une chose que je ne saurois supporter; et nous lui jouerons tant de pièces, nous lui ferons tant de niches sur niches, que nous renverrons à Limoges monsieur de Pourceaugnac[1].

ÉRASTE. — Voici notre subtil Napolitain, qui nous dira des nouvelles.

SCÈNE II. JULIE, ÉRASTE, SBRIGANI, NÉRINE.

SBRIGANI. — Monsieur, votre homme arrive. Je l'ai vu à trois lieues d'ici, où a couché le coche; et, dans la cuisine, où il est descendu pour déjeuner, je l'ai étudié une bonne grosse demi-heure, et je le sais déjà par cœur. Pour sa figure, je ne veux point vous en parler : vous verrez de quel air la nature l'a dessinée, et si l'ajustement qui l'accompagne y répond comme il faut; mais, pour son esprit, je vous avertis, par avance, qu'il est des plus épais qui se fassent; que nous trouvons en lui une

---

1. Huit fois le nom de Pourceaugnac dans cette tirade de colère si comique; on est las du personnage avant de l'avoir vu.

matière tout à fait disposée pour ce que nous voulons, et qu'il est homme enfin à donner dans tous les panneaux qu'on lui présentera.

ÉRASTE. — Nous dis-tu vrai?

SBRIGANI. — Oui, si je me connois en gens.

NÉRINE. — Madame, voilà un illustre. Votre affaire ne pouvoit être mise en de meilleures mains, et c'est le héros de notre siècle pour les exploits dont il s'agit; un homme qui, vingt fois en sa vie pour servir ses amis, a généreusement affronté les galères; qui, au péril de ses bras et de ses épaules, sait mettre noblement à fin les aventures les plus difficiles, et qui, tel que vous le voyez, est exilé de son pays pour je ne sais combien d'actions honorables qu'il a généreusement entreprises.

SBRIGANI. — Je suis confus des louanges dont vous m'honorez; et je pourrois vous en donner avec plus de justice sur les merveilles de votre vie, et principalement sur la gloire que vous acquîtes, lorsque avec tant d'honnêteté vous pipâtes au jeu, pour douze mille écus, ce jeune seigneur étranger que l'on mena chez vous; lorsque vous fîtes galamment ce faux contrat qui ruina toute une famille; lorsque avec tant de grandeur d'âme, vous sûtes nier le dépôt qu'on vous avoit confié; et que si généreusement on vous vit prêter votre témoignage à faire pendre ces deux personnes qui ne l'avoient pas mérité.

NÉRINE. — Ce sont petites bagatelles qui ne valent pas qu'on en parle; et vos éloges me font rougir[1].

SBRIGANI. — Je veux bien épargner votre modestie;

---

1. Nérine et Sbrigani sont encore plus fanfarons de vice que coquins, sans cela leur liaison déshonorerait tout à fait Julie et Éraste. Quoi qu'il en soit, cette scène imitée de Plaute blesse les convenances et la morale.

laissons cela, et, pour commencer notre affaire, allons vite joindre notre provincial, tandis que de votre côté vous nous tiendrez prêts au besoin les autres acteurs de la comédie.

ÉRASTE. — Au moins, madame, souvenez-vous de votre rôle ; et, pour mieux couvrir notre jeu, feignez, comme on vous a dit, d'être la plus contente du monde des résolutions de votre père.

JULIE. — S'il ne tient qu'à cela, les choses iront à merveille.

ÉRASTE. — Mais, belle Julie, si toutes nos machines venoient à ne pas réussir ?

JULIE. — Je déclarerai à mon père mes véritables sentimens.

ÉRASTE. — Et si, contre vos sentimens, il s'obstinoit à son dessein ?

JULIE. — Je le menacerois de me jeter dans un couvent.

ÉRASTE. — Mais si, malgré tout cela, il vouloit vous forcer à ce mariage ?

JULIE. — Que voulez-vous que je vous dise ?

ÉRASTE. — Ce que je veux que vous me disiez !

JULIE. — Oui.

ÉRASTE. — Ce qu'on dit quand on aime bien.

JULIE. — Mais quoi ?

ÉRASTE. — Que rien ne pourra vous contraindre ; et que, malgré tous les efforts d'un père, vous me promettez d'être à moi.

JULIE. — Mon Dieu ! Éraste, contentez-vous de ce que je fais maintenant, et n'allez point tenter sur l'avenir les résolutions de mon cœur ; ne fatiguez point mon devoir par les propositions d'une fâcheuse extrémité dont peut-être n'aurons-nous pas besoin ; et, s'il y faut venir, souffrez au moins que j'y sois entraînée par la suite des choses.

ÉRASTE. — Hé bien !...

SBRIGANI. — Ma foi ! voici notre homme : songeons à nous.

NÉRINE. — Ah ! comme il est bâti !

SCÈNE III. — M. DE POURCEAUGNAC, SBRIGANI.

MONSIEUR DE POURCEAUGNAC, se tournant du côté d'où il est venu, et parlant à des gens qui le suivent. — Hé bien ! quoi ? Qu'est-ce ? Qu'y a-t-il ? Au diantre soit la sotte ville, et les sottes gens qui y sont ! Ne pouvoir faire un pas sans trouver des nigauds qui vous regardent et se mettent à rire ! Hé ! messieurs les badauds, faites vos affaires, et laissez passer les personnes sans leur rire au nez. Je me donne au diable, si je ne baille un coup de poing au premier que je verrai rire.

SBRIGANI, parlant aux mêmes personnes. — Qu'est-ce que c'est, messieurs ? Que veut dire cela ? A qui en avez-vous ? Faut-il se moquer ainsi des honnêtes étrangers qui arrivent ici ?

MONSIEUR DE POURCEAUGNAC. — Voilà un homme raisonnable, celui-là.

SBRIGANI. — Quel procédé est le vôtre ? et qu'avez-vous à rire ?

MONSIEUR DE POURCEAUGNAC. — Fort bien.

SBRIGANI. — Monsieur a-t-il quelque chose de ridicule en soi ?

MONSIEUR DE POURCEAUGNAC. — Oui.

SBRIGANI. — Est-il autrement que les autres?

MONSIEUR DE POURCEAUGNAC. — Suis-je tortu ou bossu?

SBRIGANI. — Apprenez à connoître les gens.

MONSIEUR DE POURCEAUGNAC. — C'est bien dit.

SBRIGANI. — Monsieur est d'une mine à respecter.

MONSIEUR DE POURCEAUGNAC. — Cela est vrai.

SBRIGANI. — Personne de condition.

MONSIEUR DE POURCEAUGNAC. — Oui; gentilhomme limousin.

SBRIGANI. — Homme d'esprit.

MONSIEUR DE POURCEAUGNAC. — Qui a étudié en droit.

SBRIGANI. — Il vous fait trop d'honneur de venir dans votre ville.

MONSIEUR DE POURCEAUGNAC. — Sans doute.

SBRIGANI. — Monsieur n'est point une personne à faire rire.

MONSIEUR DE POURCEAUGNAC. — Assurément.

SBRIGANI. — Et quiconque rira de lui, aura affaire à moi.

MONSIEUR DE POURCEAUGNAC, à Sbrigani. — Monsieur, je vous suis infiniment obligé.

SBRIGANI. — Je suis fâché, monsieur, de voir recevoir de la sorte une personne comme vous; et je vous demande pardon pour la ville[1].

MONSIEUR DE POURCEAUGNAC. — Je suis votre serviteur.

SBRIGANI. — Je vous ai vu ce matin, monsieur, avec

---

1. Trait d'un comique excellent; cette entrée de Pourceaugnac est des plus divertissantes: la vanité crédule du Limousin est merveilleusement dessinée.

le coche, lorsque vous avez déjeuné; et la grâce avec laquelle vous mangiez votre pain m'a fait naître d'abord de l'amitié pour vous; et, comme je sais que vous n'êtes jamais venu en ce pays, et que vous y êtes tout neuf, je suis bien aise de vous avoir trouvé, pour vous offrir mon service à cette arrivée, et vous aider à vous conduire parmi ce peuple, qui n'a pas, parfois, pour les honnêtes gens, toute la considération qu'il faudroit.

MONSIEUR DE POURCEAUGNAC. — C'est trop de grâce que vous me faites.

SBRIGANI. — Je vous l'ai déjà dit : du moment que je vous ai vu, je me suis senti pour vous de l'inclination.

MONSIEUR DE POURCEAUGNAC. — Je vous suis obligé.

SBRIGANI. — Votre physionomie m'a plu.

MONSIEUR DE POURCEAUGNAC. — Ce m'est beaucoup d'honneur.

SBRIGANI. — J'y ai vu quelque chose d'honnête.

MONSIEUR DE POURCEAUGNAC. — Je suis votre serviteur.

SBRIGANI. — Quelque chose d'aimable.

MONSIEUR DE POURCEAUGNAC. — Ah! ah!

SBRIGANI. — De gracieux.

MONSIEUR DE POURCEAUGNAC. — Ah! ah!

SBRIGANI. — De doux.

MONSIEUR DE POURCEAUGNAC. — Ah! ah!

SBRIGANI. — De majestueux.

MONSIEUR DE POURCEAUGNAC. — Ah! ah!

SBRIGANI — De franc.

MONSIEUR DE POURCEAUGNAC. — Ah! ah!

SBRIGANI. — Et de cordial.

MONSIEUR DE POURCEAUGNAC. — Ah! ah!

SBRIGANI. Je vous assure que je suis tout à vous.

MONSIEUR DE POURCEAUGNAC. — Je vous ai beaucoup d'obligation.

SBRIGANI. — C'est du fond du cœur que je parle.

MONSIEUR DE POURCEAUGNAC. — Je le crois.

SBRIGANI. — Si j'avois l'honneur d'être connu de vous, vous sauriez que je suis un homme tout à fait sincère.

MONSIEUR DE POURCEAUGNAC. — Je n'en doute point.

SBRIGANI. — Ennemi de la fourberie.

MONSIEUR DE POURCEAUGNAC. — J'en suis persuadé.

SBRIGANI. — Et qui n'est pas capable de déguiser ses sentimens.

MONSIEUR DE POURCEAUGNAC. — C'est ma pensée.

SBRIGANI. — Vous regardez mon habit, qui n'est pas fait comme les autres ; mais je suis originaire de Naples, à votre service, et j'ai voulu conserver un peu et la manière de s'habiller, et la sincérité de mon pays.

MONSIEUR DE POURCEAUGNAC. — C'est fort bien fait. Pour moi, j'ai voulu me mettre à la mode de la cour pour la campagne.

SBRIGANI. — Ma foi, cela vous va mieux qu'à tous nos courtisans.

MONSIEUR DE POURCEAUGNAC. — C'est ce que m'a dit mon tailleur. L'habit est propre et riche, et il fera du bruit ici.

SBRIGANI. — Sans doute. N'irez-vous pas au Louvre ?

MONSIEUR DE POURCEAUGNAC. — Il faudra bien aller faire ma cour.

SBRIGANI. — Le roi sera ravi de vous voir.

MONSIEUR DE POURCEAUGNAC. — Je le crois.

SBRIGANI. — Avez-vous arrêté un logis ?

MONSIEUR DE POURCEAUGNAC. — Non ; j'allois en chercher un.

SBRIGANI. — Je serai bien aise d'être avec vous pour cela ; et je connois tout ce pays-ci.

SCÈNE IV. ÉRASTE, M. DE POURCEAUGNAC, SBRIGANI.

ÉRASTE. — Ah ! Qu'est-ce ceci ? Que vois-je ? Quelle heureuse rencontre ! Monsieur de Pourceaugnac ! Que je suis ravi de vous voir ! Comment ! il semble que vous ayez peine à me reconnoître[1] !

MONSIEUR DE POURCEAUGNAC. — Monsieur, je suis votre serviteur.

ÉRASTE. — Est-il possible que cinq ou six années m'aient ôté de votre mémoire, et que vous ne reconnoissiez pas le meilleur ami de toute la famille des Pourceaugnacs ?

MONSIEUR DE POURCEAUGNAC. — Pardonnez-moi. (Bas, à Sbrigani.) Ma foi, je ne sais qui il est.

ÉRASTE. — Il n'y a pas un Pourceaugnac à Limoges que je ne connoisse, depuis le plus grand jusques au plus petit ; je ne fréquentois qu'eux dans le temps que j'y étois, et j'avois l'honneur de vous voir presque tous les jours.

MONSIEUR DE POURCEAUGNAC. — C'est moi qui l'ai reçu, monsieur.

ÉRASTE. — Vous ne vous remettez point mon visage ?

---

1. Cette scène est une des meilleures de la pièce, bien au-dessus de la farce et digne de la comédie. La sottise produit le même effet chez Pourceaugnac que la passion chez Harpagon ; il donne toutes les réponses de l'enquête qu'il fait sans s'en apercevoir, et se trouve convaincu à la fin de ce dialogue où il a seul parlé.

MONSIEUR DE POURCEAUGNAC. — Si fait. (A Sbrigani.) Je ne le connois point.

ÉRASTE. — Vous ne vous ressouvenez pas que j'ai eu le bonheur de boire avec vous, je ne sais combien de fois?

MONSIEUR DE POURCEAUGNAC. — Excusez-moi. (A Sbrigani.) Je ne sais ce que c'est.

ÉRASTE. Comment appelez-vous ce traiteur de Limoges qui fait si bonne chère?

MONSIEUR DE POURCEAUGNAC. — Petit-Jean?

ÉRASTE. — Le voilà. Nous allions le plus souvent ensemble chez lui nous réjouir. Comment est-ce que vous nommez à Limoges ce lieu où l'on se promène?

MONSIEUR DE POURCEAUGNAC. — Le cimetière des Arènes?

ÉRASTE. — Justement. C'est où je passois de si douces heures à jouir de votre agréable conversation. Vous ne vous remettez pas tout cela?

MONSIEUR DE POURCEAUGNAC. — Excusez-moi; je me le remets. (A Sbrigani.) Diable emporte si je m'en souviens.

SBRIGANI, bas, à M. de Pourceaugnac. — Il y a cent choses comme cela qui passent de la tête.

ÉRASTE. — Embrassez-moi donc, je vous prie, et resserrons les nœuds de notre ancienne amitié.

SBRIGANI, à M. de Pourceaugnac. — Voilà un homme qui vous aime fort.

ÉRASTE. — Dites-moi un peu des nouvelles de toute la parenté. Comment se porte monsieur votre.... là.... qui est si honnête homme?

MONSIEUR DE POURCEAUGNAC. — Mon frère le consul?

ÉRASTE. — Oui.

MONSIEUR DE POURCEAUGNAC. — Il se porte le mieux du monde.

ÉRASTE. -- Certes, j'en suis ravi. Et celui qui est de si bonne humeur? Là.... monsieur votre....

MONSIEUR DE POURCEAUGNAC. — Mon cousin l'assesseur?

ÉRASTE. — Justement.

MONSIEUR DE POURCEAUGNAC. — Toujours gai et gaillard.

ÉRASTE. — Ma foi, j'en ai beaucoup de joie. Et monsieur votre oncle? Le....

MONSIEUR DE POURCEAUGNAC. — Je n'ai point d'oncle.

ÉRASTE. — Vous aviez pourtant en ce temps-là....

MONSIEUR DE POURCEAUGNAC. — Non : rien qu'une tante.

ÉRASTE. — C'est ce que je voulois dire : madame votre tante. Comment se porte-t-elle?

MONSIEUR DE POURCEAUGNAC. — Elle est morte depuis six mois.

ÉRASTE. — Hélas! la pauvre femme! Elle étoit si bonne personne!

MONSIEUR DE POURCEAUGNAC. — Nous avons aussi mon neveu le chanoine qui a pensé mourir de la petite vérole.

ÉRASTE. — Quel dommage ç'auroit été!

MONSIEUR DE POURCEAUGNAC. — Le connoissez-vous aussi?

ÉRASTE. — Vraiment, si je le connois! Un grand garçon bien fait.

MONSIEUR DE POURCEAUGNAC. — Pas des plus grands.

ÉRASTE. — Non; mais de taille bien prise.

MONSIEUR DE POURCEAUGNAC. — Hé! oui.

ACTE I, SCÈNE IV.

ÉRASTE. — Qui est votre neveu?

MONSIEUR DE POURCEAUGNAC. — Oui.

ÉRASTE. — Fils de votre frère ou de votre sœur?

MONSIEUR DE POURCEAUGNAC. — Justement.

ÉRASTE. — Chanoine de l'église de... Comment l'appelez-vous?

MONSIEUR DE POURCEAUGNAC. — De Saint-Étienne.

ÉRASTE. — Le voilà; je ne connois autre.

MONSIEUR DE POURCEAUGNAC, à Sbrigani. — Il dit toute la parenté.

SBRIGANI. — Il vous connoît plus que vous ne croyez.

MONSIEUR DE POURCEAUGNAC. — A ce que je vois, vous avez demeuré longtemps dans notre ville?

ÉRASTE. — Deux ans entiers.

MONSIEUR DE POURCEAUGNAC. — Vous étiez donc là quand mon cousin l'élu fit tenir son enfant à monsieur le gouverneur.

ÉRASTE. — Vraiment oui; j'y fus convié des premiers.

MONSIEUR DE POURCEAUGNAC. — Cela fut galant.

ÉRASTE. — Très-galant.

MONSIEUR DE POURCEAUGNAC. — C'étoit un repas bien troussé.

ÉRASTE. — Sans doute.

MONSIEUR DE POURCEAUGNAC. — Vous vîtes donc aussi la querelle que j'eus avec ce gentilhomme périgordin?

ÉRASTE. — Oui.

MONSIEUR DE POURCEAUGNAC. — Parbleu! il trouva à qui parler.

ÉRASTE. — Ah! ah!

MONSIEUR DE POURCEAUGNAC. — Il me donna un soufflet; mais je lui dis bien son fait.

ÉRASTE. — Assurément. Au reste, je ne prétends pas que vous preniez d'autre logis que le mien.

MONSIEUR DE POURCEAUGNAC. — Je n'ai garde de....

ÉRASTE. — Vous moquez-vous? Je ne souffrirai point du tout que mon meilleur ami soit autre part que dans ma maison.

MONSIEUR DE POURCEAUGNAC. — Ce seroit vous....

ÉRASTE. — Non. Le diable m'emporte! vous logerez chez moi.

SBRIGANI, à M. de Pourceaugnac. — Puisqu'il le veut obstinément, je vous conseille d'accepter l'offre.

ÉRASTE. — Où sont vos hardes?

MONSIEUR DE POURCEAUGNAC. — Je les ai laissées, avec mon valet, où je suis descendu.

ÉRASTE. — Envoyez-les querir par quelqu'un.

MONSIEUR DE POURCEAUGNAC. — Non. Je lui ai défendu de bouger, à moins que j'y fusse moi-même, de peur de quelque fourberie.

SBRIGANI. — C'est prudemment avisé.

MONSIEUR DE POURCEAUGNAC. — Ce pays-ci est un peu sujet à caution.

ÉRASTE. — On voit les gens d'esprit en tout.

SBRIGANI. — Je vais accompagner monsieur, et le ramènerai où vous voudrez.

ÉRASTE. — Oui. Je serai bien aise de donner quelques ordres, et vous n'avez qu'à revenir à cette maison-là.

SBRIGANI. — Nous sommes à vous tout à l'heure.

ÉRASTE, à M. de Pourceaugnac. — Je vous attends avec impatience.

MONSIEUR DE POURCEAUGNAC, à Sbrigani. — Voilà une connoissance où je ne m'attendois point.

SBRIGANI. — Il a la mine d'être honnête homme.

ÉRASTE, seul. — Ma foi, monsieur de Pourceaugnac, nous vous en donnerons de toutes les façons; les choses sont préparées, et je n'ai qu'à frapper. Holà!

SCÈNE V. — ÉRASTE, UN APOTHICAIRE.

ÉRASTE. — Je crois, monsieur, que vous êtes le médecin à qui l'on est venu parler de ma part?

L'APOTHICAIRE. — Non, monsieur; ce n'est pas moi qui suis le médecin; à moi n'appartient pas cet honneur, et je ne suis qu'apothicaire; apothicaire indigne, pour vous servir.

ÉRASTE. — Et monsieur le médecin est-il à la maison?

L'APOTHICAIRE. — Oui. Il est là embarrassé à expédier quelques malades; et je vais lui dire que vous êtes ici.

ÉRASTE. — Non, ne bougez; j'attendrai qu'il ait fait. C'est pour lui mettre entre les mains certain parent que nous avons, dont on lui a parlé, et qui se trouve attaqué de quelque folie, que nous serions bien aise qu'il pût guérir avant que de le marier.

L'APOTHICAIRE. — Je sais ce que c'est, je sais ce que c'est; et j'étois avec lui quand on lui a parlé de cette affaire. Ma foi, ma foi! vous ne pouviez pas vous adresser à un médecin plus habile. C'est un homme qui sait la médecine à fond, comme je sais ma croix de par Dieu[1];

---

1. Alphabet pour apprendre à lire aux enfants et dont la première lettre était précédée d'une croix. Ces deux scènes abondent en traits mordants contre les médecins, dont Molière ne se lassait jamais de poursuivre le pédantisme et la fausse science. La savante étude d'un jeune docteur, M. Maurice Raynaud, *les médecins au temps de Molière*, est venue donner raison à notre grand comique.

et qui, quand on devroit crever, ne démordroit pas d'un *iota* des règles des anciens. Oui, il suit toujours le grand chemin, le grand chemin, et ne va point chercher midi à quatorze heures ; et, pour tout l'or du monde, il ne voudroit pas avoir guéri une personne avec d'autres remèdes que ceux que la Faculté permet.

ÉRASTE. — Il fait fort bien. Un malade ne doit point vouloir guérir que la Faculté n'y consente.

L'APOTHICAIRE. — Ce n'est pas parce que nous sommes grands amis que j'en parle ; mais il y a plaisir, il y a plaisir d'être son malade ; et j'aimerois mieux mourir de ses remèdes, que de guérir de ceux d'un autre. Car, quoi qu'il puisse arriver, on est assuré que les choses sont toujours dans l'ordre, et, quand on meurt sous sa conduite, vos héritiers n'ont rien à vous reprocher.

ÉRASTE. — C'est une grande consolation pour un défunt !

L'APOTHICAIRE. — Assurément. On est bien aise au moins d'être mort méthodiquement. Au reste, il n'est pas de ces médecins qui marchandent les maladies ; c'est un homme expéditif, expéditif, qui aime à dépêcher ses malades ; et, quand on a à mourir, cela se fait avec lui le plus vite du monde.

ÉRASTE. — En effet, il n'est rien tel que de sortir promptement d'affaire.

L'APOTHICAIRE. — Cela est vrai. A quoi bon tant barguigner[1] et tant tourner autour du pot ? Il faut savoir vitement le court ou le long d'une maladie.

ÉRASTE. — Vous avez raison.

L'APOTHICAIRE. — Voilà déjà trois de mes enfans dont

---

1 Hésiter, tergiverser, marchander.

il m'a fait l'honneur de conduire la maladie, qui sont morts en moins de quatre jours, et qui, entre les mains d'un autre, auroient langui plus de trois mois.

ÉRASTE. — Il est bon d'avoir des amis comme cela.

L'APOTHICAIRE. — Sans doute. Il ne me reste plus que deux enfans, dont il prend soin comme des siens; il les traite et gouverne à sa fantaisie, sans que je me mêle de rien; et, le plus souvent, quand je reviens de la ville, je suis tout étonné que je les trouve saignés ou purgés par son ordre.

ÉRASTE. — Voilà des soins fort obligeans.

L'APOTHICAIRE. — Le voici, le voici, le voici qui vient.

SCÈNE VI. — ÉRASTE, PREMIER MÉDECIN, UN APOTHICAIRE, UN PAYSAN, UNE PAYSANNE.

LE PAYSAN, au médecin. — Monsieur, il n'en peut plus; et il dit qu'il sent dans la tête les plus grandes douleurs du monde.

PREMIER MÉDECIN. — Le malade est un sot; d'autant plus que, dans la maladie dont il est attaqué, ce n'est pas la tête, selon Galien, mais la rate qui lui doit faire mal.

LE PAYSAN. — Quoi que c'en soit, monsieur, il a toujours, avec cela, son cours de ventre depuis six mois.

PREMIER MÉDECIN. — Bon! c'est signe que le dedans se dégage. Je l'irai visiter dans deux ou trois jours; mais, s'il mouroit avant ce temps-là, ne manquez pas de m'en donner avis; car il n'est pas de la civilité qu'un médecin visite un mort.

LA PAYSANNE, au médecin. — Mon père, monsieur, est toujours malade de plus en plus.

PREMIER MÉDECIN. — Ce n'est pas ma faute. Je lui donne des remèdes ; que ne guérit-il ? Combien a-t-il été saigné de fois ?

LA PAYSANNE. — Quinze, monsieur, depuis vingt jours.

PREMIER MÉDECIN. — Quinze fois saigné ?

LA PAYSANNE. — Oui.

PREMIER MÉDECIN. — Et il ne guérit point ?

LA PAYSANNE. — Non, monsieur.

PREMIER MÉDECIN. — C'est signe que la maladie n'est pas dans le sang. Nous le ferons purger autant de fois, pour voir si elle n'est pas dans les humeurs ; et, si rien ne nous réussit, nous l'enverrons aux bains.

L'APOTHICAIRE. — Voilà le fin, cela ; voilà le fin de la médecine.

SCÈNE VII. — ÉRASTE, PREMIER MÉDECIN, UN APOTHICAIRE.

ÉRASTE, au médecin. — C'est moi, monsieur qui vous ai envoyé parler, ces jours passés, pour un parent un peu troublé d'esprit, que je veux vous donner chez vous, afin de le guérir avec plus de commodité, et qu'il soit vu de moins de monde.

PREMIER MÉDECIN. — Oui, monsieur ; j'ai déjà disposé tout, et promets d'en avoir tous les soins imaginables.

ÉRASTE. — Le voici.

PREMIER MÉDECIN. — La conjoncture est tout à fait heureuse, et j'ai ici un ancien de mes amis, avec lequel je serai bien aise de consulter sa maladie.

SCÈNE VIII. — M. DE POURCEAUGNAC, ÉRASTE,
PREMIER MÉDECIN, UN APOTHICAIRE.

ÉRASTE, à M. de Pourceaugnac. — Une petite affaire m'est survenue, qui m'oblige à vous quitter ; (montrant le médecin) mais voilà une personne entre les mains de qui je vous laisse, qui aura soin pour moi de vous traiter du mieux qu'il lui sera possible.

PREMIER MÉDECIN. — Le devoir de ma profession m'y oblige ; et c'est assez que vous me chargiez de ce soin.

MONSIEUR DE POURCEAUGNAC, à part. — C'est son maître d'hôtel, et il faut que ce soit un homme de qualité.

PREMIER MÉDECIN, à Éraste. — Oui ; je vous assure que je traiterai monsieur méthodiquement et dans toutes les régularités de notre art.

MONSIEUR DE POURCEAUGNAC. — Mon Dieu ! il ne me faut point tant de cérémonies, et je ne viens pas ici pour incommoder.

PREMIER MÉDECIN. — Un tel emploi ne me donne que de la joie.

ÉRASTE, au médecin. — Voilà toujours six pistoles d'avance, en attendant ce que j'ai promis.

MONSIEUR DE POURCEAUGNAC. — Non, s'il vous plaît ; je n'entends pas que vous fassiez de dépense, et que vous envoyiez rien acheter pour moi.

ÉRASTE. — Mon Dieu ! laissez faire. Ce n'est pas pour ce que vous pensez.

MONSIEUR DE POURCEAUGNAC. — Je vous demande de ne me traiter qu'en ami.

ÉRASTE. — C'est ce que je veux faire. (Bas au médecin.) Je vous recommande surtout de ne point le laisser sortir de vos mains; car, parfois, il veut s'échapper.

PREMIER MÉDECIN. — Ne vous mettez pas en peine.

ÉRASTE, à M. de Pourceaugnac. — Je vous prie de m'excuser de l'incivilité que je commets.

MONSIEUR DE POURCEAUGNAC. — Vous vous moquez; et c'est trop de grâce que vous me faites.

SCÈNE IX. — M. DE POURCEAUGNAC, PREMIER MÉDECIN, SECOND MÉDECIN, UN APOTHICAIRE.

PREMIER MÉDECIN. — Ce m'est beaucoup d'honneur, monsieur, d'être choisi pour vous rendre service.

MONSIEUR DE POURCEAUGNAC. — Je suis votre serviteur.

PREMIER MÉDECIN. — Voici un habile homme, mon confrère, avec lequel je vais consulter la manière dont nous vous traiterons.

MONSIEUR DE POURCEAUGNAC. — Il ne faut point tant de façons, vous dis-je, et je suis homme à me contenter de l'ordinaire.

PREMIER MÉDECIN. — Allons, des siéges. (Des laquais entrent, et donnent des siéges.)

MONSIEUR DE POURCEAUGNAC, à part. — Voilà, pour un jeune homme, des domestiques bien lugubres.

PREMIER MÉDECIN. — Allons, monsieur : prenez votre place, monsieur. (Les deux médecins font asseoir M. de Pourceaugnac entre eux deux.)

MONSIEUR DE POURCEAUGNAC, s'asseyant. — Votre très-humble valet. (Les deux médecins lui prennent chacun une main pour lui tâter le pouls.) Que veut dire cela?

PREMIER MÉDECIN. — Mangez-vous bien, monsieur?

MONSIEUR DE POURCEAUGNAC. — Oui; et bois encore mieux.

PREMIER MÉDECIN. — Tant pis! Cette grande appétition du froid et de l'humide, est une indication de la chaleur et sécheresse qui est au dedans. Dormez-vous fort?

MONSIEUR DE POURCEAUGNAC. — Oui; quand j'ai bien soupé.

PREMIER MÉDECIN. — Faites-vous des songes?

MONSIEUR DE POURCEAUGNAC. — Quelquefois.

PREMIER MÉDECIN. — De quelle nature sont-ils?

MONSIEUR DE POURCEAUGNAC. — De la nature des songes. Quelle diable de conversation est-ce là?

PREMIER MÉDECIN. — Vos déjections, comment sont-elles?

MONSIEUR DE POURCEAUGNAC. — Ma foi, je ne comprends rien à toutes ces questions; et je veux plutôt boire un coup.

PREMIER MÉDECIN. — Un peu de patience. Nous allons raisonner sur votre affaire devant vous; et nous le ferons en françois, pour être plus intelligibles.

MONSIEUR DE POURCEAUGNAC. — Quel grand raisonnement faut-il pour manger un morceau?

PREMIER MÉDECIN. — Comme ainsi soit qu'on ne puisse guérir une maladie qu'on ne la connoisse parfaitement, et qu'on ne la puisse parfaitement connoître sans en bien établir l'idée particulière, et la véritable espèce, par ses signes diagnostiques et prognostiques¹ ; vous me permettrez, monsieur notre ancien, d'entrer en considération de la maladie dont il s'agit, avant que de toucher à la thérapeutique², et aux remèdes qu'il nous conviendra faire pour la parfaite curation d'icelle. Je dis donc, monsieur, avec votre permission, que notre malade ici présent est malheureusement attaqué, affecté, possédé, travaillé de cette sorte de folie que nous nommons fort bien mélancolie hypocondriaque ; espèce de folie très-fâcheuse, et qui ne demande pas moins qu'un Esculape comme vous, consommé dans notre art : vous, dis-je, qui avez blanchi, comme on dit, sous le harnois, et auquel il en a tant passé par les mains, de toutes les façons. Je l'appelle mélancolie hypocondriaque, pour la distinguer des deux autres ; car le célèbre Galien³ établit doctement, à son ordinaire, trois espèces de cette maladie, que nous nommons mélancolie, ainsi appelée, non-seulement par les Latins, mais encore par les Grecs : ce qui est bien à remarquer pour notre affaire. La première, qui vient du propre vice du cerveau ; la seconde, qui vient de tout le sang, fait et rendu atrabilaire ; la troisième, appelée hypocondriaque, qui est la nôtre, laquelle procède particulièrement de la rate, dont la chaleur et l'inflammation portent au cerveau de notre malade beaucoup de fuligines épaisses et crasses, dont la vapeur noire et maligne cause dépravation aux fonctions de la faculté princesse, et fait la ma-

---

1. *Signes diagnostiques*, symptômes auxquels on reconnaît la maladie ; *signes prognostiques*, symptômes qui aident à en prévoir les effets.

2. *Thérapeutique*, l'art d'appliquer le remède.

3. Ce célèbre médecin de Pergame, contemporain de Marc-Aurèle était, au dix-septième siècle, la grande autorité de la Faculté de Paris.

MONSIEUR DE POURCEAUGNAC. — Que veut dire cela? (Page 23.)

ladie dont, par notre raisonnement, il est manifestement atteint et convaincu. Qu'ainsi ne soit[1] : pour diagnostic incontestable de ce que je dis, vous n'avez qu'à considérer ce grand sérieux que vous voyez, cette tristesse accompagnée de crainte et de défiance, signes pathognomoniques et individuels de cette maladie, si bien marquée chez le divin vieillard Hippocrate[2], cette physionomie, ces yeux rouges et hagards, cette grande barbe, cette habitude du corps, menue, grêle, noire et velue, lesquels signes le dénotent très-affecté de cette maladie, procédant du vice des hypocondres ; laquelle maladie, par laps de temps, naturalisée, envieillie, habituée, et ayant pris droit de bourgeoisie chez lui, pourrait bien dégénérer ou en manie, ou en phthisie, ou en apoplexie, ou même en fine frénésie et fureur. Tout ceci supposé, puisqu'une maladie bien connue est à demi guérie, car, *ignoti nulla est curatio morbi*, il ne vous sera pas difficile de convenir des remèdes que nous devons faire à monsieur. Premièrement, pour remédier à cette pléthore obturante, et à cette cacochymie luxuriante par tout le corps, je suis d'avis qu'il soit phlébotomisé libéralement ; c'est-à-dire que les saignées soient fréquentes et plantureuses, et même, si le mal est opiniâtre, de lui ouvrir la veine du front, et que l'ouverture soit large, afin que le gros sang puisse sortir ; et, en même temps, de le purger, de le désopiler, et comme la véritable source de tout le mal est ou une humeur crasse et féculente, ou une vapeur noire et grossière, qui obscurcit, infecte et salit les esprits animaux, il est à propos ensuite qu'il

---

1. Ellipses au lieu de « afin que vous ne disiez que cela ne soit pas ainsi » dans le sens de « et comme preuve. »

2. Célèbre médecin grec, le père de la medecine.

prenne un bain d'eau pure et nette, avec force petit-lait clair, pour purifier, par l'eau, la féculence de l'humeur crasse, et éclaircir, par le lait clair, la noirceur de cette vapeur. Mais, avant toute chose, je trouve qu'il est bon de le réjouir par agréables conversations, chants et instruments de musique ; à quoi il n'y a point d'inconvénient de joindre des danseurs, afin que leurs mouvemens, disposition et agilité, puissent exciter et réveiller la paresse de ses esprits engourdis, qui occasionne l'épaisseur de son sang, d'où procède la maladie. Voilà les remèdes que j'imagine, auxquels pourront être ajoutés beaucoup d'autres meilleurs, par monsieur notre maître et ancien, suivant l'expérience, jugement, lumière et suffisance qu'il s'est acquise dans notre art. *Dixi.*

SECOND MÉDECIN. — A Dieu ne plaise, monsieur, qu'il me tombe en pensée d'ajouter rien à ce que vous venez de dire. Vous avez si bien discouru sur tous les signes, les symptômes et les causes de la maladie de monsieur ; le raisonnement que vous en avez fait est si docte et si beau, qu'il est impossible qu'il ne soit pas fou et mélancolique hypocondriaque ; et, quand il ne le seroit pas, il faudroit qu'il le devînt, pour la beauté des choses que vous avez dites, et la justesse du raisonnement que vous avez fait. Oui, monsieur, vous avez dépeint fort graphiquement tout ce qui appartient à cette maladie. Il ne se peut rien de plus doctement, sagement, ingénieusement conçu, pensé, imaginé, que ce que vous avez prononcé au sujet de ce mal ; et il ne me reste rien ici, que de féliciter monsieur d'être tombé entre vos mains, et de lui dire qu'il est trop heureux d'être fou, pour éprouver l'efficace et la douceur des remèdes que vous avez si judicieusement proposés. Je les approuve tous, *manibus et pedibus descendo in tuam sententiam*[1]. Tout ce que j'y voudrois ajouter, c'est de faire les saignées et les purgations en nombre impair, *numero Deus impare gaudet*[2]; de prendre le lait clair avant le bain; de lui composer un fronteau[3] où il entre du sel, le sel est le symbole de la sagesse; de faire blanchir les murailles de sa chambre, pour dissiper les ténèbres de ses esprits, *album est disgregativum visûs*[4]; et de lui donner tout à l'heure un petit lavement, pour servir de prélude et d'introduction à ces judicieux remèdes, dont, s'il a à guérir, il doit recevoir du soulagement. Fasse le ciel que ces remèdes, monsieur, qui sont les vôtres, réussissent au malade, selon notre intention!

MONSIEUR DE POURCEAUGNAC. — Messieurs, il y a une heure que je vous écoute. Est-ce que nous jouons ici une comédie?

PREMIER MÉDECIN. — Non, monsieur, nous ne jouons point.

MONSIEUR DE POURCEAUGNAC. — Qu'est-ce que tout ceci? et que voulez-vous dire avec votre galimatias et vos sottises?

PREMIER MÉDECIN. — Bon! dire des injures! Voilà un diagnostic qui nous manquoit pour la confirmation de son mal; et ceci pourroit bien tourner en manie.

MONSIEUR DE POURCEAUGNAC, à part. — Avec qui m'a-t-on mis ici? (Il crache deux ou trois fois.)

1. « Je donne les mains à votre opinion; je m'y range sans réserve. »
2. « Les dieux aiment le nombre impair. »
3. Bandeau pour le front.
4. « Le blanc fatigue la vue. » Citation faite à contre-sens pour rendre le médecin plus ridicule.

PREMIER MÉDECIN. — Autre diagnostique : la sputation fréquente.

MONSIEUR DE POURCEAUGNAC. — Laissons cela, et sortons d'ici.

PREMIER MÉDECIN. — Autre encore : l'inquiétude de changer de place.

MONSIEUR DE POURCEAUGNAC. — Qu'est-ce donc que toute cette affaire? et que me voulez-vous?

PREMIER MÉDECIN. — Vous guérir, selon l'ordre qui nous a été donné.

MONSIEUR DE POURCEAUGNAC. — Me guérir?

PREMIER MÉDECIN. — Oui.

MONSIEUR DE POURCEAUGNAC. — Parbleu! je ne suis pas malade.

PREMIER MÉDECIN. — Mauvais signe, lorsqu'un malade ne sent pas son mal.

MONSIEUR DE POURCEAUGNAC. — Je vous dis que je me porte bien.

PREMIER MÉDECIN. — Nous savons mieux que vous comment vous vous portez; et nous sommes médecins qui voyons clair dans votre constitution.

MONSIEUR DE POURCEAUGNAC. — Si vous êtes médecins, je n'ai que faire de vous; et je me moque de la médecine.

PREMIER MÉDECIN. — Hom! hom! voici un homme plus fou que nous ne pensions.

MONSIEUR DE POURCEAUGNAC. — Mon père et ma mère n'ont jamais voulu de remèdes, et ils sont morts tous deux sans l'assistance des médecins.

PREMIER MÉDECIN. — Je ne m'étonne pas s'ils ont un fils qui est insensé. (Au second médecin.) Allons, procédons à la curation; et, par la douceur exhilarante de l'harmonie, adoucissons, lénifions, et accoissons[1] l'aigreur de ses esprits, que je vois prêts à s'enflammer.

SCÈNE X. — M. DE POURCEAUGNAC, seul.

Que diable est-ce là? Les gens de ce pays-ci sont-ils insensés? Je n'ai jamais rien vu de tel, et je n'y comprends rien du tout.

SCÈNE XI. — M. DE POURCEAUGNAC, UN APOTHICAIRE, tenant une seringue.

L'APOTHICAIRE. — Monsieur, voici un petit remède, un petit remède, qu'il vous faut prendre, s'il vous plaît, s'il vous plaît!

MONSIEUR DE POURCEAUGNAC. — Comment? je n'ai que faire de cela.

L'APOTHICAIRE. — Il a été ordonné, monsieur, il a été ordonné.

MONSIEUR DE POURCEAUGNAC. — Ah! que de bruit?

L'APOTHICAIRE. — Prenez-le, monsieur, prenez-le; il ne vous fera point de mal, il ne vous fera point de mal.

MONSIEUR DE POURCEAUGNAC. — Ah!

L'APOTHICAIRE. — C'est un petit clystère, un petit clystère, bénin, bénin; il est bénin, bénin : là, prenez, prenez, monsieur; c'est pour déterger, pour déterger, déterger.

1. *Accoissons,* pour calmer, rendre coi. Bossuet s'en sert aussi dans le *Traité de la connaissance de Dieu.*

SCÈNE XII. — M. DE POURCEAUGNAC, UN APOTHICAIRE, DEUX MÉDECINS grotesques, MATASSINS, avec des seringues, en disant en italien :

Prenez-le, monsieur, prenez-le ; il ne vous fera pas de mal[1].

MONSIEUR DE POURCEAUGNAC. — Allez-vous-en au diable. (M. de Pourceaugnac, mettant son chapeau pour se garantir des seringues, est suivi par les deux médecins et par les matassins ; il passe par derrière le théâtre et revient se mettre sur sa chaise, auprès de laquelle il retrouve l'apothicaire qui l'attendoit ; les deux médecins et les matassins rentrent aussi. M. de Pourceaugnac s'enfuit avec sa chaise ; l'apothicaire appuie sa seringue contre, et les médecins et les matassins le suivent.)

---

1. L'anecdote si connue de la duchesse de Bourgogne prenant un clystère dans la chambre du roi, pendant que toute la cour y est rassemblée, explique pourquoi Molière, dans ce siècle bien plus grossier qu'on ne le croit généralement, emploie des plaisanteries qui choquent notre délicatesse actuelle, et qui alors étaient toutes naturelles.

ACTE DEUXIÈME.

SCÈNE I. — PREMIER MÉDECIN, SBRIGANI.

PREMIER MÉDECIN. — Il a forcé tous les obstacles que j'avois mis, et s'est dérobé aux remèdes que je commençois de lui faire.

SBRIGANI. — C'est être bien ennemi de soi-même, que de fuir des remèdes aussi salutaires que les vôtres.

PREMIER MÉDECIN. — Marques d'un cerveau démonté, et d'une raison dépravée, que de ne vouloir pas guérir.

SBRIGANI. — Vous l'auriez guéri haut la main.

PREMIER MÉDECIN. — Sans doute : quand il y auroit eu complication de douze maladies.

SBRIGANI. — Cependant, voilà cinquante pistoles bien acquises qu'il vous fait perdre[1].

PREMIER MÉDECIN. — Moi, je n'entends point les perdre, et prétends le guérir en dépit qu'il en ait. Il est lié et engagé à mes remèdes ; et je veux le faire saisir où je le trouverai, comme déserteur de la médecine et infracteur de mes ordonnances.

SBRIGANI. — Vous avez raison. Vos remèdes étoient un coup sûr, et c'est de l'argent qu'il vous vole.

---

1. Sbrigani ne discute pas, il va droit à l'argument convaincant.

PREMIER MÉDECIN. — Où puis-je en avoir des nouvelles?

SBRIGANI. — Chez le bonhomme Oronte, assurément, dont il vient épouser la fille, et qui, ne sachant rien de l'infirmité de son gendre futur, voudra peut-être se hâter de conclure le mariage.

PREMIER MÉDECIN. — Je vais lui parler tout à l'heure.

SBRIGANI. — Vous ne ferez point mal.

PREMIER MÉDECIN. — Il est hypothéqué à mes consultations; et un malade ne se moquera pas d'un médecin.

SBRIGANI. — C'est fort bien dit à vous; et, si vous m'en croyez, vous ne souffrirez point qu'il se marie, que vous ne l'ayez pansé tout votre soûl.

PREMIER MÉDECIN. — Laissez-moi faire.

SBRIGANI, à part, en s'en allant. — Je vais, de mon côté, dresser une autre batterie, et le beau-père est aussi dupe que le gendre.

SCÈNE II. — ORONTE, PREMIER MÉDECIN.

PREMIER MÉDECIN. — Vous avez, monsieur, un certain monsieur de Pourceaugnac qui doit épouser votre fille?

ORONTE. — Oui; je l'attends de Limoges, et il devroit être arrivé.

PREMIER MÉDECIN. — Aussi l'est-il, et il s'en est fui de chez moi, après y avoir été mis; mais je vous défends, de la part de la médecine, de procéder au mariage que vous avez conclu, que je ne l'aie dûment préparé pour cela.

ORONTE. — Comment donc?

PREMIER MÉDECIN. — Votre prétendu gendre a été constitué mon malade; sa maladie, qu'on m'a donnée à guérir, est un meuble qui m'appartient, et que je compte entre mes effets; et je vous déclare que je ne prétends point qu'il se marie, qu'au préalable il n'ait satisfait à la médecine, et subi les remèdes que je lui ai ordonnés.

ORONTE. — Il a quelque mal?

PREMIER MÉDECIN. — Oui.

ORONTE. — Et quel mal, s'il vous plaît?

PREMIER MÉDECIN. — Ne vous en mettez pas en peine.

ORONTE. — Est-ce quelque mal?...

PREMIER MÉDECIN. — Les médecins sont obligés au secret. Il suffit que je vous ordonne, à vous et à votre fille, de ne point célébrer, sans mon consentement, vos noces avec lui, sur peine d'encourir la disgrâce de la Faculté, et d'être accablés de toutes les maladies qu'il nous plaira.

ORONTE. — Je n'ai garde, si cela est, de faire le mariage.

PREMIER MÉDECIN. — On me l'a mis entre les mains et il est obligé d'être mon malade.

ORONTE. — A la bonne heure.

PREMIER MÉDECIN. — Il a beau fuir; je le ferai condamner, par arrêt, à se faire guérir par moi.

ORONTE. — J'y consens.

PREMIER MÉDECIN. — Oui, il faut qu'il crève ou que je le guérisse.

ORONTE. — Je le veux bien.

PREMIER MÉDECIN. — Et, si je ne le trouve, je m'en prendrai à vous; et je vous guérirai au lieu de lui.

ORONTE. — Je me porte bien.

PREMIER MÉDECIN. — Il n'importe. Il me faut un malade ; et je prendrai qui je pourrai.

ORONTE. — Prenez qui vous voudrez ; mais ce ne sera pas moi. (Seul.) Voyez un peu la belle raison !

SCÈNE III. — ORONTE, SBRIGANI, en marchand flamand[1].

SBRIGANI. — Montsir, afec le fôtre permission, je suisse un trancher marchand flamane qui foudroit bienne fous temandair un petit nouvel.

ORONTE. — Quoi, monsieur ?

SBRIGANI. — Mettez le fôtre chapeau sur le tête, montsir, si ve plaît.

ORONTE. — Dites-moi, monsieur, ce que vous voulez ?

SBRIGANI. — Moi le dire rien, montsir, si fous le mettre pas le chapeau sur le tête.

ORONTE. — Soit. Qu'y a-t-il, monsieur ?

SBRIGANI. — Fous connoître point en sti file un certe montsir Oronte ?

ORONTE. — Oui, je le connois.

SBRIGANI. — Et quel homme est-il, montsir, si ve plaît ?

ORONTE. — C'est un homme comme les autres.

SBRIGANI. — Je fous temande, montsir, s'il est un homme riche qui a du bienne ?

ORONTE. — Oui.

SBRIGANI. — Mais riche beaucoup grandement, montsir ?

---

1. N'oublions pas que cette pièce, malgré quelques scènes d'excellente comédie, n'est au fond qu'une farce.

ORONTE. — Oui.

SBRIGANI. — J'en suis aise beaucoup, montsir.

ORONTE. — Mais pourquoi cela?

SBRIGANI. — L'est, montsir, pour un petit raisonne de conséquence pour nous.

ORONTE. — Mais encore pourquoi?

SBRIGANI. — L'est, montsir, que sti montsir Oronte donne son fille en mariage à un certe montsir de Pourceaugnac?

ORONTE. — Hé bien?

SBRIGANI. — Et sti montsir de Pourceaugnac, montsir, l'est un homme que doivre beaucoup grandement, à dix ou douze marchands flamanes qui être venus ici.

ORONTE. — Ce monsieur de Pourceaugnac doit beaucoup à dix ou douze marchands?

SBRIGANI. — Oui, montsir; et, depuis huit mois, nous afoir obtenir un petit sentence contre lui; et lui a remettre à payer tous ce créanciers de sti mariage que sti montsir Oronte donne pour son fille.

ORONTE. — Hon, hon! il a remis là à payer ses créanciers?

SBRIGANI. — Oui, montsir, et avec un grand défotion nous tous attendre sti mariage.

ORONTE, à part. — L'avis n'est pas mauvais. (Haut.) Je vous donne le bonjour.

SBRIGANI. — Je remercie, montsir, de la faveur grande.

ORONTE. — Votre très-humble valet.

SBRIGANI. — Je le suis, montsir, obliger plus que beaucoup du bon nouvel que montsir m'afoir donné. (Seul, après avoir ôté sa barbe et dépouillé l'habit de Flamand qu'il a par-dessus le sien.) Cela ne va pas mal. Quittons notre ajustement de Flamand, pour songer à d'autres machines;

et tâchons de semer tant de soupçons et de division entre le beau-père et le gendre que cela rompe le mariage prétendu. Tous deux également sont propres à gober les hameçons qu'on leur veut tendre; et, entre nous autres fourbes de la première classe, nous ne faisons que nous jouer, lorsque nous trouvons un gibier aussi facile que celui-là.

SCÈNE IV. — M. DE POURCEAUGNAC, SBRIGANI.

MONSIEUR DE POURCEAUGNAC, apercevant Sbrigani. — Ah !

SBRIGANI. — Qu'est-ce, monsieur, qu'avez-vous ?

MONSIEUR DE POURCEAUGNAC. — Tout ce que je vois me semble lavement.

SBRIGANI. — Comment ?

MONSIEUR DE POURCEAUGNAC. — Vous ne savez pas ce qui m'est arrivé dans ce logis à la porte duquel vous m'avez conduit ?

SBRIGANI. — Non, vraiment. Qu'est-ce que c'est ?

MONSIEUR DE POURCEAUGNAC. — Je pensois y être régalé comme il faut.

SBRIGANI. — Hé bien ?

MONSIEUR DE POURCEAUGNAC. — Je vous laisse entre les mains de monsieur. Des médecins habillés de noir. Dans une chaise. Tâter le pouls. Comme ainsi soit. Il est fou. Deux gros joufflus. Grands chapeaux. Six pantalons[1]. Ta, ra, ta, ta; ta, ra, ta ta. Apothicaire. Lave-

---

1. Danseurs extravagants, d'où l'on a fait *Pantalonnade*. Ce résumé de Pourceaugnac est des plus plaisants et rappelle en quelques lignes une bonne scène.

ment. Prenez, monsieur; prenez, prenez. Il est bénin, bénin, bénin. C'est pour déterger, pour déterger, déterger. Jamais je n'ai été si saoul de sottises.

SBRIGANI. — Qu'est-ce que tout cela veut dire?

MONSIEUR DE POURCEAUGNAC. — Cela veut dire que cet homme-là, avec ses grandes embrassades, est un fourbe qui m'a mis dans une maison pour se moquer de moi, et me faire une pièce.

SBRIGANI. — Cela est-il possible?

MONSIEUR DE POURCEAUGNAC. — Sans doute. Ils étoient une douzaine de possédés après mes chausses; et j'ai eu toutes les peines du monde à m'échapper de leurs pattes.

SBRIGANI. — Voyez un peu; les mines sont bien trompeuses! Je l'aurois cru le plus affectionné de vos amis. Voilà un de mes étonnemens, comme il est possible qu'il y ait des fourbes comme cela dans le monde.

MONSIEUR DE POURCEAUGNAC. — Ne sens-je point le lavement[1]? Voyez, je vous prie.

SBRIGANI. — Hé! il y a quelque petite chose qui approche de cela.

MONSIEUR DE POURCEAUGNAC. — J'ai l'odorat et l'imagination tout remplis de cela; et il me semble toujours que je vois une douzaine de lavemens qui me couchent en joue.

SBRIGANI. — Voilà une méchanceté bien grande, et les hommes sont bien traîtres et scélérats!

MONSIEUR DE POURCEAUGNAC. — Enseignez-moi, de grâce, le logis de monsieur Oronte; je suis bien aise d'y aller tout à l'heure.

---

1. Rabelais a dit de même : « les médecins (de Montpellier) sentaient les clystères comme vieux diables. »

SBRIGANI. — Ah! ah! vous avez ouï parler que ce monsieur Oronte a une fille?...

MONSIEUR DE POURCEAUGNAC. — Oui, je viens l'épouser.

SBRIGANI. — L'é.... l'épouser?

MONSIEUR DE POURCEAUGNAC. — Oui.

SBRIGANI. — Ah! c'est une autre chose; et je vous demande pardon.

MONSIEUR DE POURCEAUGNAC. — Qu'est-ce que cela veut dire?

SBRIGANI. — Rien.

MONSIEUR DE POURCEAUGNAC. — Mais encore?

SBRIGANI. — Rien, vous dis-je. J'ai un peu parlé trop vite.

MONSIEUR DE POURCEAUGNAC. — Je vous prie de me dire ce qu'il y a là-dessous.

SBRIGANI. — Non : cela n'est point nécessaire.

MONSIEUR DE POURCEAUGNAC. — De grâce.

SBRIGANI. — Point. Je vous prie de m'en dispenser.

MONSIEUR DE POURCEAUGNAC. — Est-ce que vous n'êtes pas de mes amis?

SBRIGANI. — Si fait. On ne peut pas l'être davantage.

MONSIEUR DE POURCEAUGNAC. — Vous devez donc ne me rien cacher.

SBRIGANI. — C'est une chose où il y va de l'intérêt du prochain.

MONSIEUR DE POURCEAUGNAC. — Afin de vous obliger à m'ouvrir votre cœur, voilà une petite bague que je vous prie de garder pour l'amour de moi.

SBRIGANI. — Laissez-moi consulter un peu si je le puis faire en conscience. (Après s'être un peu éloigné de M. de Pourceaugnac.) C'est un homme qui cherche son bien, qui tâche de pourvoir sa fille le plus avantageusement qu'il est possible, et il ne faut nuire à personne. Ce sont des choses qui sont connues, à la vérité ; mais j'irai les découvrir à un homme qui les ignore ; et il est défendu de scandaliser son prochain. Cela est vrai ; mais, d'autre part, voilà un étranger qu'on veut surprendre, et qui, de bonne foi, vient se marier avec une fille qu'il ne connoît pas et qu'il n'a jamais vue : un gentilhomme plein de franchise, pour qui je me sens de l'inclination, qui me fait l'honneur de me tenir pour son ami, prend confiance en moi, et me donne une bague à garder pour l'amour de lui (A M. de Pourceaugnac). Oui, je trouve que je puis vous dire les choses sans blesser ma conscience : mais tâchons de vous les dire le plus doucement qu'il nous sera possible, et d'épargner les gens le plus que nous pourrons. De vous dire que cette fille-là mène une vie déshonnête, cela seroit un peu trop fort. Cherchons, pour nous expliquer, quelques termes plus doux. Le mot de coquette achevée me semble propre à ce que nous voulons, et je m'en puis servir pour vous dire honnêtement ce qu'il en est.

MONSIEUR DE POURCEAUGNAC. — L'on me veut donc prendre pour dupe ?

SBRIGANI. — Peut-être, dans le fond, n'y a-t-il pas tant de mal que tout le monde croit.

MONSIEUR DE POURCEAUGNAC. — Je suis votre serviteur.

SBRIGANI. — Voilà le père.

MONSIEUR DE POURCEAUGNAC. — Ce vieillard-là ?

SBRIGANI. — Oui. Je me retire.

SCÈNE V. — ORONTE, M. DE POURCEAUGNAC.

MONSIEUR DE POURCEAUGNAC. — Bonjour, monsieur, bonjour.

ORONTE. — Serviteur, monsieur, serviteur.

MONSIEUR DE POURCEAUGNAC. — Vous êtes monsieur Oronte, n'est-ce pas?

ORONTE. — Oui.

MONSIEUR DE POURCEAUGNAC. — Et moi, monsieur de Pourceaugnac.

ORONTE. — A la bonne heure.

MONSIEUR DE POURCEAUGNAC. — Croyez-vous, monsieur Oronte, que les Limosins soient des sots?

ORONTE. — Croyez-vous, monsieur de Pourceaugnac, que les Parisiens soient des bêtes[1]?

SCÈNE VI. — M. DE POURCEAUGNAC, JULIE, ORONTE.

JULIE. — On vient de me dire, mon père, que monsieur de Pourceaugnac est arrivé. Ah! le voilà sans doute, et mon cœur me le dit. Qu'il est bien fait! Qu'il a bon air! et que je suis contente d'avoir un tel époux! Souffrez que je l'embrasse, et que je lui témoigne[2]....

1. Scène des plus vraies lorsqu'on songe à l'idée qu'Oronte et Pourceaugnac ont conçu l'un de l'autre.
2. On doit blâmer cette scène. Elle est la conséquence de la triste liaison de Julie et d'Éraste avec un Sbrigani et une Nérine. « Dis-moi qui tu hantes, et je te dirai qui tu es. » Éternelle leçon à l'usage de tous les âges. Convenances et délicatesse, tout est blessé.

ORONTE. — Doucement, ma fille, doucement. Je voudrois bien savoir, monsieur de Pourceaugnac, par quelle raison vous venez....

JULIE s'approche de M. de Pourceaugnac, le regarde d'un air languissant, et lui veut prendre la main. — Que je suis aise de vous voir!

MONSIEUR DE POURCEAUGNAC, à part. — Vertu de ma vie!

ORONTE, à Julie. — Encore? Qu'est-ce à dire, cela? Rentrez là dedans.

JULIE. — Laissez-moi le regarder.

ORONTE. — Rentrez, vous dis-je.

JULIE — Je veux demeurer là, s'il vous plaît.

ORONTE. — Je ne veux pas, moi; et, si tu ne rentres tout à l'heure, je....

JULIE. — Hé bien! je rentre.

ORONTE. — Ma fille est une sotte qui ne sait pas les choses.

MONSIEUR DE POURCEAUGNAC, à part. — Comme nous lui plaisons!

ORONTE, à Julie, qui est restée après avoir fait quelques pas pour s'en aller. — Tu ne veux pas te retirer?

JULIE. — Quand est-ce donc que vous me marierez avec monsieur?

ORONTE. — Jamais; et tu n'es pas pour lui.

JULIE. — Je le veux avoir, moi, puisque vous me l'avez promis.

ORONTE. — Si je te l'ai promis, je te le dépromets.

MONSIEUR DE POURCEAUGNAC, à part. — Elle voudroit bien me tenir.

JULIE. — Vous avez beau faire : nous serons mariés ensemble en dépit de tout le monde.

ORONTE. — Je vous en empêcherai bien tous deux, je vous assure. Voyez un peu quel *vertigo* lui prend.

SCÈNE VII. — ORONTE, M. DE POURCEAUGNAC.

MONSIEUR DE POURCEAUGNAC. — Mon Dieu! notre beau-père prétendu, ne vous fatiguez point tant; on n'a pas envie de vous enlever votre fille, et vos grimaces n'attraperont rien.

ORONTE. — Toutes les vôtres n'auront pas grand effet.

MONSIEUR DE POURCEAUGNAC. — Vous êtes-vous mis dans la tête que Léonard de Pourceaugnac soit un homme à acheter chat en poche, et qu'il n'ait pas là dedans quelque morceau de judiciaire pour se conduire, pour se faire informer de l'histoire du monde?

ORONTE. — Je ne sais pas ce que cela veut dire, mais vous êtes-vous mis dans la tête qu'un homme de soixante-trois ans ait si peu de cervelle, et considère si peu sa fille, que de la marier à un homme qui a été mis chez un médecin?

MONSIEUR DE POURCEAUGNAC. — C'est une pièce que l'on m'a faite, et je n'ai aucun mal.

ORONTE. — Le médecin me l'a dit lui-même.

MONSIEUR DE POURCEAUGNAC. — Le médecin en a menti. Je suis gentilhomme, et je le veux voir l'épée à la main.

ORONTE. — Je sais ce que j'en dois croire; et vous ne m'abuserez pas là-dessus, non plus que sur les dettes que vous avez assignées sur le mariage de ma fille.

MONSIEUR DE POURCEAUGNAC. — Quelles dettes?

ORONTE. — Rentrez là dedans. (Page 43.)

ORONTE. — La feinte ici est inutile; et j'ai vu le marchand flamand, qui, avec les autres créanciers, a obtenu depuis huit mois sentence contre vous.

MONSIEUR DE POURCEAUGNAC. — Quel marchand flamand? Quels créanciers? Quelle sentence obtenue contre moi?

ORONTE. — Vous savez bien ce que je veux dire.

[*La scène VIII est une farce en patois languedocien, dans le genre de celle de Sbrigani, marchand flamand; Lucette, déguisée en Languedocienne, vient, en présence d'Oronte, reprocher à Pourceaugnac de l'avoir abandonnée après leur mariage, il y a sept ans. Oronte, ému des prétendus malheurs de Lucette, dit:*]

Je ne saurois m'empêcher de pleurer (A M. de Pourceaugnac.) Allez, vous êtes un méchant homme.

MONSIEUR DE POURCEAUGNAC. — Je ne connois rien à tout ceci.

[*La scène IX reproduit le même stratagème à l'aide de Nérine, déguisée en Picarde; une dispute s'engage entre les deux femmes qui réclament Pourceaugnac pour leur mari; Nérine et Lucette, comme dernière ressource, afin d'émouvoir le cœur du pauvre Limousin, appellent leurs enfants, cachés des deux côtés du théâtre*[1]*.*]

---

1. Ces scènes sont curieuses comme échantillon des deux langages du Midi et du Nord, la *langue d'Oc* et la *langue d'Oïl*; mais, amusantes au théâtre par le jeu, l'animation des acteurs, elles sont fatigantes à la lecture.

SCÈNE X. — M. DE POURCEAUGNAC, ORONTE, LUCETTE, NÉRINE, PLUSIEURS ENFANTS.

LES ENFANTS, tous ensemble. — Mon papa! mon papa! mon papa!

MONSIEUR DE POURCEAUGNAC. — Au secours! au secours! Où fuirai-je? Je n'en puis plus.

ORONTE. — Allez, vous ferez bien de le faire punir; et il mérite d'être pendu.

SCÈNE XI. — SBRIGANI, seul.

Je conduis de l'œil toutes choses, et tout ceci ne va pas mal. Nous fatiguerons tant notre provincial, qu'il faudra, ma foi, qu'il déguerpisse.

SCÈNE XII. — M. DE POURCEAUGNAC, SBRIGANI.

MONSIEUR DE POURCEAUGNAC. — Ah! je suis assommé! Quelle peine! Quelle maudite ville! Assassiné de tous côtés!

SBRIGANI. — Qu'est-ce, monsieur? Est-il encore arrivé quelque chose?

MONSIEUR DE POURCEAUGNAC. — Oui. Il pleut en ce pays des femmes et des lavemens.

SBRIGANI. — Comment donc?

MONSIEUR DE POURCEAUGNAC. — Deux carognes de

baragouineuses me sont venues accuser de les avoir épousées toutes deux, et me menacent de la justice.

SBRIGANI. — Voilà une méchante affaire, et la justice, en ce pays-ci, est rigoureuse en diable contre cette sorte de crime.

MONSIEUR DE POURCEAUGNAC. — Oui : mais, quand il y auroit information, ajournement, décret et jugement obtenu par surprise, défaut et contumace, j'ai la voie de conflit de juridiction pour temporiser et venir aux moyens de nullité qui seront dans les procédures.

SBRIGANI. — Voilà en parler dans tous les termes ; et l'on voit bien, monsieur, que vous êtes du métier.

MONSIEUR DE POURCEAUGNAC. — Moi! point du tout. Je suis gentilhomme[1].

SBRIGANI. — Il faut bien, pour parler ainsi, que vous ayez étudié la pratique.

MONSIEUR DE POURCEAUGNAC. — Point. Ce n'est que le sens commun qui me fait juger que je serai toujours reçu à mes faits justificatifs, et qu'on ne me sauroit condamner sur une simple accusation, sans un récolement et confrontation avec mes parties.

SBRIGANI. — En voilà de plus fin encore.

MONSIEUR DE POURCEAUGNAC. — Ces mots-là me viennent sans que je les sache.

SBRIGANI. — Il me semble que le sens commun d'un gentilhomme peut bien aller à concevoir ce qui est du droit et de l'ordre de la justice, mais non pas à savoir les vrais termes de la chicane.

MONSIEUR DE POURCEAUGNAC. — Ce sont quelques mots que j'ai retenus en lisant les romans.

---

1. Pour se donner des airs de gentilhomme, c'est-à-dire le don

SBRIGANI. — Ah! fort bien!

MONSIEUR DE POURCEAUGNAC. — Pour vous montrer que je n'entends rien du tout à la chicane, je vous prie de me mener chez quelque avocat, pour consulter mon affaire.

SBRIGANI. — Je le veux, et vais vous conduire chez deux hommes fort habiles; mais j'ai auparavant à vous avertir de n'être point surpris de leur manière de parler; ils ont contracté du barreau certaine habitude de déclamation, qui fait que l'on diroit qu'ils chantent; et vous prendrez pour musique tout ce qu'ils vous diront.

MONSIEUR DE POURCEAUGNAC. — Qu'importe comme ils parlent, pourvu qu'ils me disent ce que je veux savoir?

SCNÈNE XIII. — M. DE POURCEAUGNAC, SBRIGANI, DEUX AVOCATS, DEUX PROCUREURS, DEUX SERGENS.

Le chœur lui dit en chantant :[1]

La polygamie est un cas pendable. Tous les législateurs et glossateurs, chez tous les peuples policés et bien sensés, sont unanimes sur ce point.

M. de Pourceaugnac les chasse, fatigué de leur refrain :

La polygamie est un cas,
Est un cas pendable.

---

de savoir tout sans avoir rien appris, Pourceaugnac renie ces études de droit dont il se vantait. Sc. III, p. 9.

1. La comédie disparaît et fait place à la farce ; Molière ne prend même pas la peine d'expliquer l'affaire aux avocats, et ceux-ci s'élèvent d'eux-mêmes contre la polygamie. Dans ce second acte, le maître ne s'est montré que dans quelques traits excellents.

ACTE TROISIÈME.

SCÈNE I. — ÉRASTE, SBRIGANI.

SBRIGANI. — Oui, les choses s'acheminent où nous voulons; et, comme ses lumières sont fort petites, et son sens le plus borné du monde, je lui ai fait prendre une frayeur si grande de la sévérité de la justice de ce pays, et des apprêts qu'on faisoit déjà pour sa mort, qu'il veut prendre la fuite; et, pour se dérober avec plus de facilité aux gens que je lui ai dit qu'on avoit mis pour l'arrêter aux portes de la ville, il s'est résolu à se déguiser; et le déguisement qu'il a pris est l'habit d'une femme.

ÉRASTE. — Je voudrois bien le voir en cet équipage!

SBRIGANI. — Songez, de votre part, à achever la comédie; et, tandis que je jouerai mes scènes avec lui, allez-vous-en.... (Il lui parle à l'oreille.) Vous entendez bien?

ÉRASTE. — Oui.

SBRIGANI. — Et lorsque je l'aurai mis où je veux.... (Il lui parle à l'oreille.)

ÉRASTE. — Fort bien.

SBRIGANI. — Et quand le père aura été averti par moi.... (Il lui parle encore à l'oreille.)

ÉRASTE. — Cela va le mieux du monde.

SBRIGANI. — Voici notre demoiselle. Allez vite, qu'il ne nous voie ensemble.

SCÈNE II. — M. DE POURCEAUGNAC en femme
SBRIGANI.

SBRIGANI. — Pour moi, je ne crois pas qu'en cet état on puisse jamais vous connoître ; et vous avez la mine, comme cela, d'une femme de condition.

MONSIEUR DE POURCEAUGNAC. — Voilà qui m'étonne, qu'en ce pays-ci les formes de la justice ne soient point observées.

SBRIGANI. — Oui, je vous l'ai déjà dit, ils commencent ici par faire pendre un homme, et puis ils lui font son procès.

MONSIEUR DE POURCEAUGNAC. — Voilà une justice bien injuste.

SBRIGANI. — Elle est sévère comme tous les diables, particulièrement sur ces sortes de crimes.

MONSIEUR DE POURCEAUGNAC. — Mais quand on est innocent ?

SBRIGANI. — N'importe ; ils ne s'enquêtent point de cela : et puis, ils ont en cette ville une haine effroyable pour les gens de votre pays; et ils ne sont point plus ravis que de voir pendre un Limosin.

MONSIEUR DE POURCEAUGNAC. — Qu'est-ce que les Limosins leur ont fait?

SBRIGANI. — Ce sont des brutaux, ennemis de la gentillesse et du mérite des autres villes. Pour moi, je vous avoue que je suis pour vous dans une peur épouvantable ; et je ne me consolerois de ma vie, si vous veniez à être pendu.

MONSIEUR DE POURCEAUGNAC. — Ce n'est pas tant la

peur de la mort qui me fait fuir, que de ce qu'il est fâcheux à un gentilhomme d'être pendu, et qu'une preuve comme celle-là feroit tort à nos titres de noblesse.

SBRIGANI. — Vous avez raison; on vous contesteroit après cela le titre d'écuyer. Au reste, étudiez-vous, quand je vous mènerai par la main, à bien marcher comme une femme, et prendre le langage et toutes les manières d'une personne de qualité.

MONSIEUR DE POURCEAUGNAC. — Laissez-moi faire. J'ai vu les personnes du bel air. Tout ce qu'il y a, c'est que j'ai un peu de barbe.

SBRIGANI. — Votre barbe n'est rien; il y a des femmes qui en ont autant que vous. Çà, voyons un peu comme vous ferez (Après que M. de Pourceaugnac a contrefait la femme de condition.) Bon.

MONSIEUR DE POURCEAUGNAC. — Allons donc, mon carrosse! Où est-ce qu'est mon carrosse? Mon Dieu! qu'on est misérable d'avoir des gens comme cela! Est-ce qu'on me fera attendre toute la journée sur le pavé, et qu'on ne me fera point venir mon carrosse?

SBRIGANI. — Fort bien.

MONSIEUR DE POURCEAUGNAC. — Holà! ho! cocher, petit laquais! Ah! petit fripon, que de coups de fouet je vous ferai donner tantôt! Petit laquais! petit laquais! Où est-ce donc qu'est ce petit laquais? Ce petit laquais ne se trouvera-t-il point? Ne me fera-t-on point venir ce petit laquais? Est-ce que je n'ai point un petit laquais dans le monde?

SBRIGANI. — Voilà qui va à merveille; mais je remarque une chose : cette coiffe est un peu trop déliée : j'en vais quérir une un peu plus épaisse, pour vous mieux cacher le visage, en cas de quelque rencontre.

MONSIEUR DE POURCEAUGNAC. — Que déviendrai-je cependant?

SBRIGANI. — Attendez-moi là. Je suis à vous dans un moment; vous n'avez qu'à vous promener. (M. de Pourceaugnac fait plusieurs tours sur le théâtre, en continuant à contrefaire la femme de qualité.)

SCÈNE III. — M. DE POURCEAUGNAC,
DEUX SUISSES.

PREMIER SUISSE, sans voir M. de Pourceaugnac. — Allons, dépêchons, camerade; li faut allair tous deux nous à la Grève, pour regarter un peu chousticier sti monsiu de Pourcegnac, qui l'a été contané par ortonnance à l'être pendu par son cou.

SECOND SUISSE, sans voir M. de Pourceaugnac. — Li faut nous loër un fenêtre pour foir sti choustice.

PREMIER SUISSE. — Li disent que l'on fait téjà planter un grand potence tout neuve, pour ly accrocher sti Porcegnac.

SECOND SUISSE. — Li sira, mon foi, un grand plaisir, di regarter pendre sti Limossin. (En apercevant M. de Pourceaugnac.) Ah! ponchour, mameselle.

PREMIER SUISSE. — Que faire fous là tout seul?

MONSIEUR DE POURCEAUGNAC. — J'attends mes gens, messieurs.

SECOND SUISSE. — Li est belle, par mon foi!

MONSIEUR DE POURCEAUGNAC. — Doucement, messieurs.

PREMIER SUISSE. — Fous, mameselle, fouloir finir rechouir fous à la Crève ? Nous faire foir à fous un petit pendement pien choli.

MONSIEUR DE POURCEAUGNAC. — Je vous rends grâce.

SECOND SUISSE. — L'est un gentilhomme limossin, qui sera pendu chentiment à un grand potence.

MONSIEUR DE POURCEAUGNAC. — Je n'ai pas de curiosité. (Les deux Suisses tiennent un langage des plus grossiers à Pourceaugnac et le tirent avec violence[1]; à la fin celui-ci s'écrie :

MONSIEUR DE POURCEAUGNAC. — Au secours ! A la force !

SCÈNE IV. — M. DE POURCEAUGNAC, UN EXEMPT,
DEUX ARCHERS, DEUX SUISES.

L'EXEMPT. — Qu'est-ce ? Quelle violence est-ce là ? et que voulez-vous faire à madame ? Allons, que l'on sorte de là, si vous ne voulez que je vous mette en prison.

SCÈNE V. — M. DE POURCEAUGNAC, UN EXEMPT,
DEUX ARCHERS.

MONSIEUR DE POURCEAUGNAC. — Je vous suis bien obligée, monsieur, de m'avoir délivrée de ces insolents.

L'EXEMPT. — Ouais ! voilà un visage qui ressemble bien à celui que l'on m'a dépeint.

MONSIEUR DE POURCEAUGNAC. — Ce n'est pas moi, je vous assure[2].

---

1. Molière retombe ici dans ces scènes basses et triviales dont ses excellentes comédies avaient délivré le théâtre.
2. Trait excellent qu'a fourni l'observation

L'EXEMPT. — Ah! ah! qu'est-ce que veut dire....

MONSIEUR DE POURCEAUGNAC. — Je ne sais pas.

L'EXEMPT. — Pourquoi donc dites-vous cela?

MONSIEUR DE POURCEAUGNAC. — Pour rien.

L'EXEMPT. — Voilà un discours qui marque quelque chose; et je vous arrête prisonnier.

MONSIEUR DE POURCEAUGNAC. — Hé! monsieur, de grâce!

L'EXEMPT. — Non, non : à votre mine et à vos discours, il faut que vous soyez ce monsieur de Pourceaugnac que nous cherchons, qui se soit déguisé de la sorte; et vous viendrez en prison tout à l'heure.

MONSIEUR DE POURCEAUGNAC. — Hélas!

SCÈNE VI. — M. DE POURCEAUGNAC, SBRIGANI,
UN EXEMPT, DEUX ARCHERS.

SBRIGANI, à M. de Pourceaugnac. — Ah ciel! que veut dire cela?

MONSIEUR DE POURCEAUGNAC. — Ils m'ont reconnu.

L'EXEMPT. — Oui, oui : c'est de quoi je suis ravi.

SBRIGANI à l'exempt. — Hé! monsieur, pour l'amour de moi! Vous savez que nous sommes amis, il y a longtemps; je vous conjure de ne le point mener en prison.

L'EXEMPT. — Non : il m'est impossible.

SBRIGANI. — Vous êtes homme d'accommodement. N'y a-t-il pas moyen d'ajuster cela avec quelques pistoles?

L'EXEMPT à ses archers. — Retirez-vous un peu.

MONSIEUR DE POURCEAUGNAC. — Au secours! A la force! (Page 55.)

SCÈNE VII. — M. DE POURCEAUGNAC, SBRIGANI,
UN EXEMPT.

SBRIGANI, à M. de Pourceaugnac. — Il faut lui donner de l'argent pour vous laisser aller. Faites vite.

MONSIEUR DE POURCEAUGNAC, donnant de l'argent à Sbrigani. — Ah! maudite ville!

SBRIGANI. — Tenez, monsieur.

L'EXEMPT. — Combien y a-t-il?

SBRIGANI. — Un, deux, trois, quatre, cinq, six, sept, huit, neuf, dix.

L'EXEMPT. — Non; mon ordre est trop exprès

SBRIGANI, à l'exempt qui veut s'en aller. — Mon Dieu! attendez. (A M. de Pourceaugnac.) Dépêchez; donnez-lui-en encore autant.

MONSIEUR DE POURCEAUGNAC. — Mais....

SBRIGANI. — Dépêchez-vous, vous dis-je, et ne perdez point de temps. Vous auriez un grand plaisir quand vous seriez pendu!

MONSIEUR DE POURCEAUGNAC. — Ah! (Il donne encore de l'argent à Sbrigani.)

SBRIGANI, à l'exempt. Tenez, monsieur.

L'EXEMPT, à Sbrigani. — Il faut donc que je m'enfuie avec lui; car il n'y auroit point ici de sûreté pour moi. Laissez-le-moi conduire, et ne bougez d'ici.

SBRIGANI. — Je vous prie donc d'en avoir un grand soin.

L'EXEMPT. — Je vous promets de ne le point quitter que je ne l'aie mis en lieu de sûreté.

MONSIEUR DE POURCEAUGNAC, à Sbrigani. — Adieu,

voilà le seul honnête homme que j'aie trouvé en cette ville[1].

SBRIGANI. — Ne perdez point de temps. Je vous aime tant, que je voudrois que vous fussiez déjà bien loin. (Seul.) Que le ciel te conduise! Par ma foi, voilà une grande dupe! Mais voici....

SCÈNE VIII. — ORONTE, SBRIGANI.

SBRIGANI, feignant de ne point voir Oronte. — Ah! quelle étrange aventure! Quelle fâcheuse nouvelle pour un père! Pauvre Oronte, que je te plains! Que diras-tu? et de quelle façon pourras-tu supporter cette douleur mortelle?

ORONTE. — Qu'est-ce? Quel malheur me présages-tu?

SBRIGANI. — Ah! monsieur! ce perfide de Limosin? ce traître de M. de Pourceaugnac vous enlève votre fille!

ORONTE. — Il m'enlève ma fille...! Allons vite à la justice! Des archers après eux!

SCÈNE IX. — ORONTE, ÉRASTE, JULIE, SBRIGANI.

[*La scène IX nous montre Éraste ramenant Julie qu'il dit avoir arrêtée lorsqu'elle s'enfuyait avec Pourceaugnac, et la rend à son père :*]

---

1. Ce trait est excellent: la comédie auroit dû finir avec cette

ORONTE. — Je vous suis, seigneur Éraste, infiniment obligé.

ÉRASTE. — Adieu, monsieur. J'avois toutes les ardeurs du monde d'entrer dans votre alliance ; j'ai fait tout ce que j'ai pu pour obtenir un tel honneur : mais j'ai été malheureux, et vous ne m'avez pas jugé digne de cette grâce. Cela n'empêchera pas que je ne conserve pour vous les sentiments d'estime et de vénération où votre personne m'oblige ; et si je n'ai pu être votre gendre, au moins serai-je éternellement votre serviteur.

ORONTE. — Arrêtez, seigneur Éraste. Votre procédé me touche l'âme, et je vous donne ma fille en mariage.

JULIE. — Je ne veux point d'autre mari que monsieur de Pourceaugnac.

ORONTE. — Et je veux, moi, tout à l'heure, que tu prennes le seigneur Éraste. Çà, la main.

JULIE. — Non, je n'en ferai rien.

ORONTE. — Je te donnerai sur les oreilles.

ÉRASTE. — Non, non, monsieur ; ne lui faites point de violence, je vous en prie.

ORONTE. — C'est à elle à m'obéir, et je sais me montrer le maître.

ÉRASTE. — Ne voyez-vous pas l'amour qu'elle a pour cet homme-là ?

ORONTE. — C'est un sortilége qu'il lui a donné ; et vous verrez qu'elle changera de sentiment avant qu'il soit peu. Donnez-moi votre main. Allons.

JULIE. — Je ne....

ORONTE. — Ah ! que de bruit ! Çà, votre main, vous dis-je. Ah ! ah ! ah !

---

scène. Molière a cru devoir ajouter deux scènes indignes de lui pour amener le mariage d'Éraste et de Julie.

ÉRASTE, à Julie. — Ne croyez pas que ce soit pour l'amour de vous que je vous donne la main : ce n'est que monsieur votre père, et c'est lui que j'épouse.

ORONTE. — Je vous suis beaucoup obligé : et j'augmente de dix mille écus le mariage de ma fille. Allons, qu'on fasse venir le notaire pour dresser le contrat.

ÉRASTE. — En attendant qu'il vienne, nous pouvons jouir du divertissement de la saison, et faire entrer les masques que le bruit des noces de monsieur de Pourceaugnac a attirés ici de tous les endroits de la ville.

SCÈNE X. — TROUPE DE MASQUES DANSANTS ET CHANTANTS.

[*L'usage, dit M. Moland dans son excellente édition de Molière, au théâtre est d'égayer encore ce dénoûment : Monsieur de Pourceaugnac paraît dans la salle, dans quelque loge de côté. Le fugitif a toujours son costume de femme de qualité ; l'on veut feindre sans doute qu'il passe en coche ou en poste pour regagner sa ville natale. Il adresse de là un geste amical à l'honnête Sbrigani, et lui recommande bien de le venir voir, s'il va jamais à Limoges. Cette apparition et cette saillie inattendues permettent au rideau de se baisser au milieu d'un dernier éclat de rire général. Ce finale est de tradition à la Comédie-Française.*]

FIN DE MONSIEUR DE POURCEAUGNAC.

LE

BOURGEOIS GENTILHOMME

COMÉDIE-BALLET

1670

PERSONNAGES[1]

M. JOURDAIN, bourgeois. (MOLIÈRE.)
MADAME JOURDAIN, sa femme.
LUCILE, fille de M. Jourdain. (LA FEMME DE MOLIÈRE.)
CLÉONTE, amoureux de Lucile.
DORIMÈNE, marquise.
DORANTE, comte, amant de Dorimène.
NICOLE, servante de M. Jourdain. (MLLE DE BEAUVAL[2].)
COVIELLE, valet de Cléonte.
UN MAITRE DE MUSIQUE.
UN ÉLÈVE DU MAITRE DE MUSIQUE.
UN MAITRE A DANSER.
UN MAITRE D'ARMES.
UN MAITRE DE PHILOSOPHIE.
UN MAITRE TAILLEUR.
UN GARÇON TAILLEUR.
DEUX LAQUAIS.

La scène est à Paris, dans la maison de M. Jourdain.

1. Dans le ballet, le personnage du muphti fut représenté par Lulli.
2. Louis XIV ordonna à cette artiste, par une lettre de cachet, de venir de Mâcon, où elle jouait, à Paris, pour entrer dans la troupe de ses comédiens ainsi que son mari. « Veut et entend Sa Majesté que les comédiens de la troupe qui est présentement à Mâcon aient à les laisser sûrement et librement partir sans leur donner aucun trouble ni empêchement, nonobstant toutes conventions, contrats et traités avec clauses de dédit qu'ils pourroient avoir faits ensemble, dont, attendu qu'il s'agit de la satisfaction et du service de Sa Majesté, elle les a relevés et dispensés. 31 juillet 1670. Signé LOUIS, et plus bas COLBERT. » L'artiste arrivée déplut, il paraît, par suite d'un tic qui nuisait à son jeu, elle riait toujours Molière utilisa ce défaut en lui donnant un rôle où elle rit jusqu'à tomber à terre, et Louis, charmé, l'admit dans la troupe.

LE BOURGEOIS GENTILHOMME.

COMÉDIE-BALLET.

ACTE PREMIER.

L'ouverture se fait par un grand assemblage d'instruments; et, dans le milieu du théâtre, on voit un élève du maître de musique, qui compose sur une table un air que le bourgeois a demandé pour une sérénade.

SCÈNE I. — UN MAITRE DE MUSIQUE, UN MAITRE A DANSER, TROIS MUSICIENS, DEUX VIOLONS, QUATRE DANSEURS.

LE MAÎTRE DE MUSIQUE, aux musiciens. — Venez, entrez dans cette salle et vous reposez là, en attendant qu'il vienne.

LE MAÎTRE A DANSER, aux danseurs. — Et vous aussi, de ce côté.

LE MAÎTRE DE MUSIQUE, à son élève. — Est-ce fait?

1. Les deux premiers actes nous représentent au vif la matinée d'un homme à la mode; d'une si mince matière, notre poëte a su tirer une source inépuisable de comique.

L'ÉLÈVE. — Oui.

LE MAÎTRE DE MUSIQUE. — Voyons.... Voilà qui est bien.

LE MAÎTRE A DANSER. — Est-ce quelque chose de nouveau?

LE MAÎTRE DE MUSIQUE. — Oui, c'est un air pour une sérénade, que je lui ai fait composer ici, en attendant que notre homme fût éveillé.

LE MAÎTRE A DANSER. — Peut-on voir ce que c'est?

LE MAÎTRE DE MUSIQUE. — Vous l'allez entendre avec le dialogue, quand il viendra. Il ne tardera guère.

LE MAÎTRE A DANSER. — Nos occupations, à vous et à moi, ne sont pas petites maintenant.

LE MAÎTRE DE MUSIQUE. — Il est vrai. Nous avons trouvé ici un homme comme il nous le faut à tous deux. Ce nous est une douce rente que ce monsieur Jourdain, avec les visions de noblesse et de galanterie qu'il est allé se mettre en tête; et votre danse et ma musique auroient à souhaiter que tout le monde lui ressemblât.

LE MAÎTRE A DANSER. — Non pas entièrement; et je voudrois, pour lui, qu'il se connût mieux qu'il ne fait aux choses que nous lui donnons.

LE MAÎTRE DE MUSIQUE. — Il est vrai qu'il les connoît mal, mais il les paye bien; et c'est de quoi maintenant nos arts ont plus besoin que de toute autre chose.

LE MAÎTRE A DANSER. — Pour moi, je vous l'avoue, je me repais un peu de gloire. Les applaudissements me touchent; et je tiens que, dans tous les beaux-arts, c'est un supplice assez fâcheux que de se produire à des sots, que d'essuyer, sur des compositions, la barbarie d'un stupide. Il y a plaisir, ne m'en parlez point, à travailler pour des personnes qui soient capables de sentir les délicatesses d'un art; qui sachent faire un doux accueil aux beautés d'un ouvrage, et, par de chatouillantes approbations, vous régaler de votre travail. Oui, la récompense la plus agréable qu'on puisse recevoir des choses que l'on fait, c'est de les voir connues, de les voir caressées d'un applaudissement qui vous honore. Il n'y a rien, à mon avis, qui nous paye mieux que cela de toutes nos fatigues; et ce sont des douceurs exquises que des louanges éclairées [1].

LE MAÎTRE DE MUSIQUE — J'en demeure d'accord; et je les goûte comme vous. Il n'y a rien assurément qui chatouille davantage que les applaudissements que vous dites; mais cet encens ne fait pas vivre. Des louanges toutes pures ne mettent point un homme à son aise : il y faut mêler du solide; et la meilleure façon de louer, c'est de louer avec les mains. C'est un homme, à la vérité, dont les lumières sont petites, qui parle à tort et à travers de toutes choses, et n'applaudit qu'à contre-sens; mais son argent redresse les jugements de son esprit; il a du discernement dans sa bourse; ses louanges sont monnoyées; et ce bourgeois ignorant nous vaut mieux, comme vous voyez, que le grand seigneur éclairé qui nous a introduits ici.

LE MAÎTRE A DANSER. — Il y a quelque chose de vrai dans ce que vous dites; mais je trouve que vous appuyez

---

1. Cette vanité du maître à danser est parfaitement dessinée; elle est fréquente et curieuse dans ces professions qui côtoient l'art sans être l'art lui-même. Vestris, le célèbre danseur, disait: Il n'y a que trois grands hommes en Europe, le roi de Prusse, Voltaire et moi. Le même Vestris guéri d'une maladie mortelle par le médecin Portal, encore jeune et sans grande réputation, lui donna des conseils de tenue et de maintien et termina sa leçon en disant : « Je vous dois la vie, vous me devrez votre fortune; nous voilà quittes. Adieu. »

un peu trop sur l'argent; et l'intérêt est quelque chose de si bas, qu'il ne faut jamais qu'un honnête homme montre pour lui de l'attachement.

LE MAÎTRE DE MUSIQUE. — Vous recevez fort bien pourtant l'argent que notre homme vous donne.

LE MAÎTRE A DANSER. — Assurément; mais je n'en fais pas tout mon bonheur; et je voudrois qu'avec son bien, il eût encore quelque bon goût des choses.

LE MAÎTRE DE MUSIQUE. — Je le voudrois aussi; et c'est à quoi nous travaillons tous deux autant que nous pouvons. Mais, en tout cas, il nous donne moyen de nous faire connaître dans le monde, et il payera pour les autres ce que les autres loueront pour lui.

LE MAÎTRE A DANSER. — Le voilà qui vient.

SCÈNE II. — MONSIEUR JOURDAIN, en robe de chambre et en bonnet de nuit: LE MAITRE DE MUSIQUE, LE MAITRE A DANSER, L'ÉLÈVE DU MAÎTRE DE MUSIQUE, UNE MUSICIENNE, DEUX MUSICIENS, DANSEURS, DEUX LAQUAIS.

MONSIEUR JOURDAIN. — Hé bien, messieurs? Qu'est-ce? Me ferez-vous voir votre petite drôlerie?

LE MAÎTRE A DANSER. — Comment? quelle petite drôlerie?

MONSIEUR JOURDAIN. — Hé! la.... Comment appelez-vous cela? Votre prologue ou dialogue de chansons et de danse.

LE MAÎTRE A DANSER. — Ah! ah!

LE MAÎTRE DE MUSIQUE. — Vous nous y voyez préparés.

MONSIEUR JOURDAIN. — Je vous ai fait un peu atten-

ACTE I, SCÈNE II.

dre ; mais c'est que je me fais habiller aujourd'hui comme les gens de qualité ; et mon tailleur m'a envoyé des bas de soie que j'ai pensé ne mettre jamais.

LE MAÎTRE DE MUSIQUE. — Nous ne sommes ici que pour attendre votre loisir.

MONSIEUR JOURDAIN. — Je vous prie tous deux de ne vous point en aller qu'on ne m'ait apporté mon habit, afin que vous me puissiez voir.

LE MAÎTRE A DANSER. — Tout ce qu'il vous plaira.

MONSIEUR JOURDAIN. — Vous me verrez équipé comme il faut, depuis les pieds jusqu'à la tête.

LE MAÎTRE DE MUSIQUE. — Nous n'en doutons point.

MONSIEUR JOURDAIN. — Je me suis fait faire cette indienne-ci.

LE MAÎTRE A DANSER. — Elle est fort belle.

MONSIEUR JOURDAIN. — Mon tailleur m'a dit que les gens de qualité étoient comme cela le matin.

LE MAÎTRE DE MUSIQUE. — Cela vous sied à merveille.

MONSIEUR JOURDAIN. — Laquais ! holà, mes deux laquais !

PREMIER LAQUAIS. — Que voulez-vous, monsieur ?

MONSIEUR JOURDAIN. — Rien. C'est pour voir si vous m'entendez bien. (Au maître de musique et au maître à danser.) Que dites-vous de mes livrées ?

LE MAÎTRE A DANSER. — Elles sont magnifiques.

MONSIEUR JOURDAIN. — entr'ouvrant sa robe, et faisant voir son haut-de-chausses étroit de velours rouge, et sa camisole de velours vert. — Voici encore un petit déshabillé pour faire, le matin, mes exercices.

LE MAÎTRE DE MUSIQUE. — Il est galant.

MONSIEUR JOURDAIN. — Laquais !

PREMIER LAQUAIS. — Monsieur?

MONSIEUR JOURDAIN. — L'autre laquais!

SECOND LAQUAIS. — Monsieur?

MONSIEUR JOURDAIN, ôtant sa robe de chambre. — Tenez ma robe. (Au maître de musique et au maître à danser.) Me trouvez-vous bien comme cela?

LE MAÎTRE A DANSER. — Fort bien. On ne peut pas mieux.

MONSIEUR JOURDAIN. — Voyons un peu votre affaire.

LE MAÎTRE DE MUSIQUE. — Je voudrois bien auparavant vous faire entendre un air (montrant son élève) qu'il vient de composer pour la sérénade que vous m'avez demandée. C'est un de mes écoliers, qui a pour ces sortes de choses un talent admirable.

MONSIEUR JOURDAIN. — Oui, mais il ne falloit pas faire faire cela par un écolier; et vous n'étiez pas trop bon vous-même pour cette besogne-là.

LE MAÎTRE DE MUSIQUE. — Il ne faut pas, monsieur, que le nom d'écolier vous abuse. Ces sortes d'écoliers en savent autant que les plus grands maîtres; et l'air est aussi beau qu'il s'en puisse faire. Écoutez seulement.

MONSIEUR JOURDAIN, à ses laquais. — Donnez-moi ma robe pour mieux entendre.... Attendez, je crois que je serai mieux sans robe. Non, redonnez-la-moi; cela ira mieux.

LA MUSICIENNE.

Je languis nuit et jour, et mon mal est extrême,
Depuis qu'à vos rigueurs vos beaux yeux m'ont soumis.
Si vous traitez ainsi, belle Iris, qui vous aime,
Hélas! que pourriez-vous faire à vos ennemis!

MONSIEUR JOURDAIN. — Cette chanson me semble un

peu lugubre ; elle endort, et je voudrois que vous la pussiez un peu ragaillardir par-ci, par-là.

LE MAÎTRE DE MUSIQUE. — Il faut, monsieur, que l'air soit accommodé aux paroles.

MONSIEUR JOURDAIN. — On m'en apprit un tout à fait joli, il y a quelque temps. Attendez... là.... comment est-ce qu'il dit?

LE MAÎTRE A DANSER. — Par ma foi, je ne sais.

MONSIEUR JOURDAIN — Il y a du mouton dedans.

LE MAÎTRE A DANSER. — Du mouton?

MONSIEUR JOURDAIN. — Oui. Ah! (Il chante.)

> Je croyois Jeanneton
> Aussi douce que belle ;
> Je croyois Jeanneton
> Plus douce qu'un mouton.
> Hélas ! hélas !
> Elle est cent fois, mille fois plus cruelle
> Que n'est le tigre aux bois.

N'est-il pas joli?

LE MAÎTRE DE MUSIQUE. — Le plus joli du monde.

LE MAÎTRE A DANSER. — Et vous le chantez bien.

MONSIEUR JOURDAIN. — C'est sans avoir appris la musique.

LE MAÎTRE DE MUSIQUE. — Vous devriez l'apprendre, monsieur, comme vous faites la danse. Ce sont deux arts qui ont une étroite liaison ensemble.

LE MAÎTRE A DANSER. — Et qui ouvrent l'esprit d'un homme aux belles choses.

MONSIEUR JOURDAIN. — Est-ce que les gens de qualité apprennent aussi la musique?

LE MAÎTRE DE MUSIQUE. — Oui, monsieur.

MONSIEUR JOURDAIN. — Je l'apprendrai donc. Mais je ne sais quel temps je pourrois prendre : car, outre le maître d'armes qui me montre, j'ai arrêté encore un maître de philosophie qui doit commencer ce matin.

LE MAÎTRE DE MUSIQUE. — La philosophie est quelque chose ; mais la musique, monsieur, la musique....

LE MAÎTRE A DANSER. — La musique et la danse.... La musique et la danse, c'est là tout ce qu'il faut.

LE MAÎTRE DE MUSIQUE. — Il n'y a rien qui soit si utile dans un État que la musique.

LE MAÎTRE A DANSER. — Il n'y a rien qui soit si nécessaire aux hommes que la danse.

LE MAÎTRE DE MUSIQUE. — Sans la musique, un État ne peut subsister.

LE MAÎTRE A DANSER. — Sans la danse, un homme ne sauroit rien faire.

LE MAÎTRE DE MUSIQUE. — Tous les désordres, toutes les guerres qu'on voit dans le monde, n'arrivent que pour n'apprendre pas la musique.

LE MAÎTRE A DANSER. — Tous les malheurs des hommes, tous les revers funestes dont les histoires sont remplies, les bévues des politiques et les manquements des grands capitaines, tout cela n'est venu que faute de savoir danser.

MONSIEUR JOURDAIN. — Comment cela ?

LE MAÎTRE DE MUSIQUE. — La guerre ne vient-elle pas d'un manque d'union entre les hommes ?

MONSIEUR JOURDAIN. — Cela est vrai.

LE MAÎTRE DE MUSIQUE. — Et si tous les hommes apprenoient la musique, ne seroit-ce pas le moyen de s'accorder ensemble, et de voir dans le monde la paix universelle ?

MONSIEUR JOURDAIN. Vous avez raison.

LE MAÎTRE A DANSER. Lorsqu'un homme a commis un manquement dans sa conduite, soit aux affaires de sa famille, ou au gouvernement d'un État, ou au commandement d'une armée, ne dit-on pas toujours : Un tel a fait un mauvais pas dans une telle affaire.

MONSIEUR JOURDAIN. — Oui, on dit cela.

LE MAÎTRE A DANSER. — Et faire un mauvais pas, peut-il procéder d'autre chose que de ne savoir pas danser?

MONSIEUR JOURDAIN. — Cela est vrai, et vous avez raison tous deux.

LE MAÎTRE A DANSER. — C'est pour vous faire voir l'excellence et l'utilité de la danse et de la musique.

MONSIEUR JOURDAIN. — Je comprends cela à cette heure.

LE MAÎTRE DE MUSIQUE. — Voulez-vous voir nos deux affaires?

MONSIEUR JOURDAIN. — Oui.

LE MAÎTRE DE MUSIQUE. — Je vous l'ai déjà dit, c'est un petit essai que j'ai fait autrefois des diverses passions que peut exprimer la musique.

MONSIEUR JOURDAIN. — Fort bien.

LE MAÎTRE DE MUSIQUE, aux musiciens — Allons, avancez. (A M. Jourdain.) Il faut vous figurer qu'ils sont habillés en bergers.

MONSIEUR JOURDAIN. — Pourquoi toujours des bergers? On ne voit que cela partout.

LE MAÎTRE A DANSER. — Lorsqu'on a des personnes à faire parler en musique, il faut bien que, pour la vraisemblance, on donne dans la bergerie. Le chant a été de tout temps affecté aux bergers; et il n'est guère naturel, en dialogue, que des princes ou des bourgeois chantent leurs passions.

MONSIEUR JOURDAIN. — Passe, passe. Voyons.

(Lorsque le chant est terminé :)

MONSIEUR JOURDAIN. Est-ce tout?

LE MAÎTRE DE MUSIQUE. — Oui.

MONSIEUR JOURDAIN. — Je trouve cela bien troussé; et il y a là dedans de petits dictons assez jolis.

LE MAÎTRE A DANSER. — Voici, pour mon affaire, un petit essai des plus beaux mouvements et des plus belles attitudes dont une danse puisse être variée.

MONSIEUR JOURDAIN. — Sont-ce encore des bergers?

LE MAÎTRE A DANSER. — C'est ce qu'il vous plaira. (Aux danseurs.) Allons.

ENTRÉE DE BALLET. — Quatre danseurs exécutent tous les mouvements différents et toutes les sortes de pas que le maître à danser leur commande.

ACTE DEUXIÈME.

SCÈNE I. — MONSIEUR JOURDAIN, LE MAITRE DE MUSIQUE, LE MAITRE A DANSER.

MONSIEUR JOURDAIN. — Voilà qui n'est point sot, et ces gens-là se trémoussent bien.

LE MAÎTRE DE MUSIQUE. — Lorsque la danse sera mêlée avec la musique, cela fera plus d'effet encore ; et vous verrez quelque chose de galant dans le petit ballet que nous avons ajusté pour vous.

MONSIEUR JOURDAIN. — C'est pour tantôt, au moins ; et la personne pour qui j'ai fait faire tout cela, me doit faire l'honneur de venir dîner céans.

LE MAÎTRE A DANSER. — Tout est prêt.

LE MAÎTRE DE MUSIQUE. — Au reste, monsieur, ce n'est pas assez ; il faut qu'une personne comme vous, qui êtes magnifique, et qui avez de l'inclination pour les belles choses, ait un concert de musique chez soi tous les mercredis ou tous les jeudis.

MONSIEUR JOURDAIN. — Est-ce que les gens de qualité en ont[1] ?

LE MAÎTRE DE MUSIQUE. — Oui, monsieur.

1. Toujours le grand souci de M. Jourdain.

MONSIEUR JOURDAIN. — J'en aurai donc. Cela sera-t-il beau ?

LE MAÎTRE DE MUSIQUE. — Sans doute. Il vous faudra trois voix, un dessus, une haute-contre, et une basse, qui seront accompagnées d'une basse viole, d'un théorbe, et d'un clavecin pour les basses continues, avec deux dessus de violon pour jouer des ritournelles.

MONSIEUR JOURDAIN. — Il y faudra mettre aussi une trompette marine. La trompette marine est un instrument qui me plaît, et qui est harmonieux[1].

LE MAÎTRE DE MUSIQUE. — Laissez-nous gouverner les choses.

MONSIEUR JOURDAIN. — Au moins, n'oubliez pas tantôt de m'envoyer des musiciens pour chanter à table.

LE MAÎTRE DE MUSIQUE. — Vous aurez tout ce qu'il vous faut.

MONSIEUR JOURDAIN. — Mais surtout, que le ballet soit beau.

LE MAÎTRE DE MUSIQUE. — Vous en serez content ; et, entre autres choses, de certains menuets que vous y verrez.

MONSIEUR JOURDAIN. — Ah! les menuets sont ma danse, et je veux que vous me les voyez danser. Allons, mon maître.

LE MAÎTRE A DANSER. — Un chapeau, monsieur, s'il vous plaît. (M. Jourdain va prendre le chapeau de son laquais, et le met par-dessus son bonnet de nuit. Son maître lui prend les mains

---

1. Le moins harmonieux de tous les instruments, c'est un ancien monocorde qui a la forme d'une grande mandoline. Ici Molière se moque des prétentions des grands qui se prétendent connaisseurs, et qui, malgré leur ignorance, veulent avoir la réputation de protecteurs des beaux-arts.

et le fait danser sur un air de menuet qu'il chante.) La, la, la, la, la, la ; la, la, la, la, la, la, la. En cadence, s'il vous plaît. La, la, la, la, la. La jambe droite. La, la, la. Ne remuez pas tant les épaules. La, la, la, la, la ; la, la, la, la, la. Vos deux bras sont estropiés. La, la, la, la, la, Haussez la tête. Tournez la pointe du pied en dehors. La, la, la. Dressez votre corps.

MONSIEUR JOURDAIN. — Hé !

LE MAÎTRE DE MUSIQUE. — Voilà qui est le mieux du monde.

MONSIEUR JOURDAIN. — A propos ! apprenez-moi comme il faut faire une révérence pour saluer une marquise ; j'en aurai besoin tantôt.

LE MAÎTRE A DANSER. — Une révérence pour saluer une marquise ?

MONSIEUR JOURDAIN. — Oui. Une marquise qui s'appelle Dorimène.

LE MAÎTRE A DANSER. — Donnez-moi la main.

MONSIEUR JOURDAIN. — Non. Vous n'avez qu'à faire : je le retiendrai bien.

LE MAÎTRE A DANSER. — Si vous voulez la saluer avec beaucoup de respect, il faut faire d'abord une révérence en arrière, puis marcher vers elle avec trois révérences en avant, et à la dernière vous baisser jusqu'à ses genoux.

MONSIEUR JOURDAIN. — Faites un peu. (Après que le maître à danser a fait trois révérences.) Bon.

SCÈNE II. — MONSIEUR JOURDAIN, LE MAITRE DE MUSIQUE, LE MAITRE A DANSER, UN LAQUAIS.

LE LAQUAIS. — Monsieur, voilà votre maître d'armes qui est là.

MONSIEUR JOURDAIN. — Dis-lui qu'il entre ici pour me donner leçon. (Au maître de musique, et au maître à danser.) Je veux que vous me voyez faire.

SCÈNE III. — MONSIEUR JOURDAIN, UN MAITRE D'ARMES, LE MAITRE DE MUSIQUE, LE MAITRE A DANSER, UN LAQUAIS tenant deux fleurets.

LE MAÎTRE D'ARMES, après avoir pris les deux fleurets de la main du laquais, et en avoir présenté un à M. Jourdain. — Allons, monsieur, la révérence. Votre corps droit. Un peu penché sur la cuisse gauche. Les jambes point tant écartées. Vos pieds sur une même ligne. Votre poignet à l'opposite de votre hanche. La pointe de votre épée vis-à-vis de votre épaule. Le bras pas tout à fait si étendu. La main gauche à la hauteur de l'œil. L'épaule gauche plus quartée. La tête droite. Le regard assuré. Avancez. Le corps ferme. Touchez-moi l'épée de quarte, et achevez de même. Une, deux. Remettez-vous.
(Le maître d'armes lui pousse deux ou trois bottes, en lui disant :
« En garde. »)

MONSIEUR JOURDAIN. — Hé!

LE MAÎTRE DE MUSIQUE. — Vous faites des merveilles.

LE MAÎTRE D'ARMES. — Je vous l'ai déjà dit; tout le secret des armes ne consiste qu'en deux choses, à donner et à ne point recevoir; et, comme je vous fis voir l'autre jour par raison démonstrative, il est impossible que vous receviez, si vous savez détourner l'épée de votre ennemi de la ligne de votre corps; ce qui ne dépend seulement que d'un petit mouvement du poignet, ou en dedans, ou en dehors.

MONSIEUR JOURDAIN. — De cette façon donc, un homme, sans avoir du cœur, est sûr de tuer son homme, et de n'être point tué?

LE MAÎTRE D'ARMES. — Sans doute. N'en vîtes-vous pas la démonstration?

MONSIEUR JOURDAIN. — Oui.

LE MAÎTRE D'ARMES. — Et c'est en quoi l'on voit de quelle considération nous autres nous devons être dans un État; et combien la science des armes l'emporte hautement sur toutes les autres sciences inutiles, comme la danse, la musique, la....

LE MAÎTRE A DANSER. — Tout beau, monsieur le tireur d'armes; ne parlez de la danse qu'avec respect.

LE MAÎTRE DE MUSIQUE. — Apprenez, je vous prie, à mieux traiter l'excellence de la musique.

LE MAÎTRE D'ARMES. — Vous êtes de plaisantes gens, de vouloir comparer vos sciences à la mienne!

LE MAÎTRE DE MUSIQUE. — Voyez un peu l'homme d'importance.

LE MAÎTRE A DANSER. — Voilà un plaisant animal, avec son plastron!

LE MAÎTRE D'ARMES. — Mon petit maître à danser, je

vous ferois danser comme il faut. Et vous, mon petit musicien, je vous ferois chanter de la belle manière.

LE MAÎTRE A DANSER. — Monsieur le batteur de fer, je vous apprendrai votre métier.

MONSIEUR JOURDAIN, au maître à danser. — Êtes-vous fou de l'aller quereller, lui qui entend la tierce et la quarte, et qui sait tuer un homme par raison démonstrative?

LE MAÎTRE A DANSER. — Je me moque de sa raison démonstrative, et de sa tierce et de sa quarte.

MONSIEUR JOURDAIN, au maître à danser. — Tout doux, vous dis-je.

LE MAÎTRE D'ARMES, au maître à danser. — Comment? petit impertinent!

MONSIEUR JOURDAIN. — Hé! mon maître d'armes!

LE MAÎTRE A DANSER, au maître d'armes. — Comment? grand cheval de carrosse!

MONSIEUR JOURDAIN. — Hé! mon maître à danser!

LE MAÎTRE D'ARMES. — Si je me jette sur vous....

MONSIEUR JOURDAIN, au maître d'armes. — Doucement!

LE MAÎTRE A DANSER. — Si je mets sur vous la main....

MONSIEUR JOURDAIN, au maître à danser. — Tout beau!

LE MAÎTRE D'ARMES. — Je vous étrillerai d'un air.

MONSIEUR JOURDAIN, au maître d'armes. — De grâce!

LE MAÎTRE A DANSER. — Je vous rosserai d'une manière....

MONSIEUR JOURDAIN, au maître à danser. — Je vous prie.

LE MAÎTRE DE MUSIQUE. — Laissez-nous un peu lui apprendre à parler.

MONSIEUR JOURDAIN, au maître de musique. — Mon Dieu! arrêtez-vous!

SCÈNE IV. — UN MAITRE DE PHILOSOPHIE, MONSIEUR JOURDAIN, LE MAITRE DE MUSIQUE, LE MAITRE A DANSER, UN LAQUAIS.

MONSIEUR JOURDAIN. — Holà! monsieur le philosophe, vous arrivez tout à propos avec votre philosophie. Venez un peu mettre la paix entre ces personnes-ci.

LE MAÎTRE DE PHILOSOPHIE. — Qu'est-ce donc! Qu'y a-t-il, messieurs?

MONSIEUR JOURDAIN. — Ils se sont mis en colère pour la préférence de leurs professions, jusqu'à se dire des injures, et en vouloir venir aux mains.

LE MAÎTRE DE PHILOSOPHIE. — Hé quoi, messieurs! faut-il s'emporter de la sorte? et n'avez vous point lu le docte traité que Sénèque a composé de la colère? Y a-t-il rien de plus bas et de plus honteux que cette passion, qui fait d'un homme une bête féroce? et la raison ne doit-elle pas être maîtresse de tous nos mouvements?

LE MAÎTRE A DANSER. — Comment, monsieur! il vient nous dire des injures à tous deux, en méprisant la danse que j'exerce, et la musique dont il fait profession!

LE MAÎTRE DE PHILOSOPHIE. — Un homme sage est au-dessus de toutes les injures qu'on lui peut dire; et la grande réponse qu'on doit faire aux outrages, c'est la modération et la patience.

LE MAÎTRE D'ARMES. — Ils ont tous deux l'audace de vouloir comparer leur profession à la mienne!

LE MAÎTRE DE PHILOSOPHIE. — Faut-il que cela vous émeuve ? Ce n'est pas de vaine gloire et de condition que les hommes doivent disputer entre eux ; et ce qui nous distingue parfaitement les uns des autres, c'est la sagesse et la vertu.

LE MAÎTRE A DANSER. — Je lui soutiens que la danse est une science à laquelle on ne peut faire assez d'honneur.

LE MAÎTRE DE MUSIQUE. — Et moi que la musique en est une que tous les siècles ont révérée.

LE MAÎTRE D'ARMES. — Et moi je leur soutiens à tous deux que la science de tirer des armes est la plus belle et la plus nécessaire de toutes les sciences.

LE MAÎTRE DE PHILOSOPHIE. — Et que sera donc la philosophie ? Je vous trouve tous trois bien impertinens, de parler devant moi avec cette arrogance, et de donner impudemment le nom de science à des choses que l'on ne doit pas même honorer du nom d'art, et qui ne peuvent être comprises que sous le nom de métier misérable de gladiateur, de chanteur et de baladin !

LE MAÎTRE D'ARMES. — Allez, philosophe de chien.

LE MAÎTRE DE MUSIQUE. — Allez, bélitre de pédant.

LE MAÎTRE A DANSER. — Allez, cuistre fieffé.

LE MAÎTRE DE PHILOSOPHIE. — Comment ! marauds que vous êtes....

(Le philosophe se jette sur eux, et tous trois le chargent de coups.)

MONSIEUR JOURDAIN. — Monsieur le philosophe !

LE MAÎTRE DE PHILOSOPHIE. — Infâmes, coquins, insolents !

MONSIEUR JOURDAIN. — Monsieur le philosophe !

LE MAÎTRE D'ARMES. — La peste ! l'animal !

MONSIEUR JOURDAIN. — Messieurs !

LE MAÎTRE DE PHILOSOPHIE. — Impudents!

MONSIEUR JOURDAIN. — Monsieur le philosophe!

LE MAÎTRE A DANSER. — Diantre soit de l'âne bâté!

MONSIEUR JOURDAIN. — Messieurs!

LE MAÎTRE DE PHILOSOPHIE. — Scélérats!

MONSIEUR JOURDAIN. — Monsieur le philosophe!

LE MÎATRE DE MUSIQUE. — Au diable l'impertinent!

MONSIEUR JOURDAIN. — Messieurs!

LE MAÎTRE DE PHILOSOPHIE. — Fripons, gueux, traîtres, imposteurs.

MONSIEUR JOURDAIN.—Monsieur le philosophe! Messieurs! Monsieur le philosophe! Messieurs! Monsieur le philosophe!

(Ils sortent en se battant.)

SCÈNE V. — MONSIEUR JOURDAIN, UN LAQUAIS.

MONSIEUR JOURDAIN. — Oh! battez-vous tant qu'il vous plaira : je n'y saurois que faire, et je n'irai pas gâter ma robe pour vous séparer. Je serois bien fou de m'aller fourrer parmi eux, pour recevoir quelque coup qui me feroit mal.

SCÈNE VI. — LE MAITRE DE PHILOSOPHIE, MONSIEUR JOURDAIN, UN LAQUAIS.

LE MAÎTRE DE PHILOSOPHIE, raccommodant son collet. — Venons à notre leçon.

MONSIEUR JOURDAIN. — Ah! monsieur, je suis fâché des coups qu'ils vous ont donnés!

LE MAÎTRE DE PHILOSOPHIE. — Cela n'est rien. Un philosophe sait recevoir comme il faut les choses; et je vais composer contre eux une satire du style de Juvénal, qui les déchirera de la belle façon. Laissons cela. Que voulez-vous apprendre?

MONSIEUR JOURDAIN. — Tout ce que je pourrai; car j'ai toutes les envies du monde d'être savant; et j'enrage que mon père et ma mère ne m'aient pas fait bien étudier dans toutes les sciences, quand j'étois jeune.

LE MAÎTRE DE PHILOSOPHIE. — Ce sentiment est raisonnable; *nam, sine doctrinâ, vita est quasi mortis imago.* Vous entendez cela, et vous savez le latin, sans doute.

MONSIEUR JOURDAIN. — Oui : mais faites comme si je ne le savois pas. Expliquez-moi ce que cela veut dire.

LE MAÎTRE DE PHILOSOPHIE. — Cela veut dire que, *sans la science, la vie est presque l'image de la mort.*

MONSIEUR JOURDAIN. — Ce latin-là a raison.

LE MAÎTRE DE PHILOSOPHIE. — N'avez-vous point quelques principes, quelques commencemens de sciences?

MONSIEUR JOURDAIN. — Oh! oui. Je sais lire et écrire.

LE MAÎTRE DE PHILOSOPHIE. — Par où vous plaît-il que nous commencions? voulez-vous que je vous apprenne la logique?

MONSIEUR JOURDAIN. — Qu'est-ce que c'est que cette logique?

LE MAÎTRE DE PHILOSOPHIE. — C'est elle qui enseigne les trois opérations de l'esprit.

MONSIEUR JOURDAIN. — Qui sont-elles, ces trois opérations de l'esprit?

LE MAÎTRE DE PHILOSOPHIE. — La première, la seconde et la troisième. La première est de bien concevoir, par le moyen des universaux; la seconde de bien juger, par le moyen des catégories; et la troisième, de bien tirer une conséquence par le moyen des figures : *Barbara, Celarent, Darii, Ferio, Baralipton*[1], *etc.*

MONSIEUR JOURDAIN. — Voilà des mots qui sont trop rébarbatifs. Cette logique-là ne me revient point. Apprenons autre chose qui soit plus joli.

LE MAÎTRE DE PHILOSOPHIE. — Voulez-vous apprendre la morale?

MONSIEUR JOURDAIN. — La morale?

LE MAÎTRE DE PHILOSOPHIE. — Oui.

MONSIEUR JOURDAIN. — Qu'est-ce qu'elle dit, cette morale?

LE MAÎTRE DE PHILOSOPHIE. — Elle traite de la félicité, enseigne aux hommes à modérer leurs passions et....

MONSIEUR JOURDAIN. — Non, laissons cela. Je suis bilieux comme tous les diables; et il n'y a morale qui tienne, je me veux mettre en colère tout mon soûl, quand il m'en prend envie.

LE MAÎTRE DE PHILOSOPHIE. — Est-ce la physique que vous voulez apprendre?

MONSIEUR JOURDAIN. — Qu'est-ce qu'elle chante, cette physique?

LE MAÎTRE DE PHILOSOPHIE. — La physique est celle qui explique les principes des choses naturelles, et les propriétés des corps; qui discourt de la nature des élé-

---

[1]. Mots qui n'ont de signification en aucune langue, et que l'on employait comme moyen mnémotechnique pour retenir certaines règles très-compliquées de la logique.

mens, des métaux, des minéraux, des pierres, des plantes et des animaux, et nous enseigne les causes de tous les météores, l'arc-en-ciel, les feux volans, les comètes, les éclairs, le tonnerre, la foudre, la pluie, la neige, la grêle, les vents et les tourbillons.

MONSIEUR JOURDAIN. — Il y a trop de tintamarre là dedans, trop de brouillamini.

LE MAÎTRE DE PHILOSOPHIE. — Que voulez-vous donc que je vous apprenne?

MONSIEUR JOURDAIN. — Apprenez-moi l'orthographe.

LE MAÎTRE DE PHILOSOPHIE. — Très-volontiers.

MONSIEUR JOURDAIN. — Après, vous m'apprendrez l'almanach, pour savoir quand il y a de la lune, et quand il n'y en a point.

LE MAÎTRE DE PHILOSOPHIE. — Soit. Pour bien suivre votre pensée et traiter cette matière en philosophe, il faut commencer, selon l'ordre des choses, par une exacte connoissance de la nature des lettres, et de la différente manière de les prononcer toutes. Et là-dessus j'ai à vous dire que les lettres sont divisées en voyelles, ainsi dites voyelles, parce qu'elles expriment les voix; et en consonnes, ainsi appelées consonnes, parce qu'elles sonnent avec les voyelles, et ne font que marquer les diverses articulations des voix. Il y a cinq voyelles, ou voix : A, E, I, O, U.

MONSIEUR JOURDAIN. — J'entends tout cela.

LE MAÎTRE DE PHILOSOPHIE. — La voix A se forme en ouvrant fort la bouche : A[1].

---

1. Dans cette scène, Molière ose s'attaquer, a très-bien remarqué M. Ed. Fournier, à la méthode qu'on avait suivie pour l'éducation du Dauphin, fils de Louis XIV, et par conséquent s'en prendre presque à Bossuet lui-même. Un livre : *Discours phy-*

MONSIEUR JOURDAIN. — A, A. Oui.

LE MAÎTRE DE PHILOSOPHIE. — La voix E se forme en rapprochant la mâchoire d'en bas de celle d'en haut : A, E[1].

MONSIEUR JOURDAIN. — A, E, A, E. Ma foi, oui. Ah ! que cela est beau !

LE MAÎTRE DE PHILOSOPHIE. — Et la voix I, en rapprochant encore davantage les mâchoires l'une de l'autre, et écartant les deux coins de la bouche vers les oreilles : A, E, I.

MONSIEUR JOURDAIN. — A, E, I, I, I, I. Cela est vrai. Vive la science !

LE MAÎTRE DE PHILOSOPHIE. — La voix O se forme en rouvrant les mâchoires, et rapprochant les lèvres par les deux coins, le haut et le bas : O.

MONSIEUR JOURDAIN. — O, O. Il n'y a rien de plus juste : A, E, I, O, I, O. Cela est admirable ! I, O.

LE MAÎTRE DE PHILOSOPHIE. — L'ouverture de la bouche fait justement comme un petit rond qui représente un O.

MONSIEUR JOURDAIN. — O, O, O. Vous avez raison. O. Ah ! la belle chose que de savoir quelque chose !

---

sique de la parole, 1668, » écrit par Cordemoy, ami de Bossuet, qui l'avait placé auprès du Dauphin comme « lecteur » a été disséqué par Molière pour servir de risée au public. Ajoutons un détail qui corrobore l'observation heureuse de M. Fournier, que Cordemoy était avant tout un philosophe distingué. Cette scène bouffonne « était la réponse du poëte comique à l'anathème qui le poursuivait depuis *Tartuffe*. Il ripostait à la foudre par le rire. »

1. Voici le texte du livre de Cordemoy dédié à Louis XIV « Si on ouvre la bouche autant qu'on la peut ouvrir en criant, on ne saurait former qu'une voix en A. Que si l'on ouvre un peu moins la bouche, *en avançant la mâchoire d'en bas vers celle d'en haut*, on formera une autre voix terminée en E; et si l'on *approche encore un peu davantage les mâchoires l'une de l'autre*,

LE MAÎTRE DE PHILOSCPHIE. — La voix U se forme en rapprochant les dents sans les joindre entièrement, et allongeant les deux lèvres en dehors, les approchant aussi l'une de l'autre, sans les joindre tout à fait : U.

MONSIEUR JOURDAIN. — U, U. Il n'y a rien de plus véritable : U.

LE MAÎTRE DE PHILOSOPHIE. — Vos deux lèvres s'allongent comme si vous faisiez la moue : d'où vient que si vous la voulez faire à quelqu'un, et vous moquer de lui, vous ne sauriez lui dire que U.

MONSIEUR JOURDAIN. — U, U. Cela est vrai. Ah! que n'ai-je étudié plus tôt, pour savoir tout cela!

LE MAÎTRE DE PHILOSOPHIE. — Demain, nous verrons les autres lettres, qui sont les consonnes.

MONSIEUR JOURDAIN. — Est-ce qu'il y a des choses aussi curieuses qu'à celles-ci?

LE MAÎTRE DE PHILOSOPHIE. — Sans doute. La consonne D, par exemple, se prononce en donnant du bout de la langue au-dessus des dents d'en haut : DA.

MONSIEUR JOURDAIN. — DA, DA. Oui. Ah! les belles choses! les belles choses!

LE MAÎTRE DE PHILOSOPHIE. — L'F, en appuyant les dents d'en haut sur la lèvre de dessous : FA.

---

sans toutefois que les dents se touchent, on formera une troisième voix en I. » Ce rapprochement de l'enseignement comique et de l'enseignement sérieux explique la longueur de cette scène. On se demande si cette parodie de l'éducation donnée au grand Dauphin ne fut pas une des causes de l'hésitation de Louis XIV à applaudir à cette pièce. Disons, il est vrai, que d'habiles commentateurs, comme MM. Molaud et Louandre, n'y voient qu'une moquerie contre les puérilités scolastiques que la routine perpétuait dans les écoles et disent que Molière, par le ridicule, comme les solitaires de Port-Royal par la science, travaillait à la réforme de l'enseignement.

MONSIEUR JOURDAIN. — FA, FA. C'est la vérité. Ah! mon père et ma mère, que je vous veux de mal!

LE MAÎTRE DE PHILOSOPHIE. — Et l'R, en portant le bout de la langue jusqu'au bout du palais; de sorte qu'étant frôlée par l'air qui sort avec force, elle lui cède, et revient toujours au même endroit, faisant une manière de tremblement : R, RA.

MONSIEUR JOURDAIN. — R, R, RA, R, R, R, R, R, RA. Cela est vrai. Ah! l'habile homme que vous êtes, et que j'ai perdu de temps! R, R, R, RA.

LE MAÎTRE DE PHILOSOPHIE. — Je vous expliquerai à fond toutes ces curiosités.

MONSIEUR JOURDAIN. — Je vous en prie. Au reste, il faut que je vous fasse une confidence. Je suis amoureux d'une personne de grande qualité, et je souhaiterois que vous m'aidassiez à lui écrire quelque chose dans un petit billet que je veux laisser tomber à ses pieds.

LE MAÎTRE DE PHILOSOPHIE. — Fort bien!

MONSIEUR JOURDAIN. — Cela sera galant, oui.

LE MAÎTRE DE PHILOSOPHIE. — Sans doute. Sont-ce des vers que vous lui voulez écrire?

MONSIEUR JOURDAIN. — Non, non; point de vers.

LE MAÎTRE DE PHILOSOPHIE. — Vous ne voulez que de la prose?

MONSIEUR JOURDAIN. — Non, je ne veux ni prose ni vers.

LE MAÎTRE DE PHILOSOPHIE. — Il faut bien que ce soit l'un ou l'autre.

MONSIEUR JOURDAIN. — Pourquoi?

LE MAÎTRE DE PHILOSOPHIE. — Par la raison, monsieur, qu'il n'y a, pour s'exprimer, que la prose ou les vers.

MONSIEUR JOURDAIN. — Il n'y a que la prose ou les vers ?

LE MAÎTRE DE PHILOSOPHIE. — Non, monsieur. Tout ce qui n'est point prose est vers ; et tout ce qui n'est point vers est prose.

MONSIEUR JOURDAIN. — Et comme l'on parle, qu'est-ce que c'est donc que cela ?

LE MAÎTRE DE PHILOSOPHIE. — De la prose.

MONSIEUR JOURDAIN. — Quoi ! quand je dis : « Nicole, apportez-moi mes pantoufles, et me donnez mon bonnet de nuit, » c'est de la prose ?

LE MAÎTRE DE PHILOSOPHIE. — Oui, monsieur.

MONSIEUR JOURDAIN. — Par ma foi, il y a plus de quarante ans que je dis de la prose, sans que j'en susse rien[1] ; et je vous suis le plus obligé du monde, de m'avoir appris cela. Je voudrois donc lui mettre dans un billet : *Belle marquise, vos beaux yeux me font mourir d'amour;* mais je voudrois que cela fût mis d'une manière galante ; que cela fût tourné gentiment.

LE MAÎTRE DE PHILOSOPHIE. — Mettre que les feux de ses yeux réduisent votre cœur en cendres ; que vous souffrez nuit et jour pour elle les violences d'un....

MONSIEUR JOURDAIN. — Non, non, non ; je ne veux point tout cela. Je ne veux que ce que je vous ai dit : *Belle marquise, vos beaux yeux me font mourir d'amour.*

LE MAÎTRE DE PHILOSOPHIE. — Il faut bien étendre un peu la chose.

MONSIEUR JOURDAIN. — Non, vous dis-je. Je ne veux

---

1. Selon Mme de Sévigné, ce mot serait du duc de Soissons : « Comment, ma fille, j'ai donc fait un sermon sans y penser ! J'en suis aussi étonnée que le comte de Soissons, quand on lui découvrit qu'il faisoit de la prose. » Lett. 12 juin 1681.

que ces seules paroles-là dans le billet, mais tournées à la mode, bien arrangées comme il faut. Je vous prie de me dire un peu, pour voir, les diverses manières dont on les peut mettre.

LE MAÎTRE DE PHILOSOPHIE. — On les peut mettre premièrement comme vous avez dit : *Belle marquise, vos beaux yeux me font mourir d'amour.* Ou bien : *D'amour mourir me font, belle marquise, vos beaux yeux.* Ou bien : *Vos yeux beaux d'amour me font, belle marquise, mourir.* Ou bien : *Mourir vos beaux yeux, belle marquise, d'amour me font.* Ou bien : *Me font vos yeux beaux mourir, belle marquise, d'amour.*

MONSIEUR JOURDAIN. — Mais de toutes ces façons-là, laquelle est la meilleure ?

LE MAÎTRE DE PHILOSOPHIE. — Celle que vous avez dite : *Belle marquise, vos beaux yeux me font mourir d'amour.*

MONSIEUR JOURDAIN. — Cependant je n'ai point étudié, et j'ai fait cela tout du premier coup. Je vous remercie de tout mon cœur, et je vous prie de venir demain de bonne heure.

LE MAÎTRE DE PHILOSOPHIE. — Je n'y manquerai pas.

SCÈNE VII. — MONSIEUR JOURDAIN, UN LAQUAIS.

MONSIEUR JOURDAIN, à son laquais.. — Comment, mon habit n'est point encore arrivé?

LE LAQUAIS. — Non, monsieur.

MONSIEUR JOURDAIN. — Ce maudit tailleur me fait

bien attendre pour un jour où j'ai tant d'affaires. J'enrage. Que la fièvre quartaine puisse serrer bien fort le bourreau de tailleur ! Au diable le tailleur ! La peste étouffe le tailleur ! Si je le tenois maintenant, ce tailleur détestable, ce chien de tailleur, ce traître de tailleur, je....

SCÈNE VIII. — MONSIEUR JOURDAIN, UN MAITRE TAILLEUR, UN GARÇON TAILLEUR, portant l'habit de M. Jourdain ; UN LAQUAIS.

MONSIEUR JOURDAIN. — Ah ! vous voilà ! Je m'allois mettre en colère contre vous[1].

LE MAÎTRE TAILLEUR. — Je n'ai pas pu venir plus tôt, et j'ai mis vingt garçons après votre habit.

MONSIEUR JOURDAIN. — Vous m'avez envoyé des bas de soie si étroits que j'ai eu toutes les peines du monde à les mettre ; et il y a déjà deux mailles de rompues.

LE MAÎTRE TAILLEUR. — Ils ne s'élargiront que trop.

MONSIEUR JOURDAIN. — Oui, si je romps toujours des mailles. Vous m'avez aussi fait faire des souliers qui me blessent furieusement.

LE MAÎTRE TAILLEUR. — Point du tout, monsieur.

MONSIEUR JOURDAIN. — Comment ! point du tout !

LE MAÎTRE TAILLEUR. — Non, ils ne vous blessent point.

MONSIEUR JOURDAIN. — Je vous dis qu'ils me blessent, moi.

---

1. Après la colère furibonde de M. Jourdain, rien de plus comique, dit Aimé Martin, que cette apostrophe presque doucereuse. M. Jourdain est impatient comme un parvenu, et timide comme un bourgeois qui ne sait pas encore se faire servir.

LE MAÎTRE TAILLEUR. — Vous vous imaginez cela.

MONSIEUR JOURDAIN. — Je me l'imagine parce que je le sens. Voyez la belle raison!

LE MAÎTRE TAILLEUR. — Tenez, voilà le plus bel habit de la cour, et le mieux assorti. C'est un chef-d'œuvre que d'avoir inventé un habit sérieux qui ne fût pas noir; et je le donne en six coups aux tailleurs les plus éclairés.

MONSIEUR JOURDAIN. — Qu'est-ce que c'est que ceci? Vous avez mis les fleurs en en-bas.

LE MAÎTRE TAILLEUR. — Vous ne m'avez pas dit que vous les vouliez en en-haut.

MONSIEUR JOURDAIN. — Est-ce qu'il faut dire cela?

LE MAÎTRE TAILLEUR. — Oui, vraiment. Toutes les personnes de qualité les portent de la sorte.

MONSIEUR JOURDAIN. — Les personnes de qualité portent les fleurs en en-bas?

LE MAÎTRE TAILLEUR. — Oui, monsieur.

MONSIEUR JOURDAIN. — Oh! voilà qui est donc bien.

LE MAÎTRE TAILLEUR. — Si vous voulez, je les mettrai en en-haut.

MONSIEUR JOURDAIN. — Non, non.

LE MAÎTRE TAILLEUR. — Vous n'avez qu'à dire.

MONSIEUR JOURDAIN. — Non, vous dis-je; vous avez bien fait. Croyez-vous que l'habit m'aille bien?

LE MAÎTRE TAILLEUR. — Belle demande! Je défie un peintre, avec son pinceau, de vous faire rien de plus juste. J'ai chez moi un garçon qui, pour monter une rhingrave, est le plus grand génie du monde; et un autre qui, pour assembler un pourpoint, est le héros de notre temps.

MONSIEUR JOURDAIN. — La perruque et les plumes sont-elles comme il faut?

LE MAÎTRE TAILLEUR. — Tout est bien.

MONSIEUR JOURDAIN, regardant le maître tailleur. — Ah! ah! monsieur le tailleur, voilà de mon étoffe du dernier habit que vous m'avez fait. Je la reconnois bien.

LE MAÎTRE TAILLEUR. — C'est que l'étoffe me sembla si belle, que j'en ai voulu lever un habit pour moi.

MONSIEUR JOURDAIN. — Oui : mais il ne falloit pas le lever avec le mien.

LE MAÎTRE TAILLEUR. — Voulez-vous mettre votre habit?

MONSIEUR JOURDAIN. — Oui : donnez-le moi.

LE MAÎTRE TAILLEUR. — Attendez. Cela ne va pas comme cela. J'ai amené des gens pour vous habiller en cadence, et ces sortes d'habits se mettent avec cérémonie. Holà! entrez, vous autres.

SCÈNE IX. — MONSIEUR JOURDAIN, LE MAITRE TAILLEUR LE GARÇON TAILLEUR, GARÇONS TAILLEURS DANSANS, UN LAQUAIS.

LE MAÎTRE TAILLEUR, à ses garçons. — Mettez cet habit à monsieur, de la manière que vous faites aux personnes de qualité.

PREMIÈRE ENTRÉE DE BALLET.— Les quatre garçons tailleurs dansans s'approchent de M. Jourdain. Deux lui arrachent le haut-de-chausses de ses exercices ; les deux autres lui ôtent la camisole ; après quoi, toujours

Tenez, voilà le plus bel habit de la cour. (Page 93.)

en cadence, ils lui mettent son habit neuf. M. Jourdain se promène au milieu d'eux, et leur montre son habit, pour voir s'il est bien.

GARÇON TAILLEUR. — Mon gentilhomme, donnez, s'il vous plaît, aux garçons quelque chose pour boire.

MONSIEUR JOURDAIN. — Comment m'appelez-vous?

GARÇON TAILLEUR. — Mon gentilhomme.

MONSIEUR JOURDAIN. — Mon gentilhomme! Voilà ce que c'est que de se mettre en personne de qualité! Allez-vous-en demeurer toujours habillé en bourgeois, on ne vous dira point : Mon gentilhomme. (Donnant de l'argent.) Tenez, voilà pour Mon gentilhomme.

GARÇON TAILLEUR. — Monseigneur, nous vous sommes bien obligés.

MONSIEUR JOURDAIN. — Monseigneur! oh! oh! Monseigneur! Attendez, mon ami; Monseigneur mérite quelque chose, et ce n'est pas une petite parole que Monseigneur! Tenez, voilà ce que Monseigneur vous donne.

GARÇON TAILLEUR. — Monseigneur, nous allons boire tous à la santé de Votre Grandeur.

MONSIEUR JOURDAIN. — Votre Grandeur! Oh! oh! oh! Attendez; ne vous en allez pas. A moi, Votre Grandeur! (Bas, à part.) Ma foi, s'il va jusqu'à l'Altesse, il aura toute la bourse. (Haut.) Tenez, voilà pour Ma Grandeur.

GARÇON TAILLEUR. — Monseigneur, nous la remercions très-humblement de ses libéralités.

MONSIEUR JOURDAIN. — Il a bien fait; je lui allois tout donner.

ACTE TROISIÈME.

SCÈNE I. — MONSIEUR JOURDAIN,
DEUX LAQUAIS.

MONSIEUR JOURDAIN. — Suivez-moi, que j'aille un peu montrer mon habit par la ville ; et surtout ayez soin tous deux de marcher immédiatement sur mes pas, afin qu'on voie bien que vous êtes à moi.
LAQUAIS. — Oui, monsieur.
MONSIEUR JOURDAIN. — Appelez-moi Nicole, que je lui donne quelques ordres. Ne bougez : la voilà.

SCÈNE II. — MONSIEUR JOURDAIN, NICOLE,
DEUX LAQUAIS.

MONSIEUR JOURDAIN. — Nicole!
NICOLE. — Plaît-il?
MONSIEUR JOURDAIN. — Écoutez.
NICOLE, riant. — Hi, hi, hi, hi, hi, hi.
MONSIEUR JOURDAIN. — Qu'as-tu à rire?
NICOLE. — Hi, hi, hi, hi, hi[1].
MONSIEUR JOURDAIN. — Que veut dire cette coquine-là?

1. V. la note, p. 64, t. II.

NICOLE. — Hi, hi, hi. Comme vous voilà bâti! Hi hi, hi.

MONSIEUR JOURDAIN. — Comment donc?

NICOLE. — Ah! ah! mon Dieu! Hi, hi, hi, hi, hi.

MONSIEUR JOURDAIN. — Quelle friponne est-ce là? Te moques-tu de moi?

NICOLE. — Nenni, monsieur; j'en serois bien fâchée. Hi, hi, hi, hi, hi, hi.

MONSIEUR JOURDAIN. — Je te baillerai sur le nez, si tu ris davantage.

NICOLE. — Monsieur, je ne puis pas m'en empêcher. Hi, hi, hi, hi, hi, hi.

MONSIEUR JOURDAIN. — Tu ne t'arrêteras pas?

NICOLE. — Monsieur, je vous demande pardon; mais vous êtes si plaisant, que je ne saurois me tenir de rire. Hi, hi, hi.

MONSIEUR JOURDAIN. — Mais voyez quelle insolence?

NICOLE. — Vous êtes tout à fait drôle comme cela. Hi, hi.

MONSIEUR JOURDAIN. — Je te....

NICOLE. — Je vous prie de m'excuser. Hi, hi, hi, hi.

MONSIEUR JOURDAIN. — Tiens, si tu ris encore le moins du monde, je te jure que je t'appliquerai sur la joue le plus grand soufflet qui se soit jamais donné.

NICOLE. — Hé bien! monsieur, voilà qui est fait : je ne rirai plus.

MONSIEUR JOURDAIN. — Prends-y bien garde. Il faut que, pour tantôt, tu nettoies....

NICOLE. — Hi, hi.

MONSIEUR JOURDAIN. — Que tu nettoies comme il faut....

NICOLE. — Hi, hi.

MONSIEUR JOURDAIN. — Il faut, dis-je, que tu nettoies la salle, et....

NICOLE. — Hi, hi.

MONSIEUR JOURDAIN. — Encore?

NICOLE, tombant à force de rire. — Tenez, monsieur, battez-moi plutôt, et me laissez rire tout mon soûl ; cela me fera plus de bien. Hi, hi, hi, hi, hi.

MONSIEUR JOURDAIN. — J'enrage.

NICOLE. — De grâce, monsieur, je vous prie de me laisser rire. Hi, hi, hi.

MONSIEUR JOURDAIN. — Si je te prends....

NICOLE. — Monsieur, eur, je crèverai, ai, si je ne ris. Hi, hi, hi.

MONSIEUR JOURDAIN. — Mais a-t-on jamais vu une pendarde comme celle-là, qui me vient rire insolemment au nez, au lieu de recevoir mes ordres?

NICOLE. — Que voulez-vous que je fasse, monsieur?

MONSIEUR JOURDAIN. — Que tu songes, coquine, à préparer ma maison pour la compagnie qui doit venir tantôt.

NICOLE, se relevant. — Ah! par ma foi, je n'ai plus envie de rire ; et toutes vos compagnies font tant de désordres céans, que ce mot est assez pour me mettre en mauvaise humeur.

MONSIEUR JOURDAIN. — Ne dois-je point pour toi fermer ma porte à tout le monde?

NICOLE. — Vous devriez au moins la fermer à certaines gens.

SCÈNE III. — MADAME JOURDAIN, MONSIEUR JOURDAIN, NICOLE, DEUX LAQUAIS.

MADAME JOURDAIN. — Ah! ah! voici une nouvelle histoire! Qu'est-ce que c'est donc, mon mari, que cet équipage-là? Vous moquez-vous du monde, de vous être fait enharnacher de la sorte? et avez-vous envie qu'on se raille partout de vous?

MONSIEUR JOURDAIN. — Il n'y a que des sots et des sottes, ma femme, qui se railleront de moi.

MADAME JOURDAIN. — Vraiment, on n'a pas attendu jusqu'à cette heure, et il y a longtemps que vos façons de faire donnent à rire à tout le monde.

MONSIEUR JOURDAIN. — Qui est donc tout ce monde-là, s'il vous plaît?

MADAME JOURDAIN. — Tout ce monde-là est un monde qui a raison, et qui est plus sage que vous. Pour moi, je suis scandalisée de la vie que vous menez. Je ne sais plus ce que c'est que notre maison. On diroit qu'il est céans carême-prenant tous les jours; et, dès le matin, de peur d'y manquer, on y entend des vacarmes de violons et de chanteurs, dont tout le voisinage se trouve incommodé.

NICOLE. — Madame parle bien[1]. Je ne saurois plus voir mon ménage propre avec cet attirail de gens que vous faites venir chez vous. Ils ont des pieds qui vont

---

1. Il y a ligue de Nicole et de Mme Jourdain contre la vanité et le désordre de M. Jourdain, comme nous verrons dans les *Femmes savantes* ligue de Chrysale et de Martine contre le pédantisme et le désordre de Philaminte qui menacent aussi bien la famille que l'amour-propre du bourgeois gentilhomme.

chercher de la boue dans tous les quartiers de la ville pour l'apporter ici; et la pauvre Françoise est presque sur les dents, à frotter les planchers que vos biaux maîtres viennent crotter régulièrement tous les jours.

MONSIEUR JOURDAIN. — Ouais! notre servante Nicole, vous avez le caquet bien affilé, pour une paysanne!

MADAME JOURDAIN. — Nicole a raison, et son sens est meilleur que le vôtre. Je voudrois bien savoir ce que vous pensez faire d'un maître à danser, à l'âge que vous avez?

NICOLE. — Et d'un grand maître tireur d'armes, qui vient, avec ses battements de pied, ébranler toute la maison, et nous déraciner tous les carriaux de notre salle?

MONSIEUR JOURDAIN. — Taisez-vous, ma servante et ma femme.

MADAME JOURDAIN. — Est-ce que vous voulez apprendre à danser pour quand vous n'aurez plus de jambes?

NICOLE. — Est-ce que vous avez envie de tuer quelqu'un?

MONSIEUR JOURDAIN. — Taisez-vous, vous dis-je: vous êtes des ignorantes l'une et l'autre; et vous ne savez pas les prérogatives de tout cela.

MADAME JOURDAIN. — Vous devriez bien plutôt songer à marier votre fille, qui est en âge d'être pourvue.

MONSIEUR JOURDAIN. — Je songerai à marier ma fille quand il se présentera un parti pour elle; mais je veux songer aussi à apprendre les belles choses.

NICOLE. — J'ai encore ouï dire, madame, qu'il a pris aujourd'hui, pour renfort de potage, un maître de philosophie.

MONSIEUR JOURDAIN. — Fort bien. Je veux avoir de

l'esprit et savoir raisonner des choses parmi les honnêtes gens.

MADAME JOURDAIN. — N'irez-vous point, l'un de ces jours, au collége vous faire donner le fouet, à votre âge?

MONSIEUR JOURDAIN. — Pourquoi non? Plût à Dieu l'avoir tout à l'heure, le fouet, devant tout le monde, et savoir ce qu'on apprend au collége[1]!

NICOLE. — Oui, ma foi! cela vous rendroit la jambe bien mieux faite.

MONSIEUR JOURDAIN. — Sans doute.

MADAME JOURDAIN. — Tout cela est fort nécessaire pour conduire votre maison!

MONSIEUR JOURDAIN. — Assurément. Vous parlez toutes deux comme deux bêtes, et j'ai honte de votre ignorance. (A Madame Jourdain.) Par exemple, savez-vous, vous, ce que c'est que vous dites à cette heure?

MADAME JOURDAIN. — Oui. Je sais que ce que je dis est fort bien dit, et que vous devriez songer à vivre d'autre sorte.

MONSIEUR JOURDAIN. — Je ne parle pas de cela. Je vous demande ce que c'est que les paroles que vous dites ici.

MADAME JOURDAIN. — Ce sont des paroles bien sensées, et votre conduite ne l'est guère.

MONSIEUR JOURDAIN. — Je ne parle pas de cela, vous dis-je. Je vous demande : ce que je parle avec vous, ce que je vous dis à cette heure, qu'est-ce que c'est?

MADAME JOURDAIN. — Des chansons.

---

1. Le comique de cette scène se trouve dans ce mot de Montaigne : « La sotte chose qu'un vieillard abécédaire! On peut continuer en tout temps l'estude, non pas l'escholage. »

MONSIEUR JOURDAIN. — Hé! non, ce n'est pas cela. Ce que nous disons tous deux, le langage que nous parlons à cette heure?

MADAME JOURDAIN. — Hé bien?

MONSIEUR JOURDAIN. — Comment est-ce que cela s'appelle?

MADAME JOURDAIN. — Cela s'appelle comme on veut l'appeler.

MONSIEUR JOURDAIN. — C'est de la prose, ignorante.

MADAME JOURDAIN. — De la prose?

MONSIEUR JOURDAIN. — Oui, de la prose. Tout ce qui est prose n'est point vers; et tout ce qui n'est point vers est prose. Hé! voilà ce que c'est que d'étudier. (A Nicole.) Et toi, sais-tu bien comme il faut faire pour dire un U.

NICOLE. — Comment?

MONSIEUR JOURDAIN. — Oui. Qu'est-ce que tu fais quand tu dis U?

NICOLE. — Quoi?

MONSIEUR JOURDAIN. — Dis un peu U, pour voir.

NICOLE. — Hé bien! U.

MONSIEUR JOURDAIN. — Qu'est-ce que tu fais?

NICOLE. — Je dis U.

MONSIEUR JOURDAIN. — Oui: mais quand tu dis U, qu'est-ce que tu fais?

NICOLE. — Je fais ce que vous me dites.

MONSIEUR JOURDAIN. — Oh! l'étrange chose que d'avoir affaire à des bêtes! Tu allonges les lèvres en dehors, et approches la mâchoire d'en haut de celle d'en bas; U, vois-tu? Je fais la moue : U.

NICOLE. — Oui, cela est biau.

MADAME JOURDAIN. — Voilà qui est admirable!

MONSIEUR JOURDAIN. — C'est bien autre chose, si vous aviez vu O, et DA, DA, et FA, FA !

MADAME JOURDAIN. — Qu'est-ce que c'est donc que tout ce galimatias-là ?

NICOLE. — De quoi est-ce que tout cela guérit ?

MONSIEUR JOURDAIN. — J'enrage, quand je vois des femmes ignorantes.

MADAME JOURDAIN. — Allez, vous devriez envoyer promener tous ces gens-là, avec leurs fariboles.

NICOLE. — Et surtout ce grand escogriffe de maître d'armes, qui remplit de poudre tout mon ménage.

MONSIEUR JOURDAIN. — Ouais, ce maître d'armes vous tient fort au cœur ! Je te veux faire voir ton impertinence tout à l'heure. (Après avoir fait apporter des fleurets, et en avoir donné un à Nicole.) Tiens, raison démonstrative, la ligne du corps. Quand on pousse en quarte, on n'a qu'à faire cela ; et quand on pousse en tierce, on n'a qu'à faire cela. Voilà le moyen de n'être jamais tué ; et cela n'est-il pas beau, d'être assuré de son fait quand on se bat contre quelqu'un ? Là, pousse-moi un peu pour voir.

NICOLE. — Hé bien ! quoi ! (Nicole pousse plusieurs bottes à M. Jourdain.)

MONSIEUR JOURDAIN. — Tout beau ! Hola ! ho ! Doucement ! Diantre soit la coquine !

NICOLE. — Vous me dites de pousser.

MONSIEUR JOURDAIN. — Oui ; mais tu me pousses en tierce avant que de pousser en quarte, et tu n'as pas la patience que je pare.

MADAME JOURDAIN. — Vous êtes fou, mon mari, avec toutes vos fantaisies ; et cela vous est venu depuis que vous vous mêlez de hanter la noblesse.

MONSIEUR JOURDAIN. — Lorsque je hante la noblesse, je fais paroître mon jugement ; et cela est plus beau que de hanter votre bourgeoisie.

MADAME JOURDAIN. — Çamon[1] vraiment ! il y a fort à gagner à fréquenter vos nobles, et vous avez bien opéré avec ce beau monsieur le comte, dont vous vous êtes embéguiné !

MONSIEUR JOURDAIN. — Paix ; songez à ce que vous dites. Savez-vous bien, ma femme, que vous ne savez pas de qui vous parlez, quand vous parlez de lui ? C'est une personne d'importance plus que vous ne pensez, un seigneur que l'on considère à la cour, et qui parle au roi tout comme je vous parle. N'est-ce pas une chose qui m'est tout à fait honorable, que l'on voie venir chez moi souvent une personne de cette qualité, qui m'appelle son cher ami, et me traite comme si j'étois son égal ? Il a pour moi des bontés qu'on ne devineroit jamais ; et devant tout le monde il me fait des caresses dont je suis moi-même confus.

MADAME JOURDAIN. — Oui, il a des bontés pour vous et vous fait des caresses ; mais il vous emprunte votre argent.

MONSIEUR JOURDAIN. — Hé bien ! ne m'est-ce pas de l'honneur de prêter de l'argent à un homme de cette condition-là ? et puis-je faire moins pour un seigneur qui m'appelle son cher ami ?

MADAME JOURDAIN. — Et ce seigneur, que fait-il pour vous ?

MONSIEUR JOURDAIN. — Des choses dont on seroit étonné, si on les savoit.

---

1. Abréviation de *c'est mon avis*.

Tout beau! Holà! ho! Doucement! (Page 105.)

MADAME JOURDAIN. — Et quoi?

MONSIEUR JOURDAIN. — Baste! je ne puis pas m'expliquer. Il suffit que, si je lui ai prêté de l'argent, il me le rendra bien, et avant qu'il soit peu.

MADAME JOURDAIN. — Oui. Attendez-vous à cela.

MONSIEUR JOURDAIN. — Assurément. Ne me l'a-t-il pas dit?

MADAME JOURDAIN. — Oui, oui, il ne manquera pas d'y faillir.

MONSIEUR JOURDAIN. — Il m'a juré sa foi de gentilhomme.

MADAME JOURDAIN. — Chansons!

MONSIEUR JOURDAIN. — Ouais! vous êtes bien obstinée, ma femme! Je vous dis qu'il me tiendra sa parole; j'en suis sûr.

MADAME JOURDAIN. — Et moi, je suis sûre que non, et que toutes les caresses qu'il vous fait ne sont que pour vous enjôler.

MONSIEUR JOURDAIN. — Taisez-vous. Le voici.

MADAME JOURDAIN. — Il ne nous faut plus que cela. Il vient peut-être encore vous faire quelque emprunt; et il me semble que j'ai dîné quand je le vois.

MONSIEUR JOURDAIN. — Taisez-vous, vous dis-je[1]!

---

1. La pièce commence vraiment avec le troisième acte. Molière nous montre presque toujours les effets que produisent sur la famille les vices ou les travers, les conséquences sociales d'un défaut.

SCÈNE IV. — DORANTE, MONSIEUR JOURDAIN,
MADAME JOURDAIN, NICOLE.

DORANTE. — Mon cher ami monsieur Jourdain, comment vous portez-vous?

MONSIEUR JOURDAIN. — Fort bien, monsieur, pour vous rendre mes petits services.

DORANTE. — Et madame Jourdain, que voilà, comment se porte-t-elle?

MADAME JOURDAIN. — Madame Jourdain se porte comme elle peut.

DORANTE. — Comment! monsieur Jourdain, vous voilà le plus propre du monde!

MONSIEUR JOURDAIN. — Vous voyez.

DORANTE. — Vous avez tout à fait bon air avec cet habit; et nous n'avons point de jeunes gens à la cour qui soient mieux faits que vous.

MONSIEUR JOURDAIN. — Hai, hai.

MADAME JOURDAIN, à part. — Il le gratte par où il se démange.

DORANTE. — Tournez-vous. Cela est tout à fait galant.

MADAME JOURDAIN, à part. — Oui, aussi sot par derrière que par devant.

DORANTE. — Ma foi, monsieur Jourdain, j'avois une impatience étrange de vous voir. Vous êtes l'homme du monde que j'estime le plus; et je parlois encore de vous, ce matin, dans la chambre du roi.

MONSIEUR JOURDAIN. — Vous me faites beaucoup d'honneur, monsieur. (A madame Jourdain.) Dans la chambre du roi.

DORANTE. — Allons, mettez[1].

MONSIEUR JOURDAIN. — Monsieur, je sais le respect que je vous dois.

DORANTE. — Mon Dieu! mettez. Point de cérémonie entre nous, je vous prie.

MONSIEUR JOURDAIN. — Monsieur....

DORANTE. — Mettez, vous dis-je, monsieur Jourdain: vous êtes mon ami.

MONSIEUR JOURDAIN. — Monsieur, je suis votre serviteur.

DORANTE. — Je ne me couvrirai point, si vous ne vous couvrez.

MONSIEUR JOURDAIN, se couvrant. — J'aime mieux être incivil qu'importun.

DORANTE. — Je suis votre débiteur, comme vous le savez.

MADAME JOURDAIN, à part. — Oui : nous ne le savons que trop.

DORANTE. — Vous m'avez généreusement prêté de l'argent en plusieurs occasions, et m'avez obligé de la meilleure grâce du monde, assurément.

MONSIEUR JOURDAIN. — Monsieur, vous vous moquez.

DORANTE. — Mais je sais rendre ce qu'on me prête, et reconnoître les plaisirs qu'on me fait.

MONSIEUR JOURDAIN. — Je n'en doute point, monsieur.

DORANTE. — Je veux sortir d'affaire avec vous ; et je viens ici pour faire nos comptes ensemble.

MONSIEUR JOURDAIN, bas, à madame Jourdain. — Hé bien! vous voyez votre impertinence, ma femme.

---

1. Expression de l'époque : mettez votre chapeau sur la tête.

DORANTE. — Je suis homme qui aime à m'acquitter le plus tôt que je puis.

MONSIEUR JOURDAIN, bas, à madame Jourdain. — Je vous le disois bien.

DORANTE. — Voyons un peu ce que je vous dois.

MONSIEUR JOURDAIN, bas, à madame Jourdain. — Vous voilà, avec vos soupçons ridicules.

DORANTE. — Vous souvenez-vous bien de tout l'argent que vous m'avez prêté?

MONSIEUR JOURDAIN. — Je crois que oui. J'en ai fait un petit mémoire. Le voici. Donné à vous une fois deux cents louis.

DORANTE. — Cela est vrai.

MONSIEUR JOURDAIN. — Une autre fois six-vingts.

DORANTE. — Oui.

MONSIEUR JOURDAIN. — Et une autre fois cent quarante.

DORANTE. — Vous avez raison.

MONSIEUR JOURDAIN. — Ces trois articles font quatre cent soixante louis, qui valent cinq mille soixante livres[1].

DORANTE. — Le compte est fort bon. Cinq mille soixante livres.

MONSIEUR JOURDAIN. — Mille huit cent trente-deux livres à votre plumassier.

DORANTE. — Justement.

MONSIEUR JOURDAIN. — Deux mille sept cent quatre-vingts livres à votre tailleur.

DORANTE. — Il est vrai.

MONSIEUR JOURDAIN. — Quatre mille trois cent septante-neuf livres douze sols huit deniers à votre marchand.

---

1. Le louis valait alors onze livres.

DORANTE. — Fort bien. Douze sols huit deniers; le compte est juste.

MONSIEUR JOURDAIN. — Et mille sept cent quarante-huit livres sept sols quatre deniers à votre sellier.

DORANTE. — Tout cela est véritable. Qu'est-ce que cela fait?

MONSIEUR JOURDAIN. — Somme totale, quinze mille huit cents livres.

DORANTE. — Somme totale est juste. Quinze mille huit cents livres. Mettez encore deux cents pistoles que vous m'allez donner : cela fera justement dix-huit mille francs que je vous payerai au premier jour[1].

MADAME JOURDAIN, bas, à M. Jourdain. — Hé bien! ne l'avois-je pas bien deviné?

MONSIEUR JOURDAIN, bas, à madame Jourdain. — Paix.

DORANTE. — Cela vous incommodera-t-il, de me donner ce que je vous dis?

MONSIEUR JOURDAIN. — Hé! non.

MADAME JOURDAIN, bas, à M. Jourdain. — Cet homme-là fait de vous une vache à lait.

MONSIEUR JOURDAIN, bas, à madame Jourdain. — Taisez-vous.

DORANTE. — Si cela vous incommode, j'en irai chercher ailleurs.

---

1. Excellente scène de comédie; elle éclaire la véritable situation de cette famille. Le *comte* Dorante n'est plus seulement ridicule comme les *petits marquis*, il devient odieux par une bassesse qui frôle l'escroquerie. Si le fils du tapissier se moque de la bourgeoisie qui veut sortir de sa position en faisant rire du marchand de draps contrefaisant le gentilhomme, il épargne encore moins la noblesse : auprès de l'odieux rôle du comte Dorante, celui du sot bourgeois est un beau rôle. Est-ce là la cause de l'hésitation de Louis XIV qui se voyait, lui, le premier noble de son royaume, attaqué dans la personne du fripon Dorante.

MONSIEUR JOURDAIN. — Non, monsieur.

MADAME JOURDAIN, bas, à M. Jourdain. — Il ne sera pas content qu'il ne vous ait ruiné.

MONSIEUR JOURDAIN, bas, à madame Jourdain. — Taisez-vous, vous dis-je.

DORANTE. — Vous n'avez qu'à me dire si cela vous embarrasse.

MONSIEUR JOURDAIN. — Point, monsieur.

MADAME JOURDAIN, bas, à M. Jourdain. — C'est un vrai enjôleur.

MONSIEUR JOURDAIN, bas, à madame Jourdain. — Taisez-vous donc.

MADAME JOURDAIN, bas, à M. Jourdain. — Il vous sucera jusqu'au dernier sou.

MONSIEUR JOURDAIN, bas, à madame Jourdain. — Vous tairez-vous?

DORANTE. — J'ai force gens qui m'en prêteroient avec joie; mais, comme vous êtes mon meilleur ami, j'ai cru que je vous ferois tort si j'en demandois à quelque autre.

MONSIEUR JOURDAIN. — C'est trop d'honneur, monsieur, que vous me faites. Je vais quérir votre affaire.

MADAME JOURDAIN, bas, à M. Jourdain. — Quoi! vous allez encore lui donner cela?

MONSIEUR JOURDAIN, bas, à madame Jourdain. — Que faire? Voulez-vous que je refuse un homme de cette condition-là, qui a parlé de moi ce matin dans la chambre du roi?

MADAME JOURDAIN, bas, à M. Jourdain. — Allez, vous êtes une vraie dupe.

SCÈNE V. — DORANTE, MADAME JOURDAIN,
NICOLE.

DORANTE. — Vous me semblez toute mélancolique. Qu'avez-vous, madame Jourdain[1]?

MADAME JOURDAIN. — J'ai la tête plus grosse que le poing, et elle n'est pas enflée.

DORANTE. — Mademoiselle votre fille, où est-elle, que je ne la vois point?

MADAME JOURDAIN. — Mademoiselle ma fille est bien où elle est.

DORANTE. — Comment se porte-t-elle?

MADAME JOURDAIN. — Elle se porte sur ses deux jambes.

DORANTE. — Ne voulez-vous point, un de ces jours, venir voir avec elle le ballet et la comédie que l'on fait chez le roi?

MADAME JOURDAIN. — Oui, vraiment! nous avons fort envie de rire, fort envie de rire nous avons.

SCÈNE VI. — MONSIEUR JOURDAIN, MADAME JOURDAIN,
DORANTE, NICOLE.

MONSIEUR JOURDAIN, à Dorante. — Voilà deux cents louis bien comptés.

DORANTE. — Je vous assure, monsieur Jourdain, que

1. Cette scène continue d'une autre manière l'avilissement de Dorante.

je suis tout à vous et que je brûle de vous rendre un service à la cour.

MONSIEUR JOURDAIN. — Je vous suis trop obligé.

DORANTE. — Si madame Jourdain veut voir le divertissement royal, je lui ferai donner les meilleures places de la salle.

MADAME JOURDAIN. — Madame Jourdain vous baise les mains.

DORANTE, bas, à M. Jourdain. — Notre belle marquise, comme je vous ai mandé par mon billet, viendra tantôt ici pour le ballet et le repas; et je l'ai fait consentir enfin au cadeau[1] que vous lui voulez donner.

MONSIEUR JOURDAIN. — Tirons-nous un peu plus loin, pour cause.

DORANTE. — Il y a huit jours que je ne vous ai vu, et je ne vous ai point mandé de nouvelles du diamant que vous me mîtes entre les mains pour lui en faire présent de votre part; mais c'est que j'ai eu toutes les peines du monde à vaincre son scrupule; et ce n'est que d'aujourd'hui qu'elle s'est résolue à l'accepter.

MONSIEUR JOURDAIN. — Comment l'a-t-elle trouvé?

DORANTE. — Merveilleux; et je me trompe fort, ou la beauté de ce diamant fera pour vous sur son esprit un effet admirable.

MONSIEUR JOURDAIN — Plût au ciel!

MADAME JOURDAIN, à Nicole. — Quand il est une fois avec lui, il ne peut le quitter.

DORANTE. — Je lui ai fait valoir comme il faut la richesse de ce présent, et la grandeur de votre amour.

MONSIEUR JOURDAIN. — Ce sont, monsieur, des bontés

---

1. Signifiait alors fête, repas.

qui m'accablent; et je suis dans une confusion la plus grande du monde, de voir une personne de votre qualité s'abaisser pour moi à ce que vous faites¹.

DORANTE. — Vous moquez-vous? Est-ce qu'entre amis on s'arrête à ces sortes de scrupules? et ne feriez-vous pas pour moi la même chose, si l'occasion s'en offroit.

MONSIEUR JOURDAIN. — Oh! assurément, et de très-grand cœur!

MADAME JOURDAIN, à Nicole. — Que sa présence me pèse sur les épaules!

DORANTE. — Pour moi, je ne regarde rien, quand il faut servir un ami.

MONSIEUR JOURDAIN. — Il est vrai. Ce sont des bontés qui me confondent.

MADAME JOURDAIN, à Nicole. — Est-ce qu'il ne s'en ira point?

NICOLE. — Ils se trouvent bien ensemble.

DORANTE. — Vous avez pris le bon biais pour toucher son cœur. Les femmes aiment surtout les dépenses qu'on fait pour elles; et vos fréquentes sérénades, et vos bouquets continuels, ce superbe feu d'artifice qu'elle trouva sur l'eau, le diamant qu'elle a reçu de votre part, et le cadeau que vous lui préparez, tout cela lui parle bien mieux en votre faveur que toutes les paroles que vous auriez pu lui dire vous-même.

MONSIEUR JOURDAIN. — Il n'y a point de dépenses que je ne fisse, si par là je pouvois trouver le chemin de

---

1. Jourdain apprécie, sans le savoir, Dorante à sa véritable valeur. Dorante descend l'échelle du mépris jusqu'au dernier échelon, rien n'y manquera. Les *Mémoires* du chevalier de Grammont et les *Lettres* du chevalier de Méré montrent surabondamment que Dorante n'est pas un personnage de fantaisie.

son cœur. Une femme de qualité a pour moi des charmes ravissans ; et c'est un honneur que j'achèterois au prix de toutes choses.

MADAME JOURDAIN, bas, à Nicole. — Que peuvent-ils tant dire ensemble ? Va-t'en un peu tout doucement prêter l'oreille.

DORANTE. — Ce sera tantôt que vous jouirez à votre aise du plaisir de sa vue, et vos yeux auront tout le temps de se satisfaire.

MONSIEUR JOURDAIN. — Pour être en pleine liberté, j'ai fait en sorte que ma femme ira dîner chez ma sœur, où elle passera toute l'après-dînée.

DORANTE. — Vous avez fait prudemment, et votre femme auroit pu nous embarrasser. J'ai donné pour vous l'ordre qu'il faut au cuisinier, et à toutes les choses qui sont nécessaires pour le ballet. Il est de mon invention ; et pourvu que l'exécution puisse répondre à l'idée, je suis sûr qu'il sera trouvé....

MONSIEUR JOURDAIN, s'apercevant que Nicole écoute, et lui donnant un soufflet. — Ouais ! vous êtes bien impertinente. (A Dorante.) Sortons, s'il vous plaît.

SCÈNE VII. — MADAME JOURDAIN, NICOLE.

NICOLE. — Ma foi, madame, la curiosité m'a coûté quelque chose : mais je crois qu'il y a quelque anguille sous roche ; et ils parlent de quelque affaire où ils ne veulent pas que vous soyez.

MADAME JOURDAIN. — Ce n'est pas d'aujourd'hui, Nicole que j'ai conçu des soupçons de mon mari. Je travaille à découvrir ce que ce peut être. Mais songeons à ma fille. Tu sais l'amour que Cléonte a pour elle : c'est un homme qui me revient ; et je veux aider sa recherche, et lui donner Lucile, si je puis.

NICOLE. — En vérité, madame, je suis la plus ravie du monde de vous voir dans ces sentimens ; car, si le maître nous revient, le valet ne me revient pas moins, et je souhaiterois que notre mariage se pût faire à l'ombre du leur.

MADAME JOURDAIN. — Va-t'en lui parler de ma part, et lui dire que tout à l'heure il me vienne trouver, pour faire ensemble à mon mari la demande de ma fille.

NICOLE. — J'y cours, madame, avec joie, et je ne pouvois recevoir une commission plus agréable. (Seule.) Je vais, je pense, bien réjouir les gens.

SCÈNE VIII. — CLÉONTE, COVIELLE, NICOLE.

NICOLE, à Cléonte. — Ah! vous voilà tout à propos. Je suis une ambassadrice de joie, et je viens....

CLÉONTE. — Retire-toi, perfide, et ne me viens point amuser avec tes traîtresses paroles.

NICOLE. — Est-ce ainsi que vous recevez....

CLÉONTE. — Retire-toi, te dis-je, et va-t'en dire de ce pas à ton infidèle maîtresse qu'elle n'abusera de sa vie le trop simple Cléonte.

NICOLE. — Quel vertigo est-ce donc là? Mon pauvre Covielle, dis-moi un peu ce que cela veut dire.

COVIELLE. — Ton pauvre Covielle, petite scélérate ! Allons, vite, ôte-toi de mes yeux, vilaine, et me laisse en repos.

NICOLE. — Quoi! tu me viens aussi....

COVIELLE. — Ote-toi de mes yeux, te dis-je, et ne me parle de ta vie.

NICOLE, à part. — Ouais! Quelle mouche les a piqués tous deux? Allons de cette belle histoire informer ma maîtresse.

SCÈNE. IX — CLÉONTE, COVIELLE.

COVIELLE. — C'est une chose épouvantable, que ce qu'on nous fait à tous deux.

CLÉONTE. — Je fais voir pour une personne toute l'ardeur et toute la tendresse qu'on peut imaginer; je n'aime rien au monde qu'elle, et je n'ai qu'elle dans l'esprit; je ne parle que d'elle, je ne pense qu'à elle, et voilà de tant d'amitié la digne récompense! Je suis deux jours sans la voir, qui sont pour moi deux siècles effroyables; je la rencontre par hasard; mon cœur, à cette vue, se sent tout transporté, ma joie éclate sur mon visage, je vole avec ravissement vers elle, et l'infidèle détourne de moi ses regards, et passe brusquement, comme si de sa vie elle ne m'avoit vu!

COVIELLE. — Je dis les mêmes choses que vous.

CLÉONTE. — Peut-on rien voir d'égal, Covielle, à cette perfidie de l'ingrate Lucile?

COVIELLE. — Et à celle, monsieur, de la pendarde de Nicole?

CLÉONTE. — Après tant de sacrifices ardens, de soupirs et de vœux que j'ai faits à ses charmes!

COVIELLE. — Après tant d'assidus hommages, de soins et de services que je lui ai rendus dans sa cuisine!

CLÉONTE. — Tant de larmes que j'ai versées à ses genoux!

COVIELLE. — Tant de seaux d'eau que j'ai tirés au puits pour elle !

CLÉONTE. — Tant d'ardeur que j'ai fait paroître à la chérir plus que moi-même !

COVIELLE. — Tant de chaleur que j'ai soufferte à tourner la broche à sa place !

CLÉONTE. — Elle me fuit avec mépris !

COVIELLE. — Elle me tourne le dos avec effronterie !

CLÉONTE. — C'est une perfidie digne des plus grands châtimens.

COVIELLE. — C'est une trahison à mériter mille soufflets.

CLÉONTE. — Ne t'avise point, je te prie, de me parler jamais pour elle.

COVIELLE. — Moi, monsieur, Dieu m'en garde !

CLÉONTE. — Non, vois-tu, tous tes discours pour la défendre ne serviront de rien.

COVIELLE. — Qui songe à cela?

CLÉONTE. — Je veux contre elle conserver mon ressentiment.

COVIELLE. — J'y consens.

CLÉONTE. — Ce monsieur le comte qui va chez elle lui donne peut-être dans la vue ; et son esprit, je le vois bien, se laisse éblouir à la qualité. Mais il me faut prévenir l'éclat de son inconstance. Je veux faire autant de pas qu'elle au changement où je la vois courir, et ne lui laisser pas toute la gloire de me quitter.

COVIELLE. — C'est fort bien dit, et j'entre pour mon compte dans tous vos sentimens.

CLÉONTE. — Donne la main à mon dépit, et soutiens ma résolution. Dis-m'en, je t'en conjure, tout le mal que tu pourras. Fais-moi de sa personne une peinture qui me la rende méprisable; et marque-moi bien, pour m'en dégoûter, tous les défauts que tu peux voir en elle.

COVIELLE. — Elle, monsieur? voilà une belle mijaurée, bien bâtie. Je ne lui vois rien que de très-médiocre; et vous trouverez cent personnes qui seront plus dignes de vous. Premièrement, elle a les yeux petits.

CLÉONTE. — Cela est vrai, elle a les yeux petits; mais elle les a pleins de feu, les plus brillans, les plus perçans du monde, les plus touchans qu'on puisse voir.

COVIELLE. — Elle a la bouche grande.

CLÉONTE. — Oui : mais on y voit des grâces qu'on ne voit point aux autres bouches.

COVIELLE. — Pour sa taille, elle n'est pas grande.

CLÉONTE. — Non; mais elle est aisée et bien prise.

COVIELLE. — Elle affecte une nonchalance dans son parler et dans ses actions.

CLÉONTE. — Il est vrai; mais elle a grâce à tout cela; et ses manières sont engageantes, ont je ne sais quel charme à s'insinuer dans les cœurs.

COVIELLE. — Pour de l'esprit....

CLÉONTE. — Ah! elle en a, Covielle, du plus fin, du plus délicat.

COVIELLE. — Sa conversation....

CLÉONTE. — Sa conversation est charmante.

COVIELLE. — Elle est toujours sérieuse.

CLÉONTE. — Veux-tu de ces enjouemens épanouis, de ces joies toujours ouvertes? et vois-tu rien de plus impertinent que des femmes qui rient à tout propos?

COVIELLE. — Mais enfin, elle est capricieuse autant que personne du monde.

CLÉONTE. — Oui, elle est capricieuse, j'en demeure

d'accord; mais tout sied bien aux belles; on souffre tout des belles [1].

COVIELLE. — Puisque cela va comme ça, je vois bien que vous avez envie de l'aimer toujours.

CLÉONTE. — Moi? j'aimerois mieux mourir : et je vais la haïr autant que je l'ai aimée.

COVIELLE. — Le moyen, si vous la trouvez si parfaite?

CLÉONTE. — C'est en quoi ma vengeance sera plus éclatante, en quoi je veux faire mieux voir la force de mon cœur à la haïr, à la quitter, toute belle, toute pleine d'attraits, tout aimable que je la trouve. La voici.

SCÈNE X. — LUCILE, CLÉONTE, COVIELLE, NICOLE.

NICOLE, à Lucile. — Pour moi, j'en ai été toute scandalisée.

LUCILE. — Ce ne peut être, Nicole, que ce que je te dis. Mais le voilà.

CLÉONTE, à Covielle. — Je ne veux pas seulement lui parler.

COVIELLE. — Je veux vous imiter.

LUCILE. — Qu'est-ce donc, Cléonte? qu'avez-vous?

NICOLE. — Qu'as-tu donc, Covielle?

LUCILE. — Quel chagrin vous possède?

---

1. Tous les contemporains s'accordent à voir dans ce charmant portrait celui de la femme de Molière. C'est là une des scènes de brouillerie et de raccommodement si fréquentes dans les comédies de Molière et dans son ménage, et qui lui donnaient sa mélancolie et son « rire amer. »

NICOLE. — Quelle mauvaise humeur te tient?

LUCILE. — Êtes-vous muet, Cléonte?

NICOLE. — As-tu perdu la parole, Covielle?

CLÉONTE. — Que voilà qui est scélérat!

COVIELLE. — Que cela est Judas!

LUCILE. — Je vois bien que la rencontre de tantôt a troublé votre esprit.

CLÉONTE, à Covielle. — Ah! ah! On voit ce qu'on a fait.

NICOLE. — Notre accueil de ce matin t'a fait prendre la chèvre¹.

COVIELLE, à Cléonte. — On a deviné l'enclouure.

LUCILE. — N'est-il pas vrai, Cléonte, que c'est là le sujet de votre dépit?

CLÉONTE. — Oui, perfide, ce l'est, puisqu'il faut parler; et j'ai à vous dire que vous ne triompherez pas, comme vous pensez, de votre infidélité; que je veux être le premier à rompre avec vous, et que vous n'aurez pas l'avantage de me chasser. Cela me causera des chagrins; je souffrirai un temps; mais j'en viendrai à bout, et je me percerai plutôt le cœur, que d'avoir la foiblesse de retourner à vous.

COVIELLE, à Nicole. — Queussi, queumi².

LUCILE. — Voilà bien du bruit pour un rien! Je veux vous dire, Cléonte, le sujet qui m'a fait ce matin éviter votre abord.

CLÉONTE, voulant s'en aller pour éviter Lucile. — Non, je ne veux rien écouter.

NICOLE, à Covielle. — Je te veux apprendre la cause qui nous a fait passer si vite.

---

1. Se fâcher. — L'enclouure signifie empêchement, obstacle.
2. Comme celui-ci, ainsi de moi.

COVIELLE, voulant aussi s'en aller pour éviter Nicole. — Je ne veux rien entendre.

LUCILE, suivant Cléonte. — Sachez que ce matin....

CLÉONTE, marchant toujours sans regarder Lucile. — Non, vous dis-je.

NICOLE, suivant Covielle. — Apprends que.....

COVIELLE, marchant aussi sans regarder Nicole. — Non, traîtresse !

LUCILE. — Écoutez.

CLÉONTE. — Point d'affaire.

NICOLE. — Laisse-moi dire.

COVIELLE. — Je suis sourd.

LUCILE. — Cléonte !

CLÉONTE. — Non.

NICOLE. — Covielle !

COVIELLE. — Point.

LUCILE. — Arrêtez.

CLÉONTE. — Chansons.

NICOLE. — Entends-moi.

COVIELLE. — Bagatelle.

LUCILE. — Un moment.

CLÉONTE. — Point du tout.

NICOLE. — Un peu de patience.

COVIELLE. — Tarare.

LUCILE. — Deux paroles.

CLÉONTE. — Non : c'en est fait.

NICOLE. — Un mot.

COVIELLE. — Plus de commerce.

LUCILE, s'arrêtant. — Hé bien ! puisque vous ne voulez pas m'écouter, demeurez dans votre pensée, et faites ce qu'il vous plaira.

NICOLE, s'arrêtant aussi. — Puisque tu fais comme cela, prends-le tout comme tu voudras.

CLÉONTE, se tournant vers Lucile. — Sachons donc le sujet d'un si bel accueil.

LUCILE, s'en allant à son tour pour éviter Cléonte. — Il ne me plaît plus de le dire.

COVIELLE, se tournant vers Nicole. — Apprends-nous un peu cette histoire.

NICOLE, s'en allant aussi pour éviter Covielle. — Je ne veux plus, moi, te l'apprendre.

CLÉONTE, suivant Lucile. — Dites-moi....

LUCILE, marchant toujours sans regarder Cléonte. — Non, je ne veux rien dire.

COVIELLE, suivant Nicole. — Conte-moi....

NICOLE, marchant aussi sans regarder Covielle. — Non, je ne conte rien.

CLÉONTE. — De grâce !

LUCILE. — Non, vous dis-je.

COVIELLE. — Par charité !

NICOLE. — Point d'affaire.

CLÉONTE. — Je vous en prie.

LUCILE. — Laissez-moi.

COVIELLE. — Je t'en conjure.

NICOLE. — Ote-toi de là.

CLÉONTE. — Lucile !

LUCILE. — Non.

COVIELLE. — Nicole !

NICOLE. — Point.

CLÉONTE. — Au nom des dieux !

LUCILE. — Je ne veux pas.

COVIELLE. — Parle-moi.

NICOLE. — Point du tout.

CLÉONTE. — Éclaircissez mes doutes.

LUCILE. — Non : je n'en ferai rien.

COVIELLE. — Guéris-moi l'esprit.

NICOLE. — Non : il ne me plaît pas.

CLÉONTE. — Hé bien ! puisque vous vous souciez si peu de me tirer de peine, et de vous justifier, vous me voyez, ingrate, pour la dernière fois; et je vais, loin de vous, mourir de douleur.

COVIELLE, à Nicole. — Et moi, je vais suivre ses pas.

LUCILE, à Cléonte, qui veut sortir. — Cléonte !

NICOLE, à Covielle, qui suit son maître. — Covielle !

CLÉONTE, s'arrêtant. — Hé ?

COVIELLE, s'arrêtant aussi. — Plaît-il ?

LUCILE. — Où allez-vous ?

CLÉONTE. — Où je vous ai dit.

COVIELLE. — Nous allons mourir.

LUCILE. — Vous allez mourir, Cléonte ?

CLÉONTE. — Oui, cruelle, puisque vous le voulez.

LUCILE. — Moi ! je veux que vous mouriez ?

CLÉONTE. — Oui, vous le voulez.

LUCILE. — Qui vous le dit ?

CLÉONTE, s'approchant de Lucile. — N'est-ce pas le vouloir, que de ne vouloir pas éclaircir mes soupçons.

LUCILE. — Est-ce ma faute ? et, si vous aviez voulu m'écouter, ne vous aurois-je pas dit que l'aventure dont vous vous plaignez a été causée ce matin par la présence d'une vieille tante, qui nous figure tous les hommes comme des diables qu'il faut fuir ?

NICOLE, à Covielle. — Voilà le secret de l'affaire.

CLÉONTE. — Ne me trompez-vous point, Lucile ?

COVIELLE, à Nicole. — Ne m'en donnes-tu point à garder ?

LUCILE, à Cléonte. — Il n'est rien de plus vrai.

NICOLE, à Covielle. — C'est la chose comme elle est.

COVIELLE, à Cléonte. — Nous rendrons-nous à cela?

CLÉONTE. — Ah! Lucile, qu'avec un mot de votre bouche vous savez apaiser de choses dans mon cœur; et que facilement on se laisse persuader aux personnes qu'on aime!

COVIELLE. Qu'on est aisément amadoué par ces diantres d'animaux-là!

SCÈNE XII. — MADAME JOURDAIN, CLÉONTE, LUCILE, COVIELLE, NICOLE.

MADAME JOURDAIN. — Je suis bien aise de vous voir, Cléonte, et vous voilà tout à propos. Mon mari vient: prenez vite votre temps pour lui demander Lucile en mariage.

CLÉONTE. — Ah! madame, que cette parole m'est douce! Pouvois-je recevoir un ordre plus charmant, une faveur plus précieuse?

SCÈNE XII. — CLÉONTE, MONSIEUR JOURDAIN, MADAME JOURDAIN, LUCILE, COVIELLE, NICOLE.

CLÉONTE. — Monsieur, je n'ai voulu prendre personne pour vous faire une demande que je médite il y a longtemps. Elle me touche assez pour m'en charger moi-même; et, sans autre détour, je vous dirai que l'honneur d'être votre gendre est une faveur glorieuse que je vous prie de m'accorder.

MONSIEUR JOURDAIN. — Avant que de vous rendre réponse, monsieur, je vous prie de me dire si vous êtes gentilhomme.

CLÉONTE. — Monsieur, la plupart des gens, sur cette question, n'hésitent pas beaucoup. On tranche le mot aisément. Ce nom ne fait aucun scrupule à prendre et l'usage aujourd'hui semble en autoriser le vol. Pour moi, je vous l'avoue, j'ai les sentiments sur cette matière un peu plus délicats. Je trouve que toute imposture est indigne d'un honnête homme, et qu'il y a de la lâcheté à déguiser ce que le ciel nous a fait naître, à se parer aux yeux du monde d'un titre dérobé, à se vouloir donner pour ce qu'on n'est pas. Je suis né de parents, sans doute, qui ont tenu des charges honorables ; je me suis acquis, dans les armes, l'honneur de six ans de service, et je me trouve assez de bien pour tenir dans le monde un rang assez passable : mais, avec tout cela, je ne veux point me donner un nom, où d'autres, en ma place, croiroient pouvoir prétendre ; et je vous dirai franchement que je ne suis point gentilhomme [1].

MONSIEUR JOURDAIN — Touchez là, monsieur, ma fille n'est pas pour vous.

CLÉONTE. — Comment?

MONSIEUR JOURDAIN. — Vous n'êtes point gentilhomme : vous n'aurez pas ma fille.

---

1. Ce langage sincère et digne rappelle involontairement Fabert refusant, en 1662, l'ordre du Saint-Esprit plutôt que de consentir à déguiser sa naissance plébéienne, préférant l'honneur aux honneurs. Voir *Le premier maréchal de France plébéien, Abraham Fabert*, par M. Alph. Feillet. La réponse de M. Jourdain, bien que prévue, étonne par sa tournure piquante.

MADAME JOURDAIN. — Que voulez-vous donc dire avec votre gentilhomme ? Est-ce que nous sommes, nous autres, de la côte de saint Louis[1] ?

MONSIEUR JOURDAIN. — Taisez-vous, ma femme : je vous vois venir.

MADAME JOURDAIN. — Descendons-nous tous deux que de bonne bourgeoisie ?

MONSIEUR JOURDAIN. — Voilà pas le coup de langue ?

MADAME JOURDAIN. — Et votre père n'étoit-il pas marchand aussi bien que le mien ?

MONSIEUR JOURDAIN. — Peste soit de la femme ! Elle n'y a jamais manqué. Si votre père a été marchand, tant pis pour lui ; mais, pour le mien, ce sont des malavisés qui disent cela. Tout ce que j'ai à vous dire, moi, c'est que je veux avoir un gendre gentilhomme.

MADAME JOURDAIN. — Il faut à votre fille un mari qui lui soit propre ; et il vaut mieux, pour elle, un honnête homme riche et bien fait, qu'un gentilhomme gueux et mal bâti.

NICOLE. — Cela est vrai. Nous avons le fils du gentilhomme de notre village, qui est le plus grand malitorne[2] et le plus sot dadais que j'aie jamais vu.

MONSIEUR JOURDAIN, à Nicole. — Taisez-vous, impertinente. Vous vous fourrez toujours dans la conversation. J'ai du bien assez pour ma fille ; je n'ai besoin que d'honneurs, et je la veux faire marquise.

---

1. De haute noblesse, de naissance presque royale, comme les Bourbons, descendants de saint Louis ; à ce moment, plusieurs familles nobles cherchaient à se rattacher à la famille des Bourbons d'Auvergne : Colbert dut faire examiner toutes ces généalogies en sa présence par Mabillon et Baluze. Voir Chazaud : *Étude sur la chronologie des sires de Bourbon*.

2. Mal tourné, et au figuré gauche, maladroit.

MADAME JOURDAIN. — Marquise?

MONSIEUR JOURDAIN. — Oui, marquise.

MADAME JOURDAIN. — Hélas! Dieu m'en garde!

MONSIEUR JOURDAIN. — C'est une chose que j'ai résolue.

MADAME JOURDAIN. — C'est une chose, moi, où je ne consentirai point. Les alliances avec plus grand que soi sont sujettes toujours à de fâcheux inconvénients. Je ne veux point qu'un gendre puisse à ma fille reprocher ses parents, et qu'elle ait des enfants qui aient honte de m'appeler leur grand'maman. S'il falloit qu'elle me vînt visiter en équipage de grand'dame, et qu'elle manquât, par mégarde, à saluer quelqu'un du quartier, on ne manqueroit pas aussitôt de dire cent sottises. « Voyez-vous, diroit-on, cette madame la marquise qui fait tant la glorieuse? C'est la fille de monsieur Jourdain, qui étoit trop heureuse, étant petite, de jouer à la madame avec nous. Elle n'a pas toujours été si relevée que la voilà; et ses deux grands-pères vendoient du drap auprès de la porte Saint-Innocent. Ils ont amassé du bien à leurs enfants, qu'ils payent maintenant peut-être bien cher en l'autre monde; et l'on ne devient guère si riche à être honnêtes gens. » Je ne veux point de tous ces caquets, et je veux un homme, en un mot, qui m'ait obligation de ma fille, et à qui je puisse dire : « Mettez-vous là, mon gendre, et dînez avec moi. »

MONSIEUR JOURDAIN. — Voilà bien les sentiments d'un petit esprit, de vouloir demeurer toujours dans la bassesse. Ne me répliquez pas davantage : ma fille sera marquise, en dépit de tout le monde; et, si vous me mettez en colère, je la ferai duchesse.

SCÈNE XIII. — MADAME JOURDAIN, LUCILE, CLÉONTE, NICOLE, COVIELLE.

MADAME JOURDAIN. — Cléonte, ne perdez pas courage encore. (A Lucile.) Suivez-moi, ma fille; et venez dire résolûment à votre père que, si vous ne l'avez, vous ne voulez épouser personne.

SCÈNE XIV. — CLÉONTE, COVIELLE.

COVIELLE. — Vous avez fait de belles affaires avec vos beaux sentiments !
CLÉONTE. — Que veux-tu? J'ai un scrupule là-dessus que l'exemple ne sauroit vaincre.
COVIELLE. — Vous moquez-vous, de le prendre sérieusement avec un homme comme cela? Ne voyez-vous pas qu'il est fou? et vous coûtoit-il quelque chose de vous accommoder à ses chimères?
CLÉONTE. — Tu as raison; mais je ne croyois pas qu'il fallût faire ses preuves de noblesse pour être gendre de monsieur Jourdain.
COVIELLE, riant. — Ah! ah! ah!
CLÉONTE. — De quoi ris-tu?
COVIELLE. — D'une pensée qui me vient pour jouer notre homme, et vous faire obtenir ce que vous souhaitez.
CLÉONTE. — Comment?
COVIELLE. — L'idée est tout à fait plaisante.
CLÉONTE. — Quoi donc?

COVIELLE. — Il s'est fait depuis peu une certaine mascarade qui vient le mieux du monde ici, et que je prétends faire entrer dans une bourle[1] que je veux faire à notre ridicule. Tout cela sent un peu sa comédie ; mais, avec lui, on peut hasarder toute chose, il n'y faut point chercher tant de façon, et il est homme à y jouer son rôle à merveille, à donner aisément dans toutes les fariboles qu'on s'avisera de lui dire. J'ai les acteurs, j'ai les habits tout prêts ; laissez-moi faire seulement.

CLÉONTE. — Mais apprends-moi....

COVIELLE. — Je vais vous instruire de tout. Retirons-nous ; le voilà qui revient.

SCÈNE XV. — MONSIEUR JOURDAIN, seul.

Que diable est-ce là ? Ils n'ont rien que les grands seigneurs à me reprocher ; et moi, je ne vois rien de si beau que de hanter les grands seigneurs ; il n'y a qu'honneur et que civilité avec eux ; et je voudrois qu'il m'eût coûté deux doigts de la main, et être né comte ou marquis.

SCÈNE XVI. — MONSIEUR JOURDAIN, UN LAQUAIS.

LE LAQUAIS. — Monsieur, voici monsieur le comte, et une dame qu'il mène par la main.

MONSIEUR JOURDAIN. — Hé ! mon Dieu ! J'ai quelques

---

1. *Une bourle,* de l'italien *burla,* plaisanterie. Nous en avons aussi fait *burlesque.*

ordres à donner. Dis-leur que je vais venir ici tout à l'heure.

SCÈNE XVII. — DORIMÈNE, DORANTE, UN LAQUAIS.

LE LAQUAIS. — Monsieur dit comme cela qu'il va venir tout à l'heure.

DORANTE. — Voilà qui est bien

SCÈNE XVIII. — DORIMÈNE, DORANTE.

DORIMÈNE. — Je ne sais pas, Dorante; je fais encore ici une étrange démarche, de me laisser amener par vous dans une maison où je ne connois personne[1].

DORANTE. — Quel lieu voulez-vous donc, madame, que je vous choisisse pour vous régaler, puisque, pour fuir l'éclat, vous ne voulez ni votre maison, ni la mienne?

DORIMÈNE. — Mais vous ne dites pas que je m'engage insensiblement chaque jour à recevoir de trop grands témoignages de votre passion. J'ai beau me défendre des choses, vous fatiguez ma résistance, et vous avez une civile opiniâtreté qui me fait venir doucement à tout ce qu'il vous plaît. Les visites fréquentes ont commencé, les déclarations sont venues ensuite, qui, après elles, ont traîné les sérénades et les cadeaux, que les présens ont suivis. Je me suis opposée à tout cela; mais vous ne

---

1. Cette scène est habilement introduite pour justifier Dorimène qui n'est nullement complice des friponneries de Dorante, mais en sera peut-être la victime ; en tout cas, elle sera bientôt punie.

vous rebutez point, et, pied à pied, vous gagnez mes résolutions. Pour moi, je ne puis plus répondre de rien; et je crois qu'à la fin vous me ferez venir au mariage, dont je me suis tant éloignée.

DORANTE. — Ma foi, madame; vous y devriez déjà être. Vous êtes veuve, et ne dépendez que de vous; je suis maître de moi, et vous aime plus que ma vie : à quoi tient-il que, dès aujourd'hui, vous ne fassiez tout mon bonheur?

DORIMÈNE. — Mon Dieu, Dorante, il faut des deux parts bien des qualités pour vivre heureusement ensemble; et les deux plus raisonnables personnes du monde ont souvent peine à composer une union dont ils soient satisfaits.

DORANTE. — Vous vous moquez, madame, de vous y figurer tant de difficultés; et l'expérience que vous avez faite ne conclut rien pour tous les autres.

DORIMÈNE. — Enfin, j'en reviens toujours là. Les dépenses que je vous vois faire pour moi m'inquiètent par deux raisons : l'une, qu'elles m'engagent plus que je ne voudrois; et l'autre, que je suis sûre, sans vous déplaire, que vous ne les faites point que vous ne vous incommodiez; et je ne veux point cela.

DORANTE. — Ah! madame, ce sont des bagatelles, et ce n'est pas par là....

DORIMÈNE. — Je sais ce que je dis; et entre autres, le diamant que vous m'avez forcée à prendre est d'un prix....

DORANTE. — Hé! madame, de grâce, ne faites point tant valoir une chose indigne de vous; et souffrez.... Voici le maître du logis.

SCÈNE XIX. — MONSIEUR JOURDAIN, DORIMÈNE, DORANTE.

MONSIEUR JOURDAIN, après avoir fait deux révérences, se trouvant trop près de Dorimène. — Un peu plus loin, madame.

DORIMÈNE. — Comment?

MONSIEUR JOURDAIN. — Un pas, s'il vous plaît.

DORIMÈNE. — Quoi donc?

MONSIEUR JOURDAIN. — Reculez un peu pour la troisième.

DORANTE. — Madame, monsieur Jourdain sait son monde.

MONSIEUR JOURDAIN. — Madame, ce m'est une gloire bien grande, de me voir assez fortuné, pour être si heureux, que d'avoir le bonheur, que vous ayez eu la bonté de m'accorder la grâce, de me faire l'honneur de m'honorer de la faveur de votre présence ; et si j'avois aussi le mérite pour mériter un mérite comme le vôtre, et que le ciel.... envieux de mon bien.... m'eût accordé.... l'avantage de me voir digne.... des...

DORANTE. — Monsieur Jourdain, en voilà assez. Madame n'aime pas les grands complimens, et elle sait que vous êtes homme d'esprit. (Bas à Dorimène.) C'est un bon bourgeois assez ridicule, comme vous voyez, dans toutes ses manières.

DORIMÈNE, bas, à Dorante. — Il n'est pas malaisé de s'en apercevoir.

DORANTE. — Madame, voilà le meilleur de mes amis.

MONSIEUR JOURDAIN. — C'est trop d'honneur que vous me faites.

DORANTE. — Galant homme tout à fait.

DORIMÈNE. — J'ai beaucoup d'estime pour lui.

MONSIEUR JOURDAIN. — Je n'ai rien fait encore, madame, pour mériter cette grâce.

DORANTE, bas, à M. Jourdain. — Prenez bien garde, au moins, à ne lui point parler du diamant que vous lui avez donné.

MONSIEUR JOURDAIN, bas, à Dorante. — Ne pourrois-je pas seulement lui demander comment elle le trouve?

DORANTE, bas, à M. Jourdain. — Comment? Gardez-vous-en bien! cela seroit vilain à vous; et, pour agir en galant homme, il faut que vous fassiez comme si ce n'étoit pas vous qui lui eussiez fait ce présent. (Haut.) Monsieur Jourdain, madame, dit qu'il est ravi de vous voir chez lui.

DORIMÈNE. — Il m'honore beaucoup.

MONSIEUR JOURDAIN, bas, à Dorante. — Que je vous suis obligé, monsieur, de lui parler ainsi de moi!

DORANTE, bas, à M Jourdain. — J'ai eu une peine effroyable à la faire venir ici.

MONSIEUR JOURDAIN, bas, à Dorante. — Je ne sais quelles grâces vous en rendre.

DORANTE. — Il dit, madame, qu'il vous trouve la plus belle personne du monde.

DORIMÈNE. — C'est bien de la grâce qu'il me fait.

MONSIEUR JOURDAIN. — Madame, c'est vous qui faites les grâces, et....

DORANTE. — Songeons à manger.

SCÈNE XX. — MONSIEUR JOURDAIN, DORIMÈNE, DORANTE, UN LAQUAIS.

LE LAQUAIS, à M. Jourdain. — Tout est prêt, monsieur.
DORANTE. — Allons donc nous mettre à table[1].

---

1. Comme tout cet acte peint bien la vanité et ses suites : Dorante, sûr de son homme, lui emprunte de nouveau, sous prétexte de régler ses comptes ; il justifie ainsi les craintes de Madame Jourdain, et met dans une situation comique le malheureux bourgeois qui sacrifie son argent à la vanité d'être nommé dans la chambre du roi, de passer pour riche. Après ce dernier trait, Jourdain sent bien qu'il est dupe, mais sa vanité est plus forte que son esprit d'ordre commercial. Dorante, de son côté, accepte les rebuffades de Madame Jourdain pour avoir un peu d'or. Madame Jourdain seule garde son bon sens bourgeois qui lui est si nécessaire pour lutter contre la friponnerie et la vanité qui menacent le bien-être de sa famille ; il lui faudra aussi lutter pour assurer le bonheur de sa fille que la vanité de Jourdain compromet en repoussant la demande de Cléonte. — Que de grâces dans ce tableau de la brouille et de la réconciliation des jeunes gens ! c'est le *Dépit amoureux* résumé en deux scènes. Tout cet acte est excellent et au niveau de ce que Molière a fait de meilleur.

ACTE QUATRIÈME.

SCÈNE I. — DORIMÈNE, MONSIEUR JOURDAIN, DORANTE, TROIS MUSICIENS, UN LAQUAIS.

DORIMÈNE. — Comment ! Dorante, voilà un repas tout à fait magnifique !

MONSIEUR JOURDAIN. — Vous vous moquez, madame, et je voudrois qu'il fût plus digne de vous être offert.

(Dorimène, M. Jourdain, Dorante, et les trois musiciens se mettent à table.)

DORANTE. — Monsieur Jourdain a raison, madame, de parler de la sorte, et il m'oblige, de vous faire si bien les honneurs de chez lui. Je demeure d'accord avec lui que le repas n'est pas digne de vous. Comme c'est moi qui l'ai ordonné, et que je n'ai pas sur cette matière les lumières de nos amis, vous n'avez pas ici un repas fort savant, et vous y trouverez des incongruités de bonne chère, et des barbarismes de bon goût. Si Damis s'en étoit mêlé, tout seroit dans les règles ; il y auroit partout de l'élégance et de l'érudition, et il ne manqueroit pas de vous exagérer lui-même toutes les pièces du repas qu'il vous donneroit, et de vous faire tomber d'accord de sa haute capacité dans la science des bons morceaux ; de vous parler d'un pain de rive à biseau doré, relevé de croûte partout, croquant tendrement sous la dent; d'un vin à séve veloutée, armé d'un vert qui n'est point trop commandant; d'un carré de mouton gourmandé de persil; d'une longe de veau de rivière, longue comme cela, blanche, délicate, et qui, sous les dents, est une vraie pâte d'amandes; de perdrix relevées d'un fumet surprenant; et pour son opéra[1], d'une soupe à bouillon perlé soutenue d'un jeune gros dindon cantonné de pigeonneaux, et couronné d'oignons blancs mariés avec la chicorée. Mais, pour moi, je vous avoue mon ignorance; et, comme monsieur Jourdain a fort bien dit, je voudrois que le repas fût plus digne de vous être offert.

DORIMÈNE. — Je ne réponds à ce compliment, qu'en mangeant comme je fais.

MONSIEUR JOURDAIN.— Ah! que voilà de belles mains!

DORIMÈNE. — Les mains sont médiocres, monsieur Jourdain; mais vous voulez parler du diamant, qui est fort beau.

MONSIEUR JOURDAIN. — Moi, madame, Dieu me garde d'en vouloir parler! ce ne seroit pas agir en galant homme; et le diamant est fort peu de chose.

DORIMÈNE. — Vous êtes bien dégoûté.

MONSIEUR JOURDAIN. — Vous avez trop de bonté....

DORANTE, après avoir fait un signe à M. Jourdain. —Allons! qu'on donne du vin à monsieur Jourdain et à ces messieurs, qui nous feront la grâce de nous chanter un air à boire.

DORIMÈNE. — C'est merveilleusement assaisonner la

---

1. Œuvre capitale. — Molière peint ici les habitudes et donne le langage de ces *marquis friands de l'ordre des Côteaux*, que de Villiers avait mis sur la scène en 1665. M. Ch. Giraud, dans son *Étude sur Saint-Evremond*, vient de bien éclairer tout ce côté peu austère et peu élevé du XVIIe siècle, p. LXXXVII. T. 1, 1866.

bonne chère que d'y mêler la musique, et je me vois ici admirablement régalée.

MONSIEUR JOURDAIN. — Madame, ce n'est pas....

DORANTE. — Monsieur Jourdain, prêtons silence à ces messieurs; ce qu'ils nous diront vaudra mieux que tout ce que nous pourrions dire.

PREMIER ET SECOND MUSICIENS ENSEMBLE,
un verre à la main.

(Ici une chanson de table.)

DORIMÈNE. — Je ne crois pas qu'on puisse mieux chanter; et cela est tout à fait beau.

MONSIEUR JOURDAIN. — Je vois encore ici, madame, quelque chose de plus beau.

DORIMÈNE. — Ouais! monsieur Jourdain est galant plus que je ne pensois.

DORANTE. — Comment, madame, pour qui prenez-vous monsieur Jourdain ?

MONSIEUR JOURDAIN. — Je voudrois bien qu'elle me prît pour ce que je dirois.

DORIMÈNE. — Encore?

DORANTE, à Dorimène. — Vous ne le connoissez pas.

MONSIEUR JOURDAIN. — Elle me connoîtra quand il lui plaira.

DORIMÈNE. — Oh! je le quitte.

DORANTE. — Il est homme qui a toujours la riposte en main.

DORIMÈNE. — Monsieur Jourdain est un homme qui me ravit.

MONSIEUR JOURDAIN. — Si je pouvois ravir votre cœur, je serois....

SCÈNE II. — MADAME JOURDAIN, MONSIEUR JOURDAIN, DORIMÈNE, DORANTE, MUSICIENS, LAQUAIS.

MADAME JOURDAIN. — Ah! ah! je trouve ici bonne compagnie, et je vois bien qu'on ne m'y attendoit pas. C'est donc pour cette belle affaire-ci, monsieur mon mari, que vous avez eu tant d'empressement à m'envoyez dîner chez ma sœur? Je viens de voir un théâtre là-bas, et je vois ici un banquet à faire noces. Voilà comme vous dépensez votre bien; et c'est ainsi que vous festinez les dames en mon absence, et que vous leur donnez la musique et la comédie, tandis que vous m'envoyez promener.

DORANTE. — Que voulez-vous dire, madame Jourdain? et quelles fantaisies sont les vôtres, de vous en aller mettre en tête que votre mari dépense son bien, et que c'est lui qui donne ce régal à madame? Apprenez que c'est moi, je vous prie; qu'il ne fait seulement que me prêter sa maison, et que vous devriez un peu mieux regarder aux choses que vous dites.

MONSIEUR JOURDAIN. — Oui, impertinente, c'est monsieur le comte qui donne tout ceci à madame, qui est une personne de qualité. Il me fait l'honneur de prendre ma maison, et de vouloir que je sois avec lui.

MADAME JOURDAIN. — Ce sont des chansons que cela; je sais ce que je sais.

DORANTE. — Prenez, madame Jourdain, prenez de meilleures lunettes.

MADAME JOURDAIN. — Je n'ai que faire de lunettes,

monsieur, et je vois assez clair. Il y a longtemps que je sens les choses, et je ne suis pas une bête. Cela est fort vilain à vous, pour un grand seigneur, de prêter la main comme vous faites aux sottises de mon mari. Et vous, madame, pour une grand'dame, cela n'est ni beau, ni honnête à vous, de mettre de la dissension dans un ménage.

DORIMÈNE. — Que veut donc dire tout ceci? Allez, Dorante, vous vous moquez, de m'exposer aux sottes visions de cette extravagante.

DORANTE, suivant Dorimène qui sort. — Madame, holà! madame, où courez-vous?

MONSIEUR JOURDAIN. — Madame.... Monsieur le comte, faites-lui mes excuses, et tâchez de la ramener.

SCÈNE III. — MADAME JOURDAIN, MONSIEUR JOURDAIN, LAQUAIS.

MONSIEUR JOURDAIN. — Ah! impertinente que vous êtes, voilà de beaux faits! Vous me venez faire des affronts devant tout le monde; et vous chassez de chez moi des personnes de qualité!

MADAME JOURDAIN. — Je me moque de leur qualité.

MONSIEUR JOURDAIN. — Je ne sais qui me tient, maudite, que je ne vous fende la tête avec les pièces du repas que vous êtes venue troubler. (Les laquais emportent la table.)

MADAME JOURDAIN, sortant. — Je me moque de cela. Ce sont mes droits que je défends, et j'aurai pour moi toutes les femmes [1].

1. Comme l'a bien remarqué Auger, ici finit la comédie qui a été

MONSIEUR JOURDAIN. — Vous faites bien d'éviter ma colère.

SCÈNE IV. — MONSIEUR JOURDAIN, seul.

Elle est arrivée là bien malheureusement. J'étois en humeur de dire de jolies choses, et jamais je ne m'étois senti tant d'esprit. Qu'est-ce que c'est que cela?

SCÈNE V. — MONSIEUR JOURDAIN, COVIELLE, déguisé.

COVIELLE. — Monsieur, je ne sais pas si j'ai l'honneur d'être connu de vous.

MONSIEUR JOURDAIN. — Non, monsieur.

COVIELLE, étendant la main à un pied de terre. — Je vous ai vu que vous n'étiez pas plus grand que cela.

MONSIEUR JOURDAIN. — Moi?

COVIELLE. — Oui. Vous étiez le plus bel enfant du

---

excellente de tout point et va commencer la farce. A propos du rôle ridicule que joue M. Jourdain par sa crédulité, les commentateurs ont cité un bourgeois de Caen, l'abbé de Saint-Martin, qui, après une farce analogue, crut, en 1686, que le roi de Siam l'avait fait mandarin et marquis de Miskou à la Nouvelle-France. M. Ed. Fournier a fait observer que cette pièce suivit d'un an l'ambassade envoyée à Louis XIV par le sultan qui commençait à redouter les Moscovites (1669). L'ambassade était logée chez M. de La Haye, ancien ambassadeur à Constantinople, au petit village d'Issy, en face d'Auteuil où demeurait alors presque constamment Molière. Grâce à son ami La Mothe Le Vayer, gendre de M. de La Haye, Molière eut ses entrées auprès des Turcs et put les observer à son aise. Une aventure dont parlent une lettre de l'époque et la *Muse historique* de Robinet donna peut-être à notre comique l'idée de sa bouffonnerie : l'ambassadeur voulut acheter la fille d'un bourgeois pour l'offrir à Sa Hautesse. Molière a changé le bourgeois qui refuse en un bourgeois fier de marier sa fille au fils du Grand-Turc.

monde, et toutes les dames vous prenoient dans leurs bras pour vous baiser.

MONSIEUR JOURDAIN. — Pour me baiser?

COVIELLE. — Oui. J'étois grand ami de feu monsieur votre père.

MONSIEUR JOURDAIN. — De feu monsieur mon père ?

COVIELLE. — Oui. C'étiot un fort honnête gentilhomme.

MONSIEUR JOURDAIN. — Comment dites-vous?

COVIELLE. — Je dis que c'étoit un fort honnête gentilhomme.

MONSIEUR JOURDAIN. — Mon père?

COVIELLE. — Oui.

MONSIEUR JOURDAIN. — Vous l'avez fort connu?

COVIELLE. — Assurément.

MONSIEUR JOURDAIN. — Et vous l'avez connu pour gentilhomme?

COVIELLE. — Sans doute.

MONSIEUR JOURDAIN. — Je ne sais donc pas comment le monde est fait!

COVIELLE. — Comment?

MONSIEUR JOURDAIN. — Il y a de sottes gens qui me veulent dire qu'il a été marchand.

COVIELLE. — Lui, marchand? C'est pure médisance, il ne l'a jamais été. Tout ce qu'il faisoit, c'est qu'il étoit fort obligeant, fort officieux, et, comme il se connoissoit fort bien en étoffes, il en alloit choisir de tous les côtés, les faisoit apporter chez lui, et en donnait à ses amis pour de l'argent.

MONSIEUR JOURDAIN. — Je suis ravi de vous connoître, afin que vous rendiez ce témoignage-là, que mon père étoit gentilhomme.

COVIELLE. — Je le soutiendrai devant tout le monde.

MONSIEUR JOURDAIN. — Vous m'obligerez. Quel sujet vous amène ?

COVIELLE. — Depuis avoir connu feu monsieur votre père, honnête gentilhomme, comme je vous ai dit, j'ai voyagé par tout le monde.

MONSIEUR JOURDAIN. — Par tout le monde ?

COVIELLE. — Oui.

MONSIEUR JOURDAIN. — Je pense qu'il y a bien loin en ce pays-là.

COVIELLE. — Assurément. Je ne suis revenu de tous mes longs voyages que depuis quatre jours; et, par l'intérêt que je prends à tout ce qui vous touche, je viens vous annoncer la meilleure nouvelle du monde.

MONSIEUR JOURDAIN. — Quelle ?

COVIELLE. — Vous savez que le fils du Grand-Turc est ici ?

MONSIEUR JOURDAIN. — Moi ? Non.

COVIELLE. — Comment ! il a un train tout à fait magnifique ; tout le monde le va voir, et il a été reçu en ce pays comme un seigneur d'importance.

MONSIEUR JOURDAIN. — Par ma foi, je ne savois pas cela.

COVIELLE. — Ce qu'il y a d'avantageux pour vous, c'est qu'il est amoureux de votre fille.

MONSIEUR JOURDAIN. — Le fils du Grand-Turc ?

COVIELLE. — Oui ; et il veut être votre gendre.

MONSIEUR JOURDAIN. — Mon gendre, le fils du Grand-Turc ?

COVIELLE. — Le fils du Grand-Turc votre gendre. Comme je le fus voir, et que j'entends parfaitement sa langue, il s'entretint avec moi ; et, après quelques autres discours, il me dit : « *Acciam croc soler onch alla moustaph gidelum amanahem varahini ousserc carbulath*, c'est-à-dire : « N'as-tu point vu une jeune belle personne, qui est la fille de monsieur Jourdain, gentilhomme parisien ?

MONSIEUR JOURDAIN. — Le fils du Grand-Turc dit cela de moi?

COVIELLE. — Oui. Comme je lui eus répondu que je vous connoissois particulièrement, et que j'avois vu votre fille : « Ah! me dit-il, *marababa sahem!* » c'est-à-dire : « Ah! que je suis amoureux d'elle! »

MONSIEUR JOURDAIN. — *Marababa sahem*, veut dire : Ah! que je suis amoureux d'elle!

COVIELLE. — Oui.

MONSIEUR JOURDAIN. — Par ma foi, vous faites bien de me le dire ; car, pour moi, je n'aurois jamais cru que *Marababa sahem* eût voulu dire : Ah! que je suis amoureux d'elle! Voilà une langue admirable que ce turc!

COVIELLE. — Plus admirable qu'on ne peut croire. Savez-vous bien ce que veut dire *cacaracamouchen*?

MONSIEUR JOURDAIN. — *Cacaracamouchen?* Non.

COVIELLE. — C'est-à-dire : Ma chère âme.

MONSIEUR JOURDAIN. — *Cacaracamouchen* veut dire : Ma chère âme?

COVIELLE. — Oui.

MONSIEUR JOURDAIN. — Voilà qui est merveilleux! *Cacaracamouchen* : Ma chère âme. Dirait-on jamais cela? Voilà qui me confond.

COVIELLE. — Enfin, pour achever mon ambassade, il vient vous demander votre fille en mariage ; et, pour avoir un beau-père qui soit digne de lui, il veut vous faire *mamamouchi*, qui est une certaine grande dignité de son pays.

MONSIEUR JOURDAIN. — *Mamamouchi?*

COVIELLE. — Oui, *mamamouchi :* c'est-à-dire, en notre langue, paladin. Paladin, ce sont de ces anciens.... Paladin, enfin. Il n'y a rien de plus noble que cela dans le monde; et vous irez de pair avec les plus grands seigneurs de la terre.

MONSIEUR JOURDAIN. — Le fils du Grand-Turc m'honore beaucoup, et je vous prie de me mener chez lui, pour lui en faire mes remercîmens.

COVIELLE. — Comment! le voilà qui va venir ici.

MONSIEUR JOURDAIN. — Il va venir ici?

COVIELLE. — Oui; et il amène toutes choses pour la cérémonie de votre dignité.

MONSIEUR JOURDAIN. — Voilà qui est bien prompt.

COVIELLE. — Son amour ne peut souffrir aucun retardement.

MONSIEUR JOURDAIN. — Tout ce qui m'embarrasse ici, c'est que ma fille est une opiniâtre qui s'est allé mettre dans la tête un certain Cléonte, et elle jure de n'épouser personne que celui-là.

COVIELLE. — Elle changera de sentiment, quand elle verra le fils du Grand-Turc; et puis il se rencontre ici une aventure merveilleuse, c'est que le fils du Grand-Turc ressemble à ce Cléonte, à peu de chose près. Je viens de le voir; on me l'a montré.... Mais j'entends venir le fils du Grand-Turc; le voilà.

SCÈNE VI. — CLÉONTE, en Turc; TROIS PAGES, portant la veste de Cléonte, MONSIEUR JOURDAIN, COVIELLE.

CLÉONTE. — *Ambousahim oqui boraf, Jordina, Salamalequi.*

COVIELLE, à M. Jourdain. — C'est-à-dire « Monsieur Jourdain, votre cœur soit toute l'année comme un rosier fleuri. » Ce sont façons de parler obligeantes de ces pays-là.

MONSIEUR JOURDAIN. — Je suis très-humble serviteur de son altesse turque.

COVIELLE. — *Carigar camboto oustin moraf.*

CLÉONTE. — *Oustin yoc catamalequi basum base alla moran.*

COVIELLE. — Il dit : « Que le ciel vous donne la force des lions, et la prudence des serpens. »

MONSIEUR JOURDAIN. — Son altesse turque m'honore trop, et je lui souhaite toutes sortes de prospérités.

COVIELLE. — *Ossa binamen sadoc baballi oracaf ouram.*

CLÉONTE. — *Bel-men.*

COVIELLE. — Il dit que vous alliez vite avec lui vous préparer pour la cérémonie, afin de voir ensuite votre fille et de conclure le mariage.

MONSIEUR JOURDAIN. — Tant de choses en deux mots?

COVIELLE. — Oui. La langue turque est comme cela, elle dit beaucoup en peu de paroles. Allez vite où il souhaite.

SCÈNE VII — COVIELLE, seul.

Ah! ah! ah! Ma foi, cela est tout à fait drôle. Quelle dupe! Quand il auroit appris son rôle par cœur, il ne pourroit pas le mieux jouer. Ah! ah!

SCÈNE VIII. — DORANTE, COVIELLE.

COVIELLE. — Je vous prie, monsieur, de nous vouloir aider céans dans une affaire qui s'y passe.

DORANTE. — Ah! ah! Covielle, qui t'auroit reconnu? Comme te voilà ajusté!

COVIELLE. — Vous voyez. Ah! ah!

DORANTE. — De quoi ris-tu?

COVIELLE. — D'une chose, monsieur, qui le mérite bien.

DORANTE. — Comment?

COVIELLE. — Je vous le donnerois en bien des fois, monsieur, à deviner le stratagème dont nous nous servons auprès de monsieur Jourdain, pour porter son esprit à donner sa fille à mon maître.

DORANTE. — Je ne devine point le stratagème; mais je devine qu'il ne manquera pas de faire son effet, puisque tu l'entreprends.

COVIELLE. — Je sais, monsieur, que la bête vous est connue.

DORANTE. — Apprends-moi ce que c'est.

COVIELLE. — Prenez la peine de vous tirer un peu plus loin, pour faire place à ce que j'aperçois venir.

Vous pourrez voir une partie de l'histoire, tandis que je vous conterai le reste.

SCÈNE IX.

CÉRÉMONIE TURQUE.

LE MUPHTI, DERVIS, TURCS, assistans du muphti, chantans et dansans ; on amène ensuite M. Jourdain, vêtu à la Turque, la tête rasée, sans turban et sans sabre.

Le muphti, coiffé avec son turban de cérémonie qui est d'une grosseur démesurée, et garni de bougies allumées à quatre ou cinq rangs, est accompagné de deux dervis qui portent l'Alcoran, et qui ont des bonnets pointus, garnis de bougies allumées.

Les deux autres dervis amènent M. Jourdain, et le font mettre à genoux, les mains par terre ; de façon que son dos, sur lequel est mis l'Alcoran, sert de pupitre au muphti, qui fait une seconde invocation burlesque, fronçant le sourcil, frappant de temps en temps sur l'Alcoran, et tournant les feuillets avec précipitation ; après quoi, en levant les bras au ciel, le muphti crie à haute voix : Hou[1]*.*

Pendant cette seconde invocation, les Turcs assistans, s'inclinant et se relevant alternativement, chantent aussi Hou, Hou, Hou.

Les Turcs dansans mettent le turban sur la tête de M. Jourdain au son des instrumens, et lui donnent en cadence plusieurs coups de sabre et de bâton.

---

1. *Hou,* Lui, un des noms que les Turcs donnent à Dieu.

Le muphti commence une troisième invocation. Les dervis le soutiennent par-dessous les bras avec respect; après quoi, les Turcs chantans et dansans, sautant autour du muphti, se retirent avec lui, et emmènent M. Jourdain[1].

1. Le commencement du quatrième acte, toute la scène du festin et l'arrivée de Madame Jourdain appartiennent encore à la bonne comédie. Comme Jourdain est ridicule auprès de Dorimène! Quel embarras quand arrive sa femme! Dorimène qui n'est pas complice de Dorante est cependant punie de sa démarche légère par le juste affront que lui fait subir Madame Jourdain. Comme le mot de Madame Jourdain est vrai et grand : « *Ce sont mes droits que je défends, et j'aurai pour moi toutes les femmes.* » On pense involontairement au mot de Marie-Antoinette devant le tribunal révolutionnaire : « J'en appelle à toutes les mères. » Il est également vrai et noble dans les deux situations.

ACTE CINQUIÈME.

SCÈNE I. — MONSIEUR JOURDAIN, MADAME JOURDAIN.

MADAME JOURDAIN. — Ah! mon Dieu? miséricorde! Qu'est-ce que c'est donc que cela? Quelle figure! Est-ce un momon que vous allez porter, et est-il temps d'aller en masque? Parlez donc, qu'est-ce que c'est que ceci? Qui vous a fagoté comme cela?

MONSIEUR JOURDAIN. — Voyez l'impertinente, de parler de la sorte à un *mamamouchi*.

MADAME JOURDAIN. — Comment donc?

MONSIEUR JOURDAIN. — Oui, il me faut porter du respect maintenant, et l'on vient de me faire *mamamouchi*.

MADAME JOURDAIN. — Que voulez-vous dire, avec votre *mamamouchi*?

MONSIEUR JOURDAIN. — *Mamamouchi*, vous dis-je. Je suis *mamamouchi*.

MADAME JOURDAIN. — Quelle bête est-ce là?

MONSIEUR JOURDAIN. — *Mamamouchi*, c'est-à-dire en notre langue paladin.

MADAME JOURDAIN. — Baladin! Êtes-vous en âge de danser des ballets?

MONSIEUR JOURDAIN. — Quelle ignorante! Je dis paladin : c'est une dignité dont on vient de me faire la cérémonie.

MADAME JOURDAIN. — Quelle cérémonie donc?

MONSIEUR JOURDAIN. — *Mahameta per Jordina.*

MADAME JOURDAIN. — Qu'est-ce que cela veut dire?

MONSIEUR JOURDAIN. — *Jordina*, c'est-à-dire Jourdain.

MADAME JOURDAIN. — Hé bien! quoi, Jourdain?

MONSIEUR JOURDAIN. — *Voler far un paladina de Jordina.*

MADAME JOURDAIN. — Comment?

MONSIEUR JOURDAIN. — *Dar turbanta con galera.*

MADAME JOURDAIN. — Qu'est-ce à dire, cela?

MONSIEUR JOURDAIN. — *Per deffender Palestina.*

MADAME JOURDAIN. — Que voulez-vous donc dire?

MONSIEUR JOURDAIN. — *Dara, dara bastonnara.*

MADAME JOURDAIN. — Qu'est-ce donc que ce jargon-là?

MONSIEUR JOURDAIN. — *Non tener honta, questa star l'ultima affronta.*

MADAME JOURDAIN. — Qu'est-ce que c'est donc que tout cela?

MONSIEUR JOURDAIN, chantant et dansant. — *Hou la ba, ba la chou, ba la ba, ba la da.* (Il tombe par terre.)

MADAME JOURDAIN. — Hélas! mon Dieu, mon mari est devenu fou.

MONSIEUR JOURDAIN, se relevant et s'en allant. — Paix, insolente. Portez respect à monsieur le *mamamouchi*.

MADAME JOURDAIN, seule. — Où est-ce donc qu'il a perdu l'esprit? Courons l'empêcher de sortir. (Apercevant Dorimène et Dorante.) Ah! ah! voici justement le reste de notre écu! Je ne vois que chagrin de tous les côtés.

Qui vous a fagoté comme cela? (Page 153.)

SCÈNE II. — DORANTE, DORIMÈNE.

DORANTE. — Oui, madame, vous verrez la plus plaisante chose qu'on puisse voir, et je ne crois pas que, dans tout le monde, il soit possible de trouver encore un homme aussi fou que celui-là. Et puis, madame, il faut tâcher de servir l'amour de Cléonte, et d'appuyer toute sa mascarade. C'est un fort galant homme, et qui mérite que l'on s'intéresse pour lui.

DORIMÈNE. — J'en fais beaucoup de cas, et il est digne d'une bonne fortune.

DORANTE. — Outre cela, nous avons ici, madame un ballet qui nous revient, que nous ne devons pas laisser perdre; et il faut bien voir si mon idée pourra réussir.

DORIMÈNE. — J'ai vu là des apprêts magnifiques, et ce sont des choses, Dorante, que je ne puis plus souffrir. Oui, je veux enfin vous empêcher vos profusions; et, pour rompre le cours à toutes les dépenses que je vous vois faire pour moi, j'ai résolu de me marier promptement avec vous. C'en est le vrai secret; et toutes ces choses finissent avec le mariage.

DORANTE. — Ah! madame, est-il possible que vous ayez pu prendre pour moi une si douce résolution.

DORIMÈNE. — Ce n'est que pour vous empêcher de vous ruiner, et sans cela, je vois bien qu'avant qu'il fût peu, vous n'auriez pas un sou.

DORANTE. — Que j'ai d'obligation, madame, aux soins que vous avez de conserver mon bien! Il est entièrement à vous, aussi bien que mon cœur; et vous en userez de la façon qu'il vous plaira.

DORIMÈNE. — J'userai bien de tous les deux. Mais voici votre homme : la figure en est admirable.

SCÈNE III. — MONSIEUR JOURDAIN, DORIMÈNE, DORANTE.

DORANTE. — Monsieur, nous venons rendre hommage, madame et moi, à votre nouvelle dignité, et nous réjouir avec vous du mariage que vous faites de votre fille avec le fils du Grand-Turc.

MONSIEUR JOURDAIN, après avoir fait les révérences à la turque. — Monsieur, je vous souhaite la force des serpens, et la prudence des lions.

DORIMÈNE. — J'ai été bien aise d'être des premières, monsieur, à venir vous féliciter du haut degré de gloire où vous êtes monté.

MONSIEUR JOURDAIN. — Madame, je vous souhaite toute l'année votre rosier fleuri. Je vous suis infiniment obligé de prendre part aux honneurs qui m'arrivent; et j'ai beaucoup de joie de vous voir revenue ici pour vous faire les très-humbles excuses de l'extravagance de ma femme.

DORIMÈNE. — Cela n'est rien; j'excuse en elle un pareil mouvement : votre cœur lui doit être précieux, et il n'est pas étrange que la possession d'un homme comme vous puisse inspirer quelques alarmes.

MONSIEUR JOURDAIN. — La possession de mon cœur est une chose qui vous est tout acquise.

DORANTE. — Vous voyez, madame, que monsieur Jourdain n'est pas de ces gens que les prospérités aveuglent, et qu'il sait, dans sa gloire, connoître encore ses amis.

DORIMÈNE. — C'est la marque d'une âme tout à fait généreuse.

DORANTE. — Où est donc son altesse turque? Nous voudrions bien, comme vos amis, lui rendre nos devoirs.

MONSIEUR JOURDAIN. — Le voilà qui vient; et j'ai envoyé quérir ma fille pour lui donner la main.

SCÈNE IV. — MONSIEUR JOURDAIN, DORIMÈNE, DORANTE, CLÉONTE, habillé en Turc.

DORANTE, à Cléonte. — Monsieur, nous venons faire la révérence à votre altesse, comme amis de monsieur votre beau-père, et l'assurer avec respect de nos très-humbles services.

MONSIEUR JOURDAIN. — Où est le truchement, pour lui dire qui vous êtes, et lui faire entendre ce que vous dites? Vous verrez qu'il vous répondra; et il parle turc à merveille. Holà! où diantre est-il allé? (A Cléonte.) *strouf, strif, strof, straf*. Monsieur est un *grande segnore, grande segnore, grande segnore*; et madame une *granda dama, granda dama*. (Voyant qu'il ne se fait point entendre) Ah! (A Cléonte, montrant Dorante.) Monsieur, lui *mamamouchi* françois, et madame *mamamouchie* françoise. Je ne puis pas parler plus clairement. Bon! voici l'interprète.

SCÈNE V. — MONSIEUR JOURDAIN, DORIMÈNE, DORANTE, CLÉONTE, habillé en Turc, COVIELLE, déguisé.

MONSIEUR JOURDAIN. — Où allez-vous donc? Nous ne saurions rien dire sans vous. (Montrant Cléonte.) Dites-lui un peu que monsieur et madame sont des personnes de grande qualité, qui lui viennent faire la révérence, comme mes amis, et l'assurer de leurs services (A Dorimène et à Dorante.) Vous allez voir comme il va répondre.

COVIELLE. — *Alabala crociam acci boram alabamen.*

CLÉONTE. — *Catalequi tubal ourin soter amalouchan.*

MONSIEUR JOURDAIN, à Dorimène et à Dorante. — Voyez-vous?

COVIELLE. — Il dit que la pluie des prospérités arrose en tout temps le jardin de votre famille.

MONSIEUR JOURDAIN. — Je vous l'avois bien dit qu'il parle turc!

DORANTE. — Cela est admirable!

SCÈNE VI. — LUCILE, CLÉONTE, MONSIEUR JOURDAIN, DORIMÈNE, DORANTE, COVIELLE.

MONSIEUR JOURDAIN. — Venez, ma fille; approchez-vous, et venez donner votre main à monsieur, qui vous fait l'honneur de vous demander en mariage.

LUCILE. — Comment! mon père, comme vous voilà fait? Est-ce une comédie que vous jouez?

MONSIEUR JOURDAIN. — Non, non : ce n'est pas une comédie ; c'est une affaire fort sérieuse, et la plus pleine d'honneur pour vous qui se peut souhaiter. (Montrant Cléonte.) Voilà le mari que je vous donne.

LUCILE. — A moi, mon père?

MONSIEUR JOURDAIN. — Oui, à vous. Allons, touchez-lui dans la main, et rendez grâces au ciel de votre bonheur.

LUCILE. — Je ne veux point me marier.

MONSIEUR JOURDAIN. — Je le veux, moi, qui suis votre père.

LUCILE. — Je n'en ferai rien.

MONSIEUR JOURDAIN. — Ah! que de bruit! Allons, vous dis-je. Çà, votre main.

LUCILE. — Non, mon père; je vous l'ai dit, il n'est point de pouvoir qui me puisse obliger à prendre un autre mari que Cléonte; et je me résoudrai plutôt à toutes les extrémités, que de.... (Reconnaissant Cléonte.) Il est vrai que vous êtes mon père : je vous dois entière obéissance, et c'est à vous à disposer de moi selon vos volontés.

MONSIEUR JOURDAIN. — Ah! je suis ravi de vous voir si promptement revenue dans votre devoir, et voilà qui me plaît d'avoir une fille obéissante.

SCÈNE VII. — MADAME JOURDAIN, CLÉONTE, MONSIEUR JOURDAIN, LUCILE, DORANTE, DORIMÈNE, COVIELLE.

MADAME JOURDAIN. — Comment donc? Qu'est-ce que c'est que ceci? On dit que vous voulez donner votre fille en mariage à un carême-prenant[1]?

MONSIEUR JOURDAIN. — Voulez-vous vous taire, impertinente? Vous venez toujours mêler vos extravagances à toutes choses, et il n'y a pas moyen de vous apprendre à être raisonnable.

MADAME JOURDAIN. — C'est vous qu'il n'y a pas moyen de rendre sage, et vous allez de folie en folie. Quel est votre dessein, et que voulez-vous faire avec cet assemblage?

MONSIEUR JOURDAIN. — Je veux marier notre fille avec le fils du Grand-Turc.

MADAME JOURDAIN. — Avec le fils du Grand-Turc?

MONSIEUR JOURDAIN, montrant Covielle. — Oui, faites-lui faire vos compliments par le truchement que voilà.

MADAME JOURDAIN. — Je n'ai que faire du truchement, et je lui dirai bien moi-même, à son nez, qu'il n'aura point ma fille.

MONSIEUR JOURDAIN. — Voulez-vous vous taire, encore une fois?

DORANTE. — Comment? madame Jourdain, vous vous opposez à un honneur comme celui-là? Vous refusez son altesse turque pour gendre?

---

1. Masque qui court les rues pendant les trois jours qui précèdent le mercredi des Cendres.

MADAME JOURDAIN. — Mon Dieu! monsieur, mêlez-vous de vos affaires.

DORIMÈNE. — C'est une grande gloire qui n'est pas à rejeter.

MADAME JOURDAIN. — Madame, je vous prie aussi de ne vous point embarrasser de ce qui ne vous touche pas.

DORANTE. — C'est l'amitié que nous avons pour vous qui nous fait intéresser dans vos avantages.

MADAME JOURDAIN. — Je me passerai bien de votre amitié.

DORANTE. — Voilà votre fille qui consent aux volontés de son père.

MADAME JOURDAIN. — Ma fille consent à épouser un Turc?

DORANTE. — Sans doute.

MADAME JOURDAIN. — Elle peut oublier Cléonte?

DORANTE. — Que ne fait-on pas pour être grande dame?

MADAME JOURDAIN. — Je l'étranglerois de mes mains, si elle avoit fait un coup comme celui-là.

MONSIEUR JOURDAIN. — Voilà bien du caquet! Je vous dis que ce mariage-là se fera.

MADAME JOURDAIN. — Je vous dis, moi, qu'il ne se fera point.

MONSIEUR JOURDAIN. — Ah! que de bruit!

LUCILE. — Ma mère!

MADAME JOURDAIN. — Allez. Vous êtes une coquine.

MONSIEUR JOURDAIN, à madame Jourdain. — Quoi! vous la querellez de ce qu'elle m'obéit?

MADAME JOURDAIN. — Oui. Elle est à moi aussi bien qu'à vous.

COVIELLE, à madame Jourdain. — Madame!

MADAME JOURDAIN. — Que me voulez-vous conter, vous?

COVIELLE. — Un mot.

MADAME JOURDAIN. — Je n'ai que faire de votre mot.

COVIELLE, à M. Jourdain. — Monsieur, si elle veut écouter une parole en particulier, je vous promets de la faire consentir à ce que vous voulez.

MADAME JOURDAIN. — Je n'y consentirai point.

COVIELLE. — Écoutez-moi seulement.

MADAME JOURDAIN. — Non.

MONSIEUR JOURDAIN, à madame Jourdain. — Écoutez-le.

MADAME JOURDAIN — Non : je ne veux pas l'écouter.

MONSIEUR JOURDAIN. — Il vous dira....

MADAME JOURDAIN. — Je ne veux point qu'il me dise rien.

MONSIEUR JOURDAIN. — Voilà une grande obstination de femme! Cela vous fera-t-il mal de l'entendre?

COVIELLE. — Ne faites que m'écouter ; vous ferez après ce qu'il vous plaira.

MADAME JOURDAIN. — Hé bien ! quoi ?

COVIELLE, bas, à madame Jourdain. — Il y a une heure, madame, que nous vous faisons signe. Ne voyez-vous pas bien que tout ceci n'est fait que pour nous ajuster aux visions de votre mari, que nous l'abusons sous ce déguisement et que c'est Cléonte lui-même qui est le fils du Grand-Turc?

MADAME JOURDAIN, bas, à Covielle. — Ah! ah!

COVIELLE, bas, à madame Jourdain. — Et moi, Covielle, qui suis le truchement. (Il ôte un instant sa barbe.)

MADAME JOURDAIN, bas, à Covielle. — Ah! comme cela, je me rends.

COVIELLE, bas, à madame Jourdain. — Ne faites pas semblant de rien.

MADAME JOURDAIN, haut. — Oui. Voilà qui est fait ; je consens au mariage.

MONSIEUR JOURDAIN. — Ah ! voilà tout le monde raisonnable. (A madame Jourdain.) Vous ne vouliez pas l'écouter. Je savois bien qu'il vous expliqueroit ce que c'est que le fils du Grand-Turc.

MADAME JOURDAIN. — Il me l'a expliqué comme il faut, et j'en suis satisfaite. Envoyons quérir un notaire.

DORANTE. — C'est fort bien dit. Et afin, madame Jourdain, que vous puissiez avoir l'esprit tout à fait content, et que vous perdiez aujourd'hui toute la jalousie que vous pourriez avoir conçue de monsieur votre mari, c'est que nous nous servirons du même notaire pour nous marier, madame et moi.

MADAME JOURDAIN. — Je consens aussi à cela.

MONSIEUR JOURDAIN, bas, à Dorante. — C'est pour lui faire accroire.

DORANTE, bas, à M. Jourdain. — Il faut bien l'amuser avec cette feinte.

MONSIEUR JOURDAIN, bas. — Bon, bon ! (Haut.) Qu'on aille vite quérir le notaire.

DORANTE. — Tandis qu'il viendra et qu'il dressera les contrats, voyons notre ballet, et donnons-en le divertissement à son altesse turque.

MONSIEUR JOURDAIN. — C'est fort bien avisé. Allons prendre nos places.

MADAME JOURDAIN. — Et Nicole ?

MONSIEUR JOURDAIN. — Je la donne au truchement ; et ma femme, à qui la voudra.

COVIELLE. — Monsieur, je vous remercie. (A part.) Si l'on en peut voir un plus fou, je l'irai dire à Rome.

[La comédie finit par un petit ballet qui avoit été préparé[1].]

---

1. Un critique, Luneau de Boisjermain, a dit à propos de cette pièce : « Je ne crois pas que rien puisse mieux que cette comédie détourner les bourgeois de l'amitié des gens de qualité, qui sont trop vains pour les fréquenter sans intérêt, et trop fins pour être démasqués par leurs dupes. »

FIN DU BOURGEOIS GENTILHOMME.

LES
FEMMES SAVANTES
COMÉDIE
1672

PERSONNAGES.

CHRYSALE, bon bourgeois (Molière).

PHILAMINTE, femme de Chrysale.

ARMANDE, | filles de Chrysale et de Philaminte.
HENRIETTE, | (La Femme de Molière.)

ARISTE, frère de Chrysale.

BÉLISE, sœur de Chrysale.

CLITANDRE, amant d'Heniertte.

TRISSOTIN, bel esprit.

VADIUS, savant.

MARTINE, servante de cuisine [1].

LÉPINE, laquais.

JULIEN, valet de Vadius.

UN NOTAIRE.

La scène est à Paris, dans la maison de Chrysale.

---

1. Ce rôle fut joué, d'après une tradition qui remonte à Baron et qui est constatée dans le *Mercure* de juillet 1723, par une servante de Molière portant ce nom.

LES FEMMES SAVANTES.

COMÉDIE.

ACTE PREMIER.

SCÈNE I. — ARMANDE, HENRIETTE.

ARMANDE.

Quoi ! le beau nom de fille est un titre, ma sœur,
Dont vous voulez quitter la charmante douceur ?
Et de vous marier vous osez faire fête ?
Ce vulgaire dessein vous peut monter en tête ?

HENRIETTE.

Oui, ma sœur.

ARMANDE.

Ah ! ce oui se peut-il supporter ?
Et sans un mal de cœur, sauroit-on l'écouter ?

HENRIETTE.

Qu'a donc le mariage en soi qui vous oblige,
Ma sœur ?...

ARMANDE.
Ah! mon Dieu! fi!
HENRIETTE.
Comment?
ARMANDE.
Ah! fi! vous dis-je.
Ne concevez-vous point ce que, dès qu'on l'entend,
Un tel mot à l'esprit offre de dégoûtant?
. . . .
N'en frissonnez-vous point? et pouvez-vous, ma sœur,
Aux suites de ce mot résoudre votre cœur?
HENRIETTE.
Les suites de ce mot, quand je les envisage,
Me font voir un mari, des enfans, un ménage ;
Et je ne vois rien là, si j'en puis raisonner,
Qui blesse la pensée, et fasse frissonner.
ARMANDE.
De tels attachemens, ô ciel! sont pour vous plaire?
HENRIETTE.
Et qu'est-ce qu'à mon âge on a de mieux à faire
Que d'attacher à soi, par le titre d'époux,
Un homme qui vous aime, et soit aimé de vous;
Et, de cette union de tendresse suivie,
Se faire les douceurs d'une innocente vie?
Ce nœud bien assorti n'a-t-il pas des appas?
ARMANDE.
Mon Dieu, que votre esprit est d'un étage bas!
Que vous jouez au monde un petit personnage,
De vous claquemurer aux choses du ménage,
Et de n'entrevoir point de plaisir plus touchans
Qu'une idole d'époux, et des marmots d'enfans!
Laissez aux gens grossiers, aux personnes vulgaires,

Les bas amusemens de ces sortes d'affaires.
A de plus hauts objets élevez vos désirs,
Songez à prendre un goût des plus nobles plaisirs,
Et, traitant de mépris les sens et la matière,
A l'esprit, comme nous, donnez-vous tout entière.
Vous avez notre mère en exemple à vos yeux,
Que du nom de savante on honore en tous lieux;
Tâchez, ainsi que moi, de vous montrer sa fille;
Aspirez aux clartés qui sont dans la famille;
Et vous rendez sensible aux charmantes douceurs
Que l'amour de l'étude épanche dans les cœurs.
Loin d'être aux lois d'un homme en esclave asservie,
Mariez-vous, ma sœur, à la philosophie,
Qui nous monte au-dessus de tout le genre humain,
Et donne à la raison l'empire souverain,
Ce sont là les beaux feux, les doux attachemens
Soumettant à ses lois la partie animale,
Dont l'appétit grossier aux bêtes nous ravale,
Qui doivent de la vie occuper les momens;
Et les soins où je vois tant de femmes sensibles
Me paroissent aux yeux des pauvretés horribles.

HENRIETTE.

Le ciel, dont nous voyons que l'ordre est tout-puissant,
Pour différens emplois nous fabrique en naissant;
Et tout esprit n'est pas composé d'une étoffe
Qui se trouve taillée à faire un philosophe.
Si le vôtre est né propre aux élévations
Où montent des savans les spéculations,
Le mien est fait, ma sœur, pour aller terre à terre,
Et dans les petits soins son foible se resserre.
Ne troublons point du ciel les justes règlemens,
Et de nos deux instincts suivons les mouvemens.

Habitez, par l'essor d'un grand et beau génie,
Les hautes régions de la philosophie,
Tandis que mon esprit, se tenant ici bas,
Goûtera de l'hymen les terrestres appas.
Ainsi, dans nos desseins, l'une à l'autre contraire,
Nous saurons toutes deux imiter notre mère :
Vous, aux productions d'esprit et de lumière,
Moi, dans celles, ma sœur, qui sont de la matière.

ARMANDE.

Quand sur une personne on prétend se régler,
C'est par les beaux côtés qu'il lui faut ressembler ;
Et ce n'est point du tout la prendre pour modèle,
Ma sœur, que de tousser et de cracher comme elle.

[Henriette, qui ne soupçonne point de mal dans une action qu'elle voit faire à tout le monde, défend encore le mariage dans un langage franc et vif, mais au fond plus honnête que celui d'Armande. Celle-ci, vaincue par la force de la vérité, répond :]

Je vois que votre esprit ne peut être guéri
Du fol entêtement de vous faire un mari ;
Mais sachons, s'il vous plaît, qui vous songez à prendre ;
Votre visée, au moins, n'est pas mise à Clitandre?

HENRIETTE.

Et par quelle raison n'y seroit-elle pas?
Manque-t-il de mérite? est-ce un choix qui soit bas?

ARMANDE.

Non ; mais c'est un dessein qui seroit malhonnête,
Que de vouloir d'une autre enlever la conquête ;
Et ce n'est pas un fait dans le monde ignoré
Que Clitandre ait pour moi hautement soupiré.

HENRIETTE.

Oui ; mais tous ces soupirs chez vous sont choses vaines,
Et vous ne tombez point aux bassesses humaines ;
Votre esprit à l'hymen renonce pour toujours,
Et la philosophie a toutes vos amours.
Ainsi, n'ayant au cœur nul dessein pour Clitandre,
Que vous importe-t-il qu'on y puisse prétendre ?

ARMANDE.

Cet empire que tient la raison sur les sens
Ne fait pas renoncer aux douceurs des encens,
Et l'on peut, pour époux, refuser un mérite
Que, pour adorateur, on veut bien à sa suite.

HENRIETTE.

Je n'ai pas empêché qu'à vos perfections
Il n'ait continué ses adorations ;
Et je n'ai fait que prendre, au refus de votre âme,
Ce qu'est venu m'offrir l'hommage de sa flamme.

ARMANDE.

Mais, à l'offre des vœux d'un amant dépité,
Trouvez-vous, je vous prie, entière sûreté ?
Croyez-vous pour vos yeux sa passion bien forte,
Et qu'en son cœur, pour moi, toute flamme soit morte ?

HENRIETTE.

Il me le dit, ma sœur ; et, pour moi, je le croi[1].

ARMANDE.

Ne soyez pas, ma sœur, d'une si bonne foi,

---

1. Mot profond qui oppose la confiance d'un cœur honnête et dévoué aux inquiétudes que voudrait lui causer Armande. Les deux caractères sont en tout admirablement contrastés : Armande veut paraître plus sage que nature ; Henriette cache souvent la sagesse sous apparence de folie ou d'ironie ; mais le bon sens et le cœur la guideront dans toutes les circonstances.

Et, croyez, quand il dit qu'il me quitte et vous aime,
Qu'il n'y songe pas bien, et se trompe lui-même.

HENRIETTE.

Je ne sais ; mais enfin, si c'est votre plaisir,
Il nous est bien aisé de nous en éclaircir.
Je l'aperçois qui vient ; et, sur cette matière,
Il pourra nous donner une pleine lumière[1].

SCÈNE II. — CLITANDRE, ARMANDE, HENRIETTE.

HENRIETTE.

Pour me tirer d'un doute où me jette ma sœur,
Entre elle et moi, Clitandre, expliquez votre cœur;
Découvrez-en le fond, et nous daignez apprendre
Qui de nous à vos vœux est en droit de prétendre.

ARMANDE.

Non, non, je ne veux point à votre passion
Imposer la rigueur d'une explication ;
Je ménage les gens, et sais comme embarrasse
Le contraignant effort de ces aveux en face.

CLITANDRE.

Non, madame, mon cœur, qui dissimule peu,
Ne sent nulle contrainte à faire un libre aveu.
Dans aucun embarras un tel pas ne me jette,
Et j'avouerai tout haut, d'une âme franche et nette,
Que les tendres liens où je suis arrêté,
(Montrant Henriette.)
Mon amour et mes vœux sont tous de ce côté.

[1]. La jalousie d'Armande formera ce nœud de la pièce.

Qu'à nulle émotion cet aveu ne vous porte;
Vous avez bien voulu les choses de la sorte.
Mon cœur vous consacroit une flamme immortelle;
Mais vos yeux n'ont pas cru leur conquête assez belle;
J'ai souffert sous leur joug cent mépris différens :
Ils régnoient sur mon âme en superbes tyrans;
Et je me suis cherché, lassé de tant de peines,
Des vainqueurs plus humains, et de moins rudes chaînes.

(Montrant Henriette.)

Je les ai rencontrés, madame, dans ces yeux,
Et leurs traits à jamais me seront précieux;
D'un regard pitoyable ils ont séché mes larmes,
Et n'ont pas dédaigné le rebut de vos charmes.
De si rares bontés m'ont si bien su toucher,
Qu'il n'est rien qui me puisse à mes fers arracher :
Et j'ose maintenant vous conjurer, madame,
De ne vouloir tenter nul effort sur ma flamme,
De ne point essayer à rappeler un cœur
Résolu de mourir dans cette douce ardeur.

ARMANDE.

Hé! qui vous dit, monsieur, que l'on ait cette envie,
Et que de vous enfin si fort on se soucie?
Je vous trouve plaisant de vous le figurer,
Et bien impertinent de me le déclarer[1].

HENRIETTE.

Hé! doucement, ma sœur. Où donc est la morale,
Qui sait si bien régir la partie animale,
Et retenir la bride aux efforts du courroux[2]?

1. C'est presque le langage d'Arsinoë à Alceste (acte V, sc. IV).
2. Henriette devant Clitandre n'oubliera aucune des convenances dont elle faisait bon marché avec sa sœur; elle garde son bon sens et sa gaieté pour mettre Armande en contradiction avec elle-même. C'est sa manière de défendre Clitandre.

ARMANDE.

Mais vous, qui m'en parlez, où la pratiquez-vous,
De répondre à l'amour que l'on vous fait paroître,
Sans le congé de ceux qui vous ont donné l'être?
Sachez que le devoir vous soumet à leurs lois,
Qu'il ne vous est permis d'aimer que par leur choix,
Qu'ils ont sur votre cœur l'autorité suprême,
Et qu'il est criminel d'en disposer vous-même.

HENRIETTE.

Je rends grâce aux bontés que vous me faites voir,
De m'enseigner si bien les choses du devoir.
Mon cœur sur vos leçons veut régler sa conduite;
Et, pour vous faire voir, ma sœur, que j'en profite,
Clitandre, prenez soin d'appuyer votre amour
De l'agrément de ceux dont j'ai reçu le jour.
Faites-vous sur mes vœux un pouvoir légitime,
Et me donnez moyen de vous aimer sans crime [1].

CLITANDRE.

J'y vais de tous mes soins travailler hautement,
Et j'attendois de vous ce doux consentement.

ARMANDE.

Vous triomphez, ma sœur, et faites une mine
A vous imaginer que cela me chagrine.

HENRIETTE.

Moi, ma sœur? point du tout. Je sais que sur vos sens
Les droits de la raison sont toujours tout-puissans,
Et que, par les leçons qu'on prend dans la sagesse,
Vous êtes au-dessus d'une telle foiblesse.
Loin de vous soupçonner d'aucun chagrin, je croi

---

1. Cet aveu auquel Armande contraint Henriette est la punition de la jalousie d'Armande et la récompense de la franchise ferme de Clitandre.

Qu'ici vous daignerez vous employer pour moi,
Appuyer sa demande, et, de votre suffrage,
Presser l'heureux moment de notre mariage.
Je vous en sollicite ; et, pour y travailler....

ARMANDE.

Votre petit esprit se mêle de railler,
Et d'un cœur qu'on vous jette on vous voit toute fière.

HENRIETTE.

Tout jeté qu'est ce cœur, il ne vous déplaît guère ;
Et, si vos yeux sur moi le pouvoient ramasser,
Ils prendroient aisément le soin de se baisser[1].

ARMANDE.

A répondre à cela je ne daigne descendre,
Et ce sont sots discours qu'il ne faut pas entendre.

HENRIETTE.

C'est fort bien fait à vous, et vous nous faites voir
Des modérations qu'on ne peut concevoir.

SCÈNE III. — CLITANDRE, HENRIETTE.

HENRIETTE.

Votre sincère aveu ne l'a pas peu surprise.

CLITANDRE.

Elle mérite assez une telle franchise,
Et toutes les hauteurs de sa folle fierté,
Sont dignes, tout au moins, de ma sincérité.
Mais, puisqu'il m'est permis, je vais à votre père,
Madame....

---

1. Henriette prend le langage des précieuses pour se moquer de sa sœur.

HENRIETTE.

Le plus sûr est de gagner ma mère.
Mon père est d'une humeur à consentir à tout;
Mais il met peu de poids aux choses qu'il résout :
Il a reçu du ciel certaine bonté d'âme
Qui le soumet d'abord à ce que veut sa femme;
C'est elle qui gouverne, et, d'un ton absolu,
Elle dicte pour loi ce qu'elle a résolu.
Je voudrois bien vous voir, pour elle et pour ma tante,
Une âme, je l'avoue, un peu plus complaisante,
Un esprit qui, flattant les visions du leur
Vous pût de leur estime attirer la chaleur .

CLITANDRE.

Mon cœur n'a jamais pu, tant il est né sincère,
Même dans votre sœur, flatter leur caractère;
Et les femmes docteurs ne sont point de mon goût.
Je consens qu'une femme ait des clartés de tout[2] :
Mais je ne lui veux point la passion choquante
De se rendre savante, afin d'être savante,
Et j'aime que souvent, aux questions qu'on fait,
Elle sache ignorer les choses qu'elle sait;
De son étude, enfin, je veux qu'elle se cache,
Et qu'elle ait du savoir sans vouloir qu'on le sache,
Sans citer les auteurs, sans dire de grands mots

---

1. L'exposition continue naturellement par ces divers portraits.
2. « Pour la femme qui reste dans le sein de la famille, l'essentiel est de pouvoir prendre intérêt à l'œuvre de celui qui travaille pour elle et pour ses enfants, de pouvoir le suivre d'un regard ami dans sa vie affairée du dehors. Ce qui lui faut avant tout, ce sont ces *clartés* dont parle Molière : Une ambition plus haute ne lui est point interdite, mais cela seul est vraiment important » (Rambert). En tout cas, ajoute Clitandre, son savoir doit être sans prétention. C'est le caractère d'Henriette, chef-d'œuvre de grâce et de modestie, et que Molière ne donne en rien comme modèle.

Et clouer de l'esprit à ses moindres propos.
Je respecte beaucoup madame votre mère;
Mais je ne puis du tout approuver sa chimère,
Et me rendre l'écho des choses qu'elle dit,
Aux encens qu'elle donne à son héros d'esprit.
Son monsieur Trissotin me chagrine, m'assomme,
Et j'enrage de voir qu'elle estime un tel homme,
Qu'elle nous mette aux rangs des grands et beaux esprits
Un benêt dont partout on siffle les écrits,
Un pédant dont on voit la plume libérale
D'officieux papiers fournir toute la halle.

HENRIETTE.

Ses écrits, ses discours, tout m'en semble ennuyeux,
Et je me trouve assez votre goût et vos yeux;
Mais, comme sur ma mère il a grande puissance,
Vous devez vous forcer à quelque complaisance.
Un amant fait sa cour où s'attache son cœur;
Il veut de tout le monde y gagner la faveur;
Et, pour n'avoir personne à sa flamme contraire,
Jusqu'au chien du logis il s'efforce de plaire.

CLITANDRE.

Oui, vous avez raison; mais monsieur Trissotin[1]
M'inspire au fond de l'âme un dominant chagrin.
Je ne puis consentir, pour gagner ses suffrages,
A me déshonorer en prisant ses ouvrages.
C'est par eux qu'à mes yeux il a d'abord paru,
Et je le connoissois avant que l'avoir vu.
Je vis, dans le fatras des écrits qu'il nous donne,
Ce qu'étale en tous lieux sa pédante personne,
La constante hauteur de sa présomption,

---

1. Trissotin est ce fameux abbé Cotin, tant attaqué par Boileau.

Cette intrépidité de bonne opinion,
Cet indolent état de confiance extrême,
Qui le rend en tout temps si content de soi-même,
Qui fait qu'à son mérite incessamment il rit,
Qu'il se sait si bon gré de tout ce qu'il écrit,
Et qu'il ne voudroit pas changer sa renommée
Contre tous les honneurs d'un général d'armée.

HENRIETTE.

C'est avoir de bons yeux que de voir tout cela.

CLITANDRE.

Jusques à sa figure encor la chose alla,
Et je vis, par les vers qu'à la tête il nous jette,
De quel air il falloit que fût fait le poëte;
Et j'en avois si bien deviné tous les traits,
Que, rencontrant un homme un jour dans le Palais[1],
Je gageai que c'étoit Trissotin en personne,
Et je vis qu'en effet la gageure étoit bonne.

HENRIETTE.

Quel conte !

CLITANDRE.

Non; je dis la chose comme elle est :
Mais je vois votre tante. Agréez, s'il vous plaît,
Que mon cœur lui déclare ici notre mystère,
Et gagne sa faveur auprès de votre mère.

SCÈNE IV. — BÉLISE, CLITANDRE.

CLITANDRE.

Souffrez, pour vous parler, madame, qu'un amant

---

1. Le Palais de Justice, dont les galeries étaient alors un lieu de promenade à la mode.

Prenne l'occasion de cet heureux moment,
Et se découvre à vous de la sincère flamme....

BÉLISE.

Ah! tout beau : gardez-vous de m'ouvrir trop votre âme.
Si je vous ai su mettre au rang de mes amans,
Contentez-vous des yeux pour vos seuls truchemens,
Aimez-moi, soupirez, brûlez pour mes appas[1];
Mais qu'il me soit permis de ne le savoir pas.
Je puis fermer les yeux sur vos flammes secrètes,
Tant que vous vous tiendrez aux muets interprètes;
Mais, si la bouche vient à s'en vouloir mêler,
Pour jamais de ma vue il vous faut exiler.

CLITANDRE.

Des projets de mon cœur ne prenez point d'alarme.
Henriette, madame, est l'objet qui me charme;
Et je viens ardemment conjurer vos bontés
De seconder l'amour que j'ai pour ses beautés.

BÉLISE.

Ah! certes, le détour est d'esprit[2], je l'avoue :
Ce subtil faux-fuyant mérite qu'on le loue :
Et, dans tous les romans où j'ai jeté les yeux,
Je n'ai rien rencontré de plus ingénieux.

CLITANDRE.

Ceci n'est point du tout un trait d'esprit, madame,
Et c'est un pur aveu de ce que j'ai dans l'âme.
Les cieux, par les liens d'une immuable ardeur,

---

1. Si l'on en croit Mme de Motteville, Anne d'Autriche disait que « tous les hommes devaient ce tribut à sa beauté. » De ce langage à celui de Bélise, le pas n'est point grand à franchir; Bélise est une caricature de la première moitié du siècle que Molière fait connaître à la jeune génération.

2. Toujours le langage des précieuses; c'est le cachet de Bélise qui fait contraste avec le naturel de ses deux frères.

Aux beautés d'Henriette ont attaché mon cœur ;
Henriette me tient sous son aimable empire,
Et l'hymen d'Henriette est le bien où j'aspire.
Vous y pouvez beaucoup ; et tout ce que je veux,
C'est que vous y daigniez favoriser mes vœux.

BÉLISE.

Je vois où doucement veut aller la demande,
Et je sais sous ce nom ce qu'il faut que j'entende.
La figure est adroite ; et pour n'en point sortir,
Aux choses que mon cœur m'offre à vous repartir,
Je dirai qu'Henriette à l'hymen est rebelle,
Et que, sans rien prétendre, il faut brûler pour elle.

CLITANDRE.

Eh ! madame, à quoi bon un pareil embarras?
Et pourquoi voulez-vous penser ce qui n'est pas?

BÉLISE.

Mon Dieu ! point de façons. Cessez de vous défendre
De ce que vos regards m'ont souvent fait entendre.
Il suffit que l'on est contente du détour
Dont s'est adroitement avisé votre amour,
Et que, sous la figure où le respect l'engage,
On veut bien se résoudre à souffrir son hommage,
Pourvu que ses transports, par l'honneur éclairés,
N'offrent à mes autels que des vœux épurés.

CLITANDRE.

Mais....

BÉLISE.

    Adieu. Pour ce coup, ceci doit vous suffire,
Et je vous ai plus dit que je ne voulois dire.

CLITANDRE.

Mais votre erreur....

BÉLISE.

Laissez. Je rougis maintenant,
Et ma pudeur s'est fait un effort surprenant.
CLITANDRE.
Je veux être pendu, si je vous aime ; et sage....
BÉLISE.
Non, non, je ne veux rien entendre davantage.

SCÈNE V. — CLITANDRE, seul.

Diantre soit de la folle avec ses visions !
A-t-on rien vu d'égal à ses préventions ?
Allons commettre un autre au soin que l'on me donne,
Et prenons le secours d'une sage personne[1].

---

1. Ce vers annonce Ariste, le sage de la pièce. C'est le seul monologue de la pièce ; le *Misanthrope* et le *Tartuffe* n'en ont pas. Il est des monologues nécessaires et dont on ne peut faire un reproche aux auteurs ; mais s'en passer est toujours un mérite : Molière l'a bien compris, et s'est abstenu d'en faire dans ses trois principaux chefs-d'œuvre.

ACTE DEUXIÈME.

SCÈNE I. — ARISTE, quittant Clitandre, et lui parlant encore.

Oui, je vous porterai la réponse au plus tôt;
J'appuierai, presserai, ferai tout ce qu'il faut [1].
Qu'un amant, pour un mot, a de choses à dire !
Et qu'impatiemment il veut ce qu'il désire !
Jamais....

SCÈNE II. — CHRYSALE, ARISTE.

ARISTE.
Ah ! Dieu vous gard', mon frère.
CHRYSALE.
Et vous aussi,
Mon frère.
ARISTE.
Savez-vous ce qui m'amène ici ?
CHRYSALE.
Non ; mais, si vous voulez, je suis prêt à l'entendre.
ARISTE.
Depuis assez longtemps, vous connoissez Clitandre ?

1. L'affection sincère de Clitandre, qui a pu induire en erreur la folle Bélise, gagne l'amitié du sage Ariste.

CHRYSALE.

Sans doute, et je le vois qui fréquente chez nous.

ARISTE.

En quelle estime est-il, mon frère, auprès de vous?

CHRYSALE.

D'homme d'honneur, d'esprit, de cœur et de conduite,
Et je vois peu de gens qui soient de son mérite.

ARISTE.

Certain désir qu'il a, conduit ici mes pas,
Et je me réjouis que vous en fassiez cas.

CHRYSALE.

Je connus feu son père en mon voyage à Rome.

ARISTE.

Fort bien.

CHRYSALE.

C'étoit, mon frère, un fort bon gentilhomme.

SCÈNE III. — BÉLISE, entrant doucement, et écoutant,
CHRYSALE, ARISTE.

ARISTE.

Clitandre auprès de vous me fait son interprète,
Et son cœur est épris des grâces d'Henriette.

CHRYSALE.

Quoi! de ma fille[1]?

ARISTE.

Oui; Clitandre en est charmé,
Et je ne vis jamais amant plus enflammé.

1. Ce mot indique bien les préférences du bon et honnête Chrysale.

BÉLISE, à Ariste.

Non, non; je vous entends. Vous ignorez l'histoire,
Et l'affaire n'est pas ce que vous pouvez croire.

ARISTE.

Comment, ma sœur?

BÉLISE.

Clitandre abuse vos esprits,
Et c'est d'un autre objet que son cœur est épris

ARISTE.

Vous raillez. Ce n'est pas Henriette qu'il aime?

BÉLISE.

Non; j'en suis assurée.

ARISTE.

Il me l'a dit lui-même.

BÉLISE.

Hé! oui.

ARISTE.

Vous me voyez, ma sœur, chargé par lui
D'en faire la demande à son père, aujourd'hui.

BÉLISE.

Fort bien.

ARISTE.

Et son amour même m'a fait instance
De presser les momens d'une telle alliance.

BÉLISE.

Encor mieux. On ne peut tromper plus galamment.
Henriette, entre nous, est un amusement,
Un voile ingénieux, un prétexte, mon frère,
A couvrir d'autres feux dont je sais le mystère;
Et je veux bien, tous deux, vous mettre hors d'erreur.

ARISTE.

Mais, puisque vous savez tant de choses, ma sœur,

Dites-nous, s'il vous plaît, cet autre objet qu'il aime.
BÉLISE.
Vous le voulez savoir?
ARISTE.
Oui. Quoi?
BÉLISE.
Moi.
ARISTE.
Vous?
BÉLISE.
Moi-même.
ARISTE.
Hai, ma sœur!
BÉLISE.
Qu'est-ce donc que veut dire ce hai?
Et qu'a de surprenant le discours que je fai?
On est faite d'un air, je pense, à pouvoir dire
Qu'on n'a pas pour un cœur soumis à son empire :
Et Dorante, Damis, Cléonte et Lycidas,
Peuvent bien faire voir qu'on a quelques appas.
ARISTE.
Ces gens vous aiment?
BÉLISE.
Oui, de toute leur puissance.
ARISTE.
Ils vous l'ont dit?
BÉLISE.
Aucun n'a pris cette licence;
Ils m'ont su révérer si fort jusqu'à ce jour,
Qu'ils ne m'ont jamais dit un mot de leur amour.
Mais, pour m'offrir leur cœur et vouer leur service,
Les muets truchements ont tous fait leur office.

ARISTE.
On ne voit presque point céans venir Damis.
BÉLISE.
C'est pour me faire voir un respect plus soumis.
ARISTE.
De mots piquans, partout, Dorante vous outrage.
BÉLISE.
Ce sont emportemens d'une jalouse rage.
ARISTE.
Cléonte et Lycidas ont pris femme tous deux.
BÉLISE.
C'est par un désespoir où j'ai réduit leurs feux.
ARISTE.
Ma foi, ma chère sœur, vision toute claire.
CHRYSALE, à Bélise.
De ces chimères-là vous devez vous défaire.
BÉLISE.
Ah ! chimères ! ce sont des chimères, dit-on.
Chimères, moi ! Vraiment, chimères est fort bon !
Je me réjouis fort de chimères, mes frères ;
Et je ne savois pas que j'eusse des chimères.

SCÈNE IV. — CHRYSALE, ARISTE.

CHRYSALE.
Notre sœur est folle, oui.
ARISTE.
    Cela croît tous les jours.
Mais, encore une fois, reprenons le discours.
Clitandre vous demande Henriette pour femme ;
Voyez quelle réponse on doit faire à sa flamme.

CHRYSALE.

Faut-il le demander? J'y consens de bon cœur,
Et tiens son alliance à singulier honneur.

ARISTE.

Vous savez que de bien il n'a pas l'abondance,
Que....

CHRYSALE.

C'est un intérêt qui n'est pas d'importance :
Il est riche en vertu, cela vaut des trésors ;
Et puis son père et moi n'étions qu'un en deux corps.

ARISTE.

Parlons à votre femme, et voyons à la rendre
Favorable....

CHRYSALE.

Il suffit ; je l'accepte pour gendre.

ARISTE.

Oui ; mais, pour appuyer votre consentement,
Mon frère, il n'est pas mal d'avoir son agrément.
Allons[1]....

CHRYSALE.

Vous moquez-vous? Il n'est pas nécessaire.
Je réponds de ma femme, et prends sur moi l'affaire.

ARISTE.

Mais...

CHRYSALE.

Laissez faire, dis-je, et n'appréhendez pas.
Je la vais disposer aux choses de ce pas.

ARISTE.

Soit. Je vais là-dessus sonder votre Henriette,
Et reviendrai savoir....

---

1. On n'ose se fier en Chrysale, qui est un admirable mélange de justice, de bonté, de droiture et de faiblesse. Le doute qu'on lui oppose va le rendre fanfaron.

CHRYSALE.

C'est une affaire faite ;
Et je vais à ma femme en parler sans délai.

SCÈNE V. — CHRYSALE, MARTINE.

MARTINE.

Me voilà bien chanceuse ! Hélas ! l'an dit bien vrai,
Qui veut noyer son chien, l'accuse de la rage ;
Et service d'autrui n'est pas un héritage.

CHRYSALE.

Qu'est-ce donc ? Qu'avez-vous, Martine ?

MARTINE.

Ce que j'ai ?

CHRYSALE.

Oui.

MARTINE.

J'ai que l'an me donne aujourd'hui mon congé,
Monsieur.

CHRYSALE.

Votre congé ?

MARTINE.

Oui. Madame me chasse.

CHRYSALE.

Je n'entends pas cela. Comment ?

MARTINE.

On me menace,
Si je ne sors d'ici, de me bailler cent coups.

CHRYSALE.

Non, vous demeurerez ; je suis content de vous.
Ma femme bien souvent a la tête un peu chaude ;
Et je ne veux pas, moi....

SCÈNE VI. — PHILAMINTE, BÉLISE, CHRYSALE,
MARTINE.

PHILAMINTE, apercevant Martine.
Quoi ! je vous vois, maraude ?
Vite, sortez, friponne ; allons, quittez ces lieux,
Et ne vous présentez jamais devant mes yeux.
CHRYSALE.
Tout doux.
PHILAMINTE.
Non, c'en est fait.
CHRYSALE.
Hé !
PHILAMINTE.
Je veux qu'elle sorte.
CHRYSALE.
Mais qu'a-t-elle commis, pour vouloir de la sorte?...
PHILAMINTE.
Quoi ! vous la soutenez ?
CHRYSALE.
En aucune façon
PHILAMINTE.
Prenez-vous son parti contre moi ?
CHRYSALE.
Mon Dieu ! non :
Je ne fais seulement que demander son crime.
PHILAMINTE.
Suis-je pour la chasser sans cause légitime ?
CHRYSALE.
Je ne dis pas cela mais il faut de nos gens....

PHILAMINTE.

Non; elle sortira, vous dis-je, de céans.

CHRYSALE.

Hé bien! oui. Vous dit-on quelque chose là contre?

PHILAMINTE.

Je ne veux point d'obstacle aux désirs que je montre.

CHRYSALE.

D'accord.

PHILAMINTE.

Et vous devez, en raisonnable époux,
Être pour moi contre elle et prendre mon courroux.

CHRYSALE.

(Se tournant vers Martine.)

Aussi fais-je. Oui, ma femme avec raison vous chasse,
Coquine, et votre conduite est indigne de grâce.

MARTINE.

Qu'est-ce donc que j'ai fait?

CHRYSALE, bas.

Ma foi, je ne sais pas.

PHILAMINTE.

Elle est d'humeur encore à n'en faire aucun cas!

CHRYSALE.

A-t-elle, pour donner matière à votre haine,
Cassé quelque miroir ou quelque porcelaine?

PHILAMINTE.

Voudrois-je la chasser? et vous figurez-vous
Que, pour si peu de chose, on se mette en courroux?

CHRYSALE.

(A Martine.)   (A Philaminte.)
Qu'est-ce à dire[1]? L'affaire est donc considérable?

---

1. Pour dissimuler sa faiblesse, Chrysale voudrait presque trouver Martine en faute et la gronder avant de savoir pourquoi.

Vite, sortez, friponne; allons, quittez ces lieux. (Page 191.)

PHILAMINTE.
Sans doute. Me voit-on femme déraisonnable?
CHRYSALE.
Est-ce qu'elle a laissé, d'un esprit négligent,
Dérober quelque aiguière ou quelque plat d'argent?
PHILAMINTE.
Cela ne seroit rien.
CHRYSALE, à Martine.
Oh! oh! peste, la belle!
(A Philaminte.)
Quoi! l'avez-vous surprise à n'être pas fidèle?
PHILAMINTE.
C'est pis que tout cela.
CHRYSALE.
Pis que tout cela?
PHILAMINTE.
Pis.
CHRYSALE.
(A Martine.)   (A Philaminte.)
Comment! diantre, friponne! Euh! a-t-elle commis?...
PHILAMINTE.
Elle a, d'une insolence à nulle autre pareille,
Après trente leçons, insulté mon oreille
Par l'impropriété d'un mot sauvage et bas,
Qu'en termes décisifs condamne Vaugelas.
CHRYSALE.
Est-ce là....
PHILAMINTE.
Quoi! toujours, malgré nos remontrances,
Heurter le fondement de toutes les sciences,
La grammaire, qui sait régenter jusqu'aux rois,
Et les fait, la main haute, obéir à ses lois!

CHRYSALE.
Du plus grand des forfaits, je la croyois coupable.
PHILAMINTE.
Quoi! vous ne trouvez pas ce crime impardonnable?
CHRYSALE.
Si fait.
PHILAMINTE.
Je voudrois bien que vous l'excusassiez.
CHRYSALE.
Je n'ai garde.
BÉLISE.
Il est vrai que ce sont des pitiés.
Toute construction est par elle détruite;
Et des lois du langage on l'a cent fois instruite.
MARTINE.
Tout ce que vous prêchez est, je crois, bel et bon;
Mais je ne saurois, moi, parler votre jargon.
PHILAMINTE.
L'impudente! appeler un jargon le langage
Fondé sur la raison et sur le bel usage!
MARTINE.
Quand on se fait entendre, on parle toujours bien,
Et tous vos biaux dictons ne servent pas de rien.
PHILAMINTE.
Hé bien! ne voilà pas encore de son style?
Ne servent pas de rien!
BÉLISE.
O cervelle indocile!
Faut-il qu'avec les soins qu'on prend incessamment,
On ne te puisse apprendre à parler congrûment?
De *pas* mis avec *rien* tu fais la récidive;
Et c'est, comme on t'a dit, trop d'une négative.

MARTINE.

Mon Dieu ! je n'avons pas étugué comme vous,
Et je parlons tout droit comme on parle cheux nous.

PHILAMINTE.

Ah! peut-on y tenir?

BÉLISE.

Quel solécisme horrible !

PHILAMINTE.

En voilà pour tuer une oreille sensible.

BÉLISE.

Ton esprit, je l'avoue, est bien matériel !
Je n'est qu'un singulier, *avons* est pluriel.
Veux-tu toute ta vie offenser la grammaire[1] ?

MARTINE.

Qui parle d'offenser grand'mère ni grand'père ?

PHILAMINTE.

O ciel !

BÉLISE.

Grammaire est prise à contre-sens par toi,
Et je t'ai déjà dit d'où vient ce mot.

MARTINE.

Ma foi !
Qu'il vienne de Chaillot, d'Auteuil ou de Pontoise,
Cela ne me fait rien.

BÉLISE.

Quelle âme villageoise !

---

1. C'est toujours la peinture du siècle : Vaugelas disait qu'il n'était permis à qui que ce soit de faire des mots nouveaux, *pas même aux souverains*. M. Ed. Fournier a fait remarquer, d'après un titre de l'abbé Dangeau, devancier de Marle, pour rapprocher l'orthographe de la prononciation, qu'on prononçait alors *Granmaire* (Essais de *Grammaire qui contiennent une lettre sur l'orthographe*.) M. Génin a fait remarquer aussi que François Ier disait et écrivait . *j'avons, j'allons*.

La grammaire, du verbe et du nominatif,
Comme de l'adjectif avec le substantif,
Nous enseigne les lois.

MARTINE.

J'ai, madame, à vous dire
Que je ne connois point ces gens-là.

PHILAMINTE.

Quel martyre !

BÉLISE.

Ce sont les noms des mots ; et l'on doit regarder
En quoi c'est qu'il les faut faire ensemble accorder.

MARTINE.

Qu'ils s'accordent entre eux, ou se gourment, qu'importe ?

PHILAMINTE, à Bélise.

Hé ! mon Dieu ! finissez un discours de la sorte.

(A Chrysale.)

Vous ne voulez pas, vous, me la faire sortir ?

CHRYSALE.

(A part).

Si fait. A son caprice il me faut consentir.
Va, ne l'irrite point ; retire-toi, Martine.

PHILAMINTE.

Comment ! vous avez peur d'offenser la coquine ?
Vous lui parlez d'un ton tout à fait obligeant !

CHRYSALE.

(D'un ton ferme.) (D'un ton plus doux.)

Moi ? point. Allons, sortez. Va-t'en, ma pauvre enfant[1].

---

1. Que d'art et de vérité dans cette scène, qui repose tout entière sur l'opposition des caractères ! L'esprit dominateur de Philaminte dévoile la faiblesse de l'honnête Chrysale ; le bon sens de l'ignorante Martine fait ressortir le ridicule pédantisme des deux savantes.

SCÈNE VII. — PHILAMINTE, CHRYSALE, BÉLISE.

CHRYSALE.

Vous êtes satisfaite, et la voilà partie ;
Mais je n'approuve point une telle sortie[1] :
C'est une fille propre aux choses qu'elle fait,
Et vous me la chassez pour un maigre sujet.

PHILAMINTE.

Vous voulez que toujours je l'aie à mon service,
Pour mettre incessamment mon oreille au supplice,
Pour rompre toute loi d'usage et de raison
Par un barbare amas de vices d'oraison[2],
De mots estropiés, cousus, par intervalles,
De proverbes traînés dans les ruisseaux des halles ?

BÉLISE.

Il est vrai que l'on sue à souffrir ses discours ;
Elle y met Vaugelas en pièces tous les jours ;
Et les moindres défauts de ce grossier génie,
Sont ou le pléonasme, ou la cacophonie.

CHRYSALE.

Qu'importe qu'elle manque aux lois de Vaugelas,
Pourvu qu'à la cuisine elle ne manque pas ?
J'aime bien mieux, pour moi, qu'en épluchant ses herbes,
Elle accommode mal les noms avec les verbes
Et redise cent fois un bas ou méchant mot,

---

1. Chrysale semble n'avoir cédé que pour couper court à cette discussion en face de la servante ; c'est une sorte de leçon de convenance dont Philaminte devrait profiter.

2. Langage.

Que de brûler ma viande ou saler trop mon pot.
Je vis de bonne soupe, et non de beau langage.
Vaugelas n'apprend point à bien faire un potage ;
Et Malherbe et Balzac, si savans en bons mots,
En cuisine, peut-être, auroient été des sots[1].

PHILAMINTE.

Que ce discours grossier terriblement assomme !
Et quelle indignité, pour ce qui s'appelle homme,
D'être baissé sans cesse aux soins matériels,
Au lieu de se hausser vers les spirituels !
Le corps, cette guenille, est-il d'une importance,
D'un prix à mériter seulement qu'on y pense ?
Et ne devons-nous pas laisser cela bien loin ?

CHRYSALE.

Oui, mon corps est moi-même, et j'en veux prendre soin ;
Guenille, si l'on veut ; ma guenille m'est chère[2].

BÉLISE.

Le corps avec l'esprit fait figure, mon frère ;
Mais, si vous en croyez tout le monde savant,
L'esprit doit sur le corps prendre le pas devant ;
Et notre plus grand soin, notre première instance,
Doit être à le nourrir du suc de la science.

CHRYSALE.

Ma foi, si vous songez à nourrir votre esprit,
C'est de viande bien creuse, à ce que chacun dit ;
Et vous n'avez nul soin, nulle sollicitude,
Pour....

---

1. Ce discours sensé fait contraste avec les discours alambiqués des précieuses. Molière se surpassera bientôt dans sa réponse à Bélise.
2. Vers devenu proverbe.

PHILAMINTE.

Ah! *sollicitude* à mon oreille est rude;
Il pue étrangement son ancienneté.

BÉLISE.

Il est vrai que le mot est bien collet monté[1].

CHRYSALE.

Voulez-vous que je dise? il faut qu'enfin j'éclate,
Que je lève le masque, et décharge ma rate.
De folles on vous traite, et j'ai fort sur le cœur....

PHILAMINTE.

Comment donc[2]?

CHRYSALE, à Bélise.

C'est à vous que je parle, ma sœur.
Le moindre solécisme en parlant vous irrite;
Mais vous en faites, vous, d'étranges en conduite.
Vos livres éternels ne me contentent pas;
Et, hors un gros Plutarque à mettre mes rabats[3],
Vous devriez brûler tout ce meuble inutile,
Et laisser la science aux docteurs de la ville;
M'ôter, pour faire bien, du grenier de céans,
Cette longue lunette à faire peur aux gens,
Et cent brimborions dont l'aspect importune;
Ne point aller chercher ce qu'on fait dans la lune,

---

1. Collet où il entrait du carton et du fil de fer pour le soutenir; cette vieille mode signifie ici suranné ou peut-être gourmé, ridiculement sévère.

2. Philaminte se peint par ce mot et en même temps fait juger Chrysale, qui n'ose lui répondre.

3. M. Eud. Soulié croit que c'était un des vieux livres laissés à Molière par sa mère, dont le souvenir se retrouve ici, et qui lui rappelle une maison ordonnée avec sagesse et intelligence comme celle de Marie Cressé; on retrouve encore ce Plutarque dans l'inventaire fait après la mort de Molière.

Et vous mêler un peu de ce qu'on fait chez vous,
Où nous voyons aller tout sens dessus dessous.
Il n'est pas bien honnête, et pour beaucoup de causes,
Qu'une femme étudie et sache tant de choses.
Former aux bonnes mœurs l'esprit de ses enfans,
Faire aller son ménage, avoir l'œil sur ses gens,
Et régler la dépense avec économie,
Doit être son étude et sa philosophie.
Nos pères, sur ce point, étoient gens bien sensés,
Qui disoient qu'une femme en sait toujours assez,
Quand la capacité de son esprit se hausse
A connoître un pourpoint d'avec un haut-de-chausse[1].
Les leurs ne lisoient point, mais elles vivoient bien;
Leurs ménages étoient tout leur docte entretien;
Et leurs livres, un dé, du fil et des aiguilles,
Dont elles travailloient au trousseau de leurs filles.
Les femmes d'à présent sont bien loin de ces mœurs;
Elles veulent écrire et devenir auteurs.
Nulle science n'est pour elles trop profonde,
Et céans, beaucoup plus qu'en aucun lieu du monde :
Les secrets les plus hauts s'y laissent concevoir,
Et l'on sait tout chez moi, hors ce qu'il faut savoir.
On y sait comment vont lune, étoile polaire,
Vénus, Saturne et Mars, dont je n'ai point affaire;
Et, dans ce vain savoir, qu'on va chercher si loin,
On ne sait comme va mon pot, dont j'ai besoin.
Mes gens à la science aspirent pour vous plaire,
Et tous ne font rien moins que ce qu'ils ont à faire.
Raisonner est l'emploi de toute ma maison,
Et le raisonnement en bannit la raison.

1. Mot historique du duc François de Bretagne, cité par Montaigne.

L'un me brûle mon rôt, en lisant quelque histoire ;
L'autre rêve à des vers, quand je demande à boire :
Enfin, je vois par eux votre exemple suivi,
Et j'ai des serviteurs, et ne suis point servi.
Une pauvre servante au moins m'était restée,
Qui de ce mauvais air n'était point infectée,
Et voilà qu'on la chasse avec un grand fracas,
A cause qu'elle manque à parler Vaugelas.
Je vous le dis, ma sœur, tout ce train-là me blesse[1],
Car c'est, comme j'ai dit, à vous que je m'adresse.
Je n'aime point céans tous vos gens à latin,
Et principalement ce monsieur Trissotin ;
C'est lui qui, dans des vers, vous a tympanisées[2] :
Tous les propos qu'il tient sont des billevesées.
On cherche ce qu'il dit après qu'il a parlé,
Et je lui crois, pour moi, le timbre un peu fêlé.

PHILAMINTE.

Quelle bassesse, ô ciel ! et d'âme et de langage !

BÉLISE.

Est-il de petits corps un plus lourd assemblage,
Un esprit composé d'atomes plus bourgeois?
Et de ce même sang se peut-il que je sois ?
Je me veux mal de mort d'être de votre race,
Et, de confusion, j'abandonne la place.

---

1. Chrysale marque bien à la fin et au commencement que c'est à sa sœur qu'il s'adresse. C'est un trait admirable de faiblesse, curieux au milieu de ce discours sensé.

2. Signifie : vous a donné une célébrité ridicule.

SCÈNE VIII. — PHILAMINTE, CHRYSALE.

PHILAMINTE.

Avez-vous à lâcher encore quelque trait?

CHRYSALE.

Moi? Non. Ne parlons plus de querelle; c'est fait.
Discourons d'autre affaire. A votre fille aînée
On voit quelque dégoût pour les nœuds d'hyménée;
C'est une philosophe enfin, je n'en dis rien;
Elle est bien gouvernée, et vous faites fort bien :
Mais de tout autre humeur se trouve sa cadette
Et je crois qu'il est bon de pourvoir Henriette,
De choisir un mari....

PHILAMINTE.

C'est à quoi j'ai songé,
Et je veux vous ouvrir l'intention que j'ai.
Ce monsieur Trissotin, dont on nous fait un crime,
Et qui n'a pas l'honneur d'être dans votre estime,
Est celui que je prends pour l'époux qu'il lui faut;
Et je sais mieux que vous juger de ce qu'il vaut.
La contestation est ici superflue,
Et de tout point chez moi l'affaire est résolue.
Au moins ne dites mot du choix de cet époux;
Je veux à votre fille en parler avant vous.
J'ai des raisons à faire approuver ma conduite,
Et je connoîtrai bien si vous l'aurez instruite[1].

1. Il est impossible d'être plus impérieuse et plus insolente.

SCÈNE IX. — ARISTE, CHRYSALE.

ARISTE.

Hé bien ! la femme sort, mon frère, et je vois bien
Que vous venez d'avoir ensemble un entretien.

CHRYSALE.

Oui.

ARISTE.

Quel est le succès? Aurons-nous Henriette?
A-t-elle consenti? l'affaire est-elle faite?

CHRYSALE.

Pas tout à fait encor.

ARISTE.

Refuse-t-elle?

CHRYSALE.

Non.

ARISTE.

Est-ce qu'elle balance?

CHRYSALE.

En aucune façon.

ARISTE.

Quoi donc?

CHRYSALE.

C'est que pour gendre elle m'offre un autre.

ARISTE.

Un autre homme pour gendre !

CHRYSALE.

Un autre.

ARISTE.

Qui se nomme

CHRYSALE.

Monsieur Trissotin.

ARISTE.

Quoi ! ce monsieur Trissotin !...

CHRYSALE.

Oui, qui parle toujours de vers et de latin.

ARISTE.

Vous l'avez accepté ?

CHRYSALE.

Moi, point : à Dieu ne plaise !

ARISTE.

Qu'avez-vous répondu ?

CHRYSALE.

Rien ; et je suis bien aise
De n'avoir point parlé, pour ne m'engager pas[1].

ARISTE.

La raison est fort belle, et c'est faire un grand pas.
Avez-vous su du moins lui proposer Clitandre ?

CHRYSALE.

Non ; car, comme j'ai vu qu'on parloit d'autre gendre,
J'ai cru qu'il étoit mieux de ne m'avancer point.

ARISTE.

Certes, votre prudence est rare au dernier point.
N'avez-vous point de honte, avec votre mollesse ?
Et se peut-il qu'un homme ait assez de foiblesse
Pour laisser à sa femme un pouvoir absolu,
Et n'oser attaquer ce qu'elle a résolu ?

CHRYSALE.

Mon Dieu ! vous en parlez, mon frère, bien à l'aise,
Et vous ne savez pas comme le bruit me pèse.

---

1. Chrysale voudrait toujours dissimuler aux autres et à lui-même sa faiblesse ou en retarder l'aveu.

J'aime fort le repos, la paix et la douceur,
Et ma femme est terrible avecque son humeur.
Du nom de philosophe elle fait grand mystère :
Mais elle n'en est pas pour cela moins colère :
Et sa morale, faite à mépriser le bien,
Sur l'aigreur de sa bile opère comme rien.
Pour peu que l'on s'oppose à ce que veut sa tête,
On en a pour huit jours d'effroyable tempête.
Elle me fait trembler dès qu'elle prend son ton ;
Je ne sais où me mettre, et c'est un vrai dragon ;
Et cependant, avec toute sa diablerie,
Il faut que je l'appelle et mon cœur et ma mie.

ARISTE.

Allez, c'est se moquer. Votre femme, entre nous,
Est, par vos lâchetés, souveraine sur vous.
Son pouvoir n'est fondé que sur votre foiblesse ;
C'est de vous qu'elle prend le titre de maîtresse ;
Vous-même à ses hauteurs vous vous abandonnez,
Et vous faites mener en bête par le nez.
Quoi ! vous ne pouvez pas, voyant comme on vous nomme,
Vous résoudre une fois à vouloir être un homme,
A faire condescendre une femme à vos vœux,
Et prendre assez de cœur pour dire un Je le veux !
Vous laisserez, sans honte, immoler votre fille
Aux folles visions qui tiennent la famille,
Et de tout votre bien revêtir un nigaud,
Pour six mots de latin qu'il leur fait sonner haut ;
Un pédant qu'à tout coup votre femme apostrophe
Du nom de bel esprit et de grand philosophe,
D'homme qu'en vers galans jamais on n'égala,
Et qui n'est, comme on sait, rien moins que tout cela !
Allez, encore un coup, c'est une moquerie,

Et votre lâcheté mérite qu'on en rie.

CHRYSALE.

Oui, vous avez raison, et je vois que j'ai tort.
Allons, il faut enfin montrer un cœur plus fort,
Mon frère.

ARISTE.

C'est bien dit.

CHRYSALE.

C'est une chose infâme
Que d'être si soumis au pouvoir d'une femme.

ARISTE.

Fort bien.

CHRYSALE.

De ma douceur elle a trop profité.

ARISTE.

Il est vrai.

CHRYSALE.

Trop joui de ma facilité.

ARISTE.

Sans doute.

CHRYSALE.

Et je lui veux faire aujourd'hui connoître
Que ma fille est ma fille, et que j'en suis le maître,
Pour lui prendre un mari qui soit selon mes vœux.

ARISTE.

Vous voilà raisonnable, et comme je vous veux.

CHRYSALE.

Vous êtes pour Clitandre, et savez sa demeure;
Faites-le-moi venir, mon frère, tout à l'heure.

ARISTE.

J'y cours de ce pas.

CHRYSALE.

C'est souffrir trop longtemps,
Et je m'en vais être homme à la barbe des gens[1].

[1]. *Des gens*, c'est-à-dire de sa femme; mot comique et qui peint Chrysale relevé par la sagesse d'Ariste, qui est pour Chrysale ce que Béralde sera pour Argan du *Malade imaginaire*. Molière aime à opposer au travers de son principal personnage un frère ou un beau-frère plein de sens (Ariste de l'*Ecole des maris* opposé à Arnolphe; Cléante du *Tartuffe* opposé à Oronte). Grâce à cette parenté, le personnage sage a une sorte de droit pour gourmander les vices de ce chef de famille à qui, sans cela, personne ne pourrait donner une leçon. On peut s'en rendre compte facilement dans cette pièce des *Femmes savantes* : sauf Henriette, toute la famille de Chrysale est folle ; et ce n'est pas Henriette qui pourrait se permettre de reprocher au bonhomme sa coupable faiblesse. Ariste est donc ici un personnage nécessaire.

Dans ce second acte, remarque Auger, le sujet (l'affectation du savoir chez les femmes), marche de front avec l'action (le mariage d'Henriette).

ACTE TROISIÈME.

SCÈNE I. — PHILAMINTE, ARMANDE, BÉLISE, TRISSOTIN, LÉPINE.

PHILAMINTE.
Ah ! mettons-nous ici pour écouter à l'aise
Ces vers que mot à mot il est besoin qu'on pèse.
ARMANDE.
Je brûle de les voir.
BÉLISE.
Et l'on s'en meurt chez nous.
PHILAMINTE, à Trissotin.
Ce sont charmes pour moi, que ce qui part de vous.
ARMANDE.
Ce m'est une douceur à nulle autre pareille.
BÉLISE.
Ce sont repas friands qu'on donne à mon oreille.
PHILAMINTE.
Ne faites point languir de si pressans désirs.
ARMANDE.
Dépêchez.
BÉLISE.
Faites tôt, et hâtez nos plaisirs.
PHILAMINTE.
A notre impatience offrez votre épigramme.

TRISSOTIN, à Philaminte.

Hélas ! c'est un enfant tout nouveau-né, madame[1] ;

PHILAMINTE.

Pour me le rendre cher, il suffit de son père.

TRISSOTIN.

Votre approbation lui peut servir de mère.

BÉLISE.

Qu'il a d'esprit !

SCÈNE II. — HENRIETTE, PHILAMINTE, BÉLISE, ARMANDE, TRISSOTIN, LÉPINE.

PHILAMINTE, à Henriette, qui veut se retirer.

Holà ! pourquoi donc fuyez-vous ?

HENRIETTE.

C'est de peur de troubler un entretien si doux.

PHILAMINTE.

Approchez, et venez, de toutes vos oreilles,
Prendre part au plaisir d'entendre des merveilles.

HENRIETTE.

Je sais peu les beautés de tout ce qu'on écrit,
Et ce n'est pas mon fait que les choses d'esprit.

PHILAMINTE.

Il n'importe : aussi bien ai-je à vous dire ensuite
Un secret dont il faut que vous soyez instruite.

TRISSOTIN, à Henriette.

Les sciences n'ont rien qui vous puisse enflammer,

---

1. Enfin, voilà Trissotin : Molière l'a annoncé pendant deux actes, parce qu'il lui serait difficile d'occuper longtemps la scène sans être plus que ridicule. — Mlle de Montpensier écrivait à peu près à Cotin ce que dit Philaminte à Trissotin.

Et vous ne vous piquez que de savoir charmer.
HENRIETTE.
Aussi peu l'un que l'autre ; et je n'ai nulle envie....
BÉLISE.
Ah! songeons à l'enfant nouveau-né, je vous prie.
PHILAMINTE, à Lépine.
Allons, petit garçon, vite de quoi s'asseoir.
(Lépine se laisse tomber.)
Voyez l'impertinent! Est-ce que l'on doit choir,
Après avoir appris l'équilibre des choses?
BÉLISE.
De ta chute, ignorant, ne vois-tu pas les causes,
Et qu'elle vient d'avoir, du point fixe, écarté
Ce que nous appelons centre de gravité?
LÉPINE.
Je m'en suis aperçu, madame, étant par terre.
PHILAMINTE, à Lépine, qui sort.
Le lourdaud!
TRISSOTIN.
Bien lui prend de n'être pas de verre.
ARMANDE.
Ah! de l'esprit partout!
BÉLISE.
Cela ne tarit pas.
(Ils s'asseyent.)
PHILAMINTE.
Servez-nous promptement votre aimable repas.
TRISSOTIN.
Pour cette grande faim qu'à mes yeux on expose,
Un plat seul de huit vers me semble peu de chose ;
Et je pense qu'ici je ne ferai pas mal
De joindre à l'épigramme, ou bien au madrigal,

Le ragoût d'un sonnet qui, chez une princesse,
A passé pour avoir quelque délicatesse.
Il est de sel attique assaisonné partout,
Et vous le trouverez, je crois, d'assez bon goût.

ARMANDE.

Ah! je n'en doute point.

PHILAMINTE.

Donnons vite audience.

BÉLISE, interrompant Trissotin chaque fois qu'il se dispose à lire.
Je sens d'aise mon cœur tressaillir par avance.
J'aime la poésie avec entêtement,
Et surtout quand les vers sont tournés galamment.

PHILAMINTE.

Si nous parlons toujours, il ne pourra rien dire.

TRISSOTIN.

So....

BÉLISE, à Henriette.

Silence, ma nièce.

ARMANDE.

Ah! laissez-le donc lire.

TRISSOTIN.

SONNET A LA PRINCESSE URANIE, SUR SA FIÈVRE [1].

Votre prudence est endormie,
De traiter magnifiquement,
Et de loger superbement
Votre plus cruelle ennemie.

---

1. Le sonnet, tel que Trissotin va le lire, se trouve dans les *OEuvres galantes en prose et en vers de M. Cotin*, Étienne Loyson, Paris, 1663. Il a pour titre : « Sonnet à mademoiselle de Longueville, à présent duchesse de Nemours, sur sa fièvre quarte. »

BÉLISE.

Ah ! le joli début !

ARMANDE.

Qu'il a le tour galant !

PHILAMINTE.

Lui seul des vers aisés possède le talent[1].

ARMANDE.

A *prudence endormie* il faut rendre les armes.

BÉLISE.

Loger son ennemie est pour moi plein de charmes.

PHILAMINTE.

J'aime *superbement* et *magnifiquement;*
Ces deux adverbes joints font admirablement !

BÉLISE.

Prêtons l'oreille au reste.

TRISSOTIN.

Votre prudence est endormie,
De traiter magnifiquement,
Et de loger superbement
Votre plus cruelle ennemie.

ARMANDE.

Prudence endormie !

BÉLISE.

Loger son ennemie !

PHILAMINTE.

Superbement et *magnifiquement !*

---

1. Les adversaires de Molière, de Racine, de Boileau, disaient que leurs ouvrages trop travaillés sentaient le métier. Il est curieux de voir ce mépris dans ce trio ridicule qui admire sottement des choses peu dignes d'éloges. Cotin et ses pareils sont punis par l'admiration des précieuses qu'ils désiraient tant.

TRISSOTIN.

Faites-la sortir, quoi qu'on die,
De votre riche appartement,
Où cette ingrate insolemment
Attaque votre belle vie.

BÉLISE.

Ah! tout doux ! laissez-moi, de grâce, respirer.

ARMANDE.

Donnez-nous, s'il vous plaît, le loisir d'admirer.

PHILAMINTE.

On se sent, à ces vers, jusques au fond de l'âme,
Couler je ne sais quoi qui fait que l'on se pâme.

ARMANDE.

Faites-la sortir, quoi qu'on die,
De votre riche appartement.
Que *riche appartement* est là joliment dit!
Et que la métaphore est mise avec esprit!

PHILAMINTE.

Faites-la sortir, quoi qu'on die.
Ah! que ce *quoi qu'on die* est d'un goût admirable!
C'est, à mon sentiment, un endroit impayable.

ARMANDE.

De *quoi qu'on die* aussi mon cœur est amoureux.

BÉLISE.

Je suis de votre avis, *quoi qu'on die* est heureux.

ARMANDE.

Je voudrois l'avoir fait.

BÉLISE.

Il vaut toute une pièce.

PHILAMINTE.

Mais en comprend-on bien, comme moi, la finesse ?

ARMANDE ET BÉLISE.

Oh! oh!

PHILAMINTE.

Faites-la sortir, quoi qu'on die.
Que de la fièvre on prenne ici les intérêts,
N'ayez aucun égard, moquez-vous des caquets.
Faites-la sortir, quoi qu'on die,
Quoi qu'on die, quoi qu'on die.
Ce *quoi qu'on die* en dit beaucoup plus qu'il ne semble
Je ne sais pas, pour moi, si chacun me ressemble ;
Mais j'entends là-dessous un million de mots.

BÉLISE.

Il est vrai qu'il dit plus de choses qu'il n'est gros.

PHILAMINTE, à Trissotin.

Mais, quand vous avez fait ce charmant *quoi qu'on die*,
Avez-vous compris, vous, toute son énergie?
Songiez-vous bien vous-même à tout ce qu'il nous dit,
Et pensiez-vous alors y mettre tant d'esprit?

TRISSOTIN.

Hai! hai!

ARMANDE.

J'ai fort aussi l'*ingrate* dans la tête ;
Cette ingrate de fièvre, injuste, malhonnête,
Qui traite mal les gens qui la logent chez eux.

PHILAMINTE.

Enfin, les quatrains sont admirables tous deux.
Venons-en promptement aux tiercets[1], je vous prie.

ARMANDE.

Ah! s'il vous plaît, encore une fois *quoi qu'on die*.

---

1. On dit *tercet*.

ACTE III, SCÈNE II.

TRISSOTIN.

Faites-la sortir, quoi qu'on die,

PHILAMINTE, ARMANDE ET BÉLISE.

Quoi qu'on die!

TRISSOTIN.

De votre riche appartement,

PHILAMINTE, ARMANDE ET BÉLISE.

Riche appartement!

TRISSOTIN.

Où cette ingrate insolemment

PHILAMINTE, ARMANDE ET BÉLISE.

Cette *ingrate* de fièvre !

TRISSOTIN.

Attaque votre belle vie.

PHILAMINTE.

Votre belle vie !

ARMANDE ET BÉLISE.

Ah !

TRISSOTIN.

Quoi? sans respecter votre rang,
Elle se prend à votre sang,

PHILAMINTE, ARMANDE ET BÉLISE.

Ah !

TRISSOTIN.

Et nuit et jour vous fait outrage !
Si vous la conduisez aux bains,
Sans la marchander davantage,
Noyez-la de vos propres mains.

PHILAMINTE.

On n'en peut plus.

BÉLISE.

On pâme.

ARMANDE.
On se meurt de plaisir.

PHILAMINTE.
De mille doux frissons vous vous sentez saisir

ARMANDE.
Si vous la conduisez aux bains,

BÉLISE.
Sans la marchander davantage,

PHILAMINTE.
Noyez-la de vos propres mains.
De vos propres mains, là, noyez-la dans les bains.

ARMANDE.
Chaque pas dans vos vers rencontre un trait charmant.

BÉLISE.
Partout on s'y promène avec ravissement.

PHILAMINTE.
On n'y sauroit marcher que sur de belles choses.

ARMANDE.
Ce sont petits chemins tout parsemés de roses.

TRISSOTIN.
Le sonnet donc vous semble....

PHILAMINTE.
Admirable, nouveau ;
Et personne jamais n'a rien fait de si beau.

BÉLISE, à Henriette.
Quoi ! sans émotion pendant cette lecture !
Vous faites là, ma nièce, une étrange figure[1] !

---

1. Henriette répond ici avec une bonhomie malicieuse à sa tante; deux vers plus bas elle sera cruelle pour Trissotin : *Je n'écoute pas.* Aimé Martin remarque que cette inattention affectée contraste heureusement avec l'enthousiasme de commande du trio.

ACTE III, SCÈNE II.

HENRIETTE.

Chacun fait ici-bas la figure qu'il peut,
Ma tante; et bel esprit, il ne l'est pas qui veut.

TRISSOTIN.

Peut-être que mes vers importunent madame.

HENRIETTE.

Point. Je n'écoute pas.

PHILAMINTE.

    Ah! Voyons l'épigramme.

TRISSOTIN.

SUR UN CARROSSE DE COULEUR AMARANTE DONNÉ A UNE DAME
DE SES AMIES.

PHILAMINTE.

Ses titres ont toujours quelque chose de rare.

ARMANDE.

A cent beaux traits d'esprit leur nouveauté prépare

TRISSOTIN.

L'amour si chèrement m'a vendu son lien,

PHILAMINTE, ARMANDE ET BÉLISE.

Ah!

TRISSOTIN.

Qu'il m'en coûte déjà la moitié de mon bien;
 Et, quand tu vois ce beau carrosse,
 Où tant d'or se relève en bosse,
 Qu'il étonne tout le pays,
Et fait pompeusement triompher ma Laïs....

PHILAMINTE.

Ah! *ma Laïs!* voilà de l'érudition.
L'enveloppe est jolie, et vaut un million.

TRISSOTIN.

 Et, quand tu vois ce beau carrosse,

Où tant d'or se relève en bosse,
Qu'il étonne tout le pays,
Et fait pompeusement triompher ma Laïs,
Ne dis plus qu'il est amarante,
Dis plutôt qu'il est de ma rente.

ARMANDE.

Oh! oh! oh! celui-là ne s'attend point du tout.

PHILAMINTE.

On n'a que lui qui puisse écrire de ce goût.

BÉLISE.

Ne dis plus qu'il est amarante,
Dis plutôt qu'il est de ma rente.

Voilà qui se décline, *ma rente, de ma rente, à ma rente.*

PHILAMINTE.

Je ne sais, du moment que je vous ai connu,
Si, sur votre sujet, j'eus l'esprit prévenu,
Mais j'admire partout vos vers et votre prose.

TRISSOTIN, à Philaminte.

Si vous vouliez de vous nous montrer quelque chose,
A notre tour aussi nous pourrions admirer.

PHILAMINTE.

Je n'ai rien fait en vers, mais j'ai lieu d'espérer,
Que je pourrai bientôt vous montrer, en amie,
Huit chapitres du plan de notre académie.
Platon s'est au projet simplement arrêté
Quand de sa République il a fait le traité;
Mais à l'effet entier je veux pousser l'idée
Que j'ai sur le papier en prose accommodée.
Car enfin, je me sens un étrange dépit
Du tort que l'on nous fait du côté de l'esprit;
Et je veux nous venger, toutes tant que nous sommes,
De cette indigne classe où nous rangent les hommes,

De borner nos talents à des futilités,
Et nous fermer la porte aux sublimes clartés.

ARMANDE.

C'est faire à notre sexe une trop grande offense
De n'étendre l'effort de notre intelligence
Qu'à juger d'une jupe, et de l'air d'un manteau,
Ou des beautés d'un point, ou d'un brocart nouveau.

BÉLISE.

Il faut se relever de ce honteux partage,
Et mettre hautement notre esprit hors de page [1].

TRISSOTIN.

Pour les dames on sait mon respect en tous lieux ;
Et, si je rends hommage aux brillants de leurs yeux,
De leur esprit aussi j'honore les lumières.

PHILAMINTE.

Le sexe aussi vous rend justice en ces matières ;
Mais nous voulons montrer à de certains esprits
Dont l'orgueilleux savoir nous traite avec mépris,
Que de science aussi les femmes sont meublées ;
Qu'on peut faire, comme eux, de doctes assemblées,
Conduites en cela par des ordres meilleurs ;
Qu'on y veut réunir ce qu'on sépare ailleurs,
Mêler le beau langage et les hautes sciences,
Découvrir la nature en mille expériences ;
Et, sur les questions qu'on pourra proposer
Faire entrer chaque secte, et n'en point épouser.

TRISSOTIN.

Je m'attache pour l'ordre au péripatétisme.

---

1. Hors de la dépendance d'autrui, expression empruntée à l'ancienne chevalerie. — Cette scène rappelle des projets et des querelles ridicules de cette époque.

PHILAMINTE.
Pour les abstractions, j'aime le platonisme.
ARMANDE.
Épicure me plaît, et ses dogmes sont forts.
BÉLISE.
Je m'accommode assez, pour moi, des petits corps;
Mais le vide à souffrir me semble difficile,
Et je goûte bien mieux la matière subtile.
TRISSOTIN.
Descartes, pour l'aimant, donne fort dans mon sens.
ARMANDE.
J'aime ses tourbillons.
PHILAMINTE.
Moi, ses mondes tombants.
ARMANDE.
Il me tarde de voir notre assemblée ouverte,
Et de nous signaler par quelque découverte.
TRISSOTIN.
On en attend beaucoup de vos vives clartés,
Et pour vous la nature a peu d'obscurités.
PHILAMINTE.
Pour moi, sans me flatter, j'en ai déjà fait une,
Et j'ai vu clairement des hommes dans la lune.
BÉLISE.
Je n'ai point encor vu d'hommes, comme je crois,
Mais j'ai vu des clochers, tout comme je vous vois
ARMANDE.
Nous approfondirons, ainsi que la physique,
Grammaire, histoire, vers, morale et politique.
PHILAMINTE.
La morale a des traits dont mon cœur est épris,
Et c'étoit autrefois l'amour des grands esprits;

Mais aux stoïciens je donne l'avantage,
Et je ne trouve rien de si beau que leur sage.
ARMANDE.
Pour la langue, on verra dans peu nos règlemens,
Et nous y prétendons faire des remuemens.
Par une antipathie, ou juste, ou naturelle,
Nous avons pris chacune une haine mortelle
Pour un nombre de mots, soit ou verbes, ou noms,
Que mutuellement nous nous abandonnons :
Contre eux nous préparons de mortelles sentences,
Et nous devons ouvrir nos doctes conférences
Par les proscriptions de tous ces mots divers,
Dont nous voulons purger et la prose et les vers.
PHILAMINTE.
Mais le plus beau projet de notre académie,
Une entreprise noble, et dont je suis ravie,
Un dessein plein de gloire, et qui sera vanté
Chez tous les beaux esprits de la postérité,
C'est le retranchement de ces syllabes sales,
Qui, dans les plus beaux mots, produisent des scandales,
Ces jouets éternels des sots de tous les temps ;
Ces fades lieux communs de nos méchants plaisans ;
Ces sources d'un amas d'équivoques infâmes,
Dont on vient faire insulte à la pudeur des femmes.
TRISSOTIN.
Voilà certainement d'admirables projets !
BÉLISE.
Vous verrez nos statuts quand ils seront tous faits.
TRISSOTIN.
Ils ne sauroient manquer d'être tous beaux et sages.
ARMANDE.
Nous serons, par nos lois, les juges des ouvrages ;

Par nos lois, prose et vers, tout nous sera soumis :
Nul n'aura de l'esprit, hors nous et nos amis [1].
Nous chercherons partout à trouver à redire,
Et ne verrons que nous qui sachent bien écrire.

SCÈNE III. — PHILAMINTE, BÉLISE, ARMANDE,
HENRIETTE, TRISSOTIN, LÉPINE.

LÉPINE, à Trissotin.

Monsieur, un homme est là, qui veut parler à vous ;
Il est vêtu de noir, et parle d'un ton doux.

(Ils se lèvent.)

TRISSOTIN.

C'est cet ami savant qui m'a fait tant d'instance
De lui donner l'honneur de votre connoissance.

PHILAMINTE.

Pour le faire venir vous avez tout crédit.

(Trissotin va au-devant de Vadius.)

SCÈNE IV. — PHILAMINTE, BÉLISE, ARMANDE,
HENRIETTE.

PHILAMINTE, à Armande et à Bélise.

Faisons bien les honneurs au moins de notre esprit.

(A Henriette qui veut sortir.)

Holà ! je vous ai dit, en paroles bien claires,
Que j'ai besoin de vous.

---

1. Vers devenu proverbe et qui peut s'appliquer à toutes les coteries; il est dirigé contre Menage (Vadius), qui réunissait chez lui une société littéraire.

HENRIETTE.

Mais pour quelles affaires?

PHILAMINTE.

Venez; on va dans peu vous les faire savoir.

SCÈNE V. — TRISSOTIN, VADIUS, PHILAMINTE, BÉLISE, ARMANDE, HENRIETTE.

TRISSOTIN, présentant Vadius.

Voici l'homme qui meurt du désir de vous voir;
En vous le produisant, je ne crains point le blâme
D'avoir admis chez vous un profane, madame;
Il peut tenir son coin parmi de beaux esprits.

PHILAMINTE.

La main qui le présente en dit assez le prix.

TRISSOTIN.

Il a des vieux auteurs la pleine intelligence,
Il sait du grec, madame, autant qu'homme de France.

PHILAMINTE, à Bélise.

Du grec, ô ciel! du grec! Il sait du grec, ma sœur!

BÉLISE, à Armande.

Ah! ma nièce, du grec!

ARMANDE.

Du grec! quelle douceur!

PHILAMINTE.

Quoi! monsieur sait du grec? Ah! permettez, de grâce,
Que, pour l'amour du grec, monsieur, on vous embrasse.

(Vadius embrasse aussi Bélise et Armande.)

HENRIETTE, à Vadius qui veut aussi l'embrasser.
Excusez-moi, monsieur, je n'entends pas le grec[1].
(Ils s'asseyent.)

PHILAMINTE.
J'ai pour les livres grecs un merveilleux respect.

VADIUS.
Je crains d'être fâcheux par l'ardeur qui m'engage
A vous rendre aujourd'hui, madame, mon hommage;
Et j'aurai pu troubler quelque docte entretien.

PHILAMINTE.
Monsieur, avec du grec on ne peut gâter rien.

TRISSOTIN.
Au reste, il fait merveille en vers ainsi qu'en prose,
Et pourroit, s'il vouloit, vous montrer quelque chose.

VADIUS.
Le défaut des auteurs, dans leurs productions,
C'est d'en tyranniser les conversations;
D'être au Palais, au Cours, aux ruelles, aux tables,
De leurs vers fatigans lecteurs infatigables.
Pour moi, je ne vois rien de plus sot, à mon sens,
Qu'un auteur qui partout va gueuser des encens,
Qui, des premiers venus saisissant les oreilles,
En fait le plus souvent les martyrs de ses veilles.
On ne m'a jamais vu ce fol entêtement;
Et d'un Grec, là-dessus, je suis le sentiment,
Qui, par un dogme exprès, défend à tous ses sages
L'indigne empressement de lire leurs ouvrages.
Voici de petits vers pour de jeunes amans,
Sur quoi je voudrois bien avoir vos sentimens.

---

1. Henriette se tire ingénieusement d'affaire et contraste ainsi avec la folie, voisine de l'inconvenance, où tombe sa famille.

TRISSOTIN.
Vos vers ont des beautés que n'ont point tous les autres.
VADIUS.
Les Grâces et Vénus règnent dans tous les vôtres.
TRISSOTIN.
Vous avez le tour libre, et le beau choix des mots.
VADIUS.
On voit partout chez vous l'*ithos* et le *pathos*.
TRISSOTIN.
Nous avons vu de vous des églogues d'un style
Qui passe en doux attraits Théocrite et Virgile.
VADIUS.
Vos odes ont un air noble, galant et doux,
Qui laisse de bien loin votre Horace après vous.
TRISSOTIN.
Est-il rien d'amoureux comme vos chansonnettes ?
VADIUS.
Peut-on rien voir d'égal aux sonnets que vous faites ?
TRISSOTIN.
Rien qui soit plus charmant que vos petits rondeaux ?
VADIUS.
Rien de si plein d'esprit que tous vos madrigaux ?
TRISSOTIN.
Aux ballades surtout vous êtes admirable.
VADIUS.
Et dans les bouts-rimés je vous trouve adorable.
TRISSOTIN.
Si la France pouvoit connoître votre prix,
VADIUS.
Si le siècle rendoit justice aux beaux esprits,
TRISSOTIN.
En carrosse doré vous iriez par les rues.

VADIUS.

On verroit le public vous dresser des statues.
(A Trissotin.)
Hom! C'est une ballade, et je veux que tout net
Vous m'en....

TRISSOTIN, à Vadius.

Avez-vous vu certain petit sonnet
Sur la fièvre qui tient la princesse Uranie[1]?

VADIUS.

Oui; hier il me fut lu dans une compagnie.

TRISSOTIN.

Vous en savez l'auteur?

VADIUS.

Non; mais je sais fort bien
Qu'à ne le point flatter, son sonnet ne vaut rien.

TRISSOTIN.

Beaucoup de gens pourtant le trouvent aimable.

VADIUS.

Cela n'empêche pas qu'il ne soit misérable;
Et, si vous l'avez vu, vous serez de mon goût.

TRISSOTIN.

Je sais que là-dessus je n'en suis point du tout,
Et que d'un tel sonnet peu de gens sont capables.

VADIUS.

Me préserve le ciel d'en faire de semblables!

TRISSOTIN.

Je soutiens qu'on ne peut en faire de meilleur;
Et ma grande raison, c'est que j'en suis l'auteur.

---

1. Chacun d'eux voudrait briller devant le docte aréopage et s'empresse de lire, après les compliments qu'ils se sont donnés mutuellement.

VADIUS.

Vous?

TRISSOTIN.

Moi.

VADIUS.

Je ne sais donc comment se fit l'affaire.

TRISSOTIN.

C'est qu'on fut malheureux de ne pouvoir vous plaire.

VADIUS.

Il faut qu'en écoutant j'aie eu l'esprit distrait,
Ou bien que le lecteur m'ait gâté le sonnet.
Mais laissons ce discours, et voyons ma ballade [1].

TRISSOTIN.

La ballade, à mon goût, est une chose fade :
Ce n'en est plus la mode; elle sent son vieux temps.

VADIUS.

La ballade pourtant charme beaucoup de gens.

TRISSOTIN.

Cela n'empêche pas qu'elle ne me déplaise.

VADIUS.

Elle n'en reste pas pour cela plus mauvaise.

TRISSOTIN.

Elle a pour les pédants de merveilleux appas.

VADIUS.

Cependant nous voyons qu'elle ne vous plaît pas.

TRISSOTIN.

Vous donnez sottement vos qualités aux autres.

(Ils se lèvent tous.)

VADIUS.

Fort impertinemment vous me jetez les vôtres.

---

1. C'est l'anecdote de Louis XIV et du maréchal de Grammont racontée par Mme de Sévigné (1ᵉʳ déc. 1664).

TRISSOTIN.

Allez, petit grimaud, barbouilleur de papier.

VADIUS.

Allez, rimeur de halle, opprobre du métier.

TRISSOTIN.

Allez, fripier d'écrits, impudent plagiaire.

VADIUS.

Allez, cuistre.

PHILAMINTE.

Eh! messieurs, que prétendez-vous faire?

TRISSOTIN, à Vadius.

Va, va restituer tous les honteux larcins
Que réclament sur toi les Grecs et les Latins.

VADIUS.

Va, va-t'en faire amende honorable au Parnasse,
D'avoir fait à tes vers estropier Horace.

TRISSOTIN.

Souviens-toi de ton livre, et de son peu de bruit.

VADIUS.

Et toi, de ton libraire à l'hôpital réduit.

TRISSOTIN.

Ma gloire est établie; en vain tu la déchires.

VADIUS.

Oui, oui, je te renvoie à l'auteur des *Satires*[1].

TRISSOTIN.

Je t'y renvoie aussi.

VADIUS.

J'ai le contentement
Qu'on voit qu'il m'a traité plus honorablement.

---

1. Boileau.

Va, va restituer tous les honteux larcins. (Page 230.)

Il me donne en passant une atteinte légère
Parmi plusieurs auteurs qu'au Palais on révère;
Mais jamais dans ses vers il ne te laisse en paix,
Et l'on t'y voit partout être en butte à ses traits.

TRISSOTIN.

C'est par là que j'y tiens un rang plus honorable.
Il te met dans la foule ainsi qu'un misérable;
Il croit que c'est assez d'un coup pour t'accabler,
Et ne t'a jamais fait l'honneur de redoubler.
Mais il m'attaque à part comme un noble adversaire
Sur qui tout son effort lui semble nécessaire;
Et ses coups, contre moi redoublés en tous lieux,
Montrent qu'il ne se croit jamais victorieux.

VADIUS.

Ma plume t'apprendra quel homme je puis être.

TRISSOTIN.

Et la mienne saura te faire voir ton maître.

VADIUS.

Je te défie en vers, prose, grec et latin.

TRISSOTIN.

Eh bien? nous nous verrons seul à seul chez Barbin[1].

---

1. Librairie célèbre de l'époque. Cette scène, dit-on, avait eu lieu chez Mademoiselle, entre Cotin et Ménage. On peut regretter cependant quelques personnalités un peu vives de la part de Molière, surtout contre Ménage qui ne l'avait pas attaqué. Pour bien juger le comique de cette scène, n'oublions pas que Henriette y assiste et ne peut que prendre du mépris pour Trissotin, au lieu de l'admiration qu'on voulait lui inspirer.

SCÈNE VI. — TRISSOTIN, PHILAMINTE, ARMANDE, BÉLISE, HENRIETTE.

TRISSOTIN.

A mon emportement ne donnez aucun blâme;
C'est votre jugement que je défends, madame,
Dans le sonnet qu'il a l'audace d'attaquer.

PHILAMINTE.

A vous remettre bien je me veux appliquer;
Mais parlons d'autre affaire. Approchez, Henriette,
Depuis assez longtemps mon âme s'inquiète
De ce qu'aucun esprit en vous ne se fait voir :
Mais je trouve un moyen de vous en faire avoir.

HENRIETTE.

C'est prendre un soin pour moi qui n'est pas nécessaire,
Les doctes entretiens ne sont point mon affaire;
J'aime à vivre aisément; et, dans tout ce qu'on dit,
Il faut se trop peiner pour avoir de l'esprit;
C'est une ambition que je n'ai point en tête.
Je me trouve fort bien, ma mère, d'être bête;
Et j'aime mieux n'avoir que de communs propos,
Que de me tourmenter pour dire de beaux mots.

PHILAMINTE.

Oui; mais j'y suis blessée, et ce n'est pas mon compte
De souffrir dans mon sang une pareille honte
La beauté du visage est un frêle ornement,
Une fleur passagère, un éclat du moment,
Et qui n'est attaché qu'à la simple épiderme;
Mais celle de l'esprit est inhérente et ferme.

J'ai donc cherché longtemps un biais de vous donner
La beauté que les ans ne peuvent moissonner,
De faire entrer chez vous le désir des sciences,
Et la pensée enfin où mes vœux ont souscrit,
C'est d'attacher à vous un homme plein d'esprit :
　(Montrant Trissotin.)
Et cet homme est monsieur, que je vous détermine
A voir comme l'époux que mon choix vous destine.

HENRIETTE.

Moi ! ma mère ?

PHILAMINTE.

　　　　Oui, vous. Faites la sotte un peu.

BÉLISE, à Trissotin.

Je vous entends ; vos yeux demandent mon aveu
Pour engager ailleurs un cœur que je possède.
Allez, je le veux bien. A ce nœud je vous cède ;
C'est un hymen qui fait votre établissement.

TRISSOTIN, à Henriette.

Je ne sais que vous dire en mon ravissement,
Madame ; et cet hymen dont je vois qu'on m'honore,
Me met....

HENRIETTE.

　　　Tout beau ? monsieur, il n'est pas fait encore ;
Ne vous pressez pas tant.

PHILAMINTE.

　　　　　Comme vous répondez !
Savez-vous bien que si ?... Suffit. Vous m'entendez.
　(A Trissotin.)
Elle se rendra sage. Allons, laissons-la faire.

SCÈNE VII. — HENRIETTE, ARMANDE.

ARMANDE.

On voit briller pour vous les soins de votre mère,
Et son choix ne pouvoit d'un plus illustre époux....

HENRIETTE.

Si le choix est si beau, que ne le prenez-vous?

ARMANDE.

C'est à vous, non à moi, que sa main est donnée.

HENRIETTE.

Je vous le cède tout, comme à ma sœur aînée.

ARMANDE.

Si l'hymen, comme à vous, me paroissoit charmant,
J'accepterois votre offre avec ravissement.

HENRIETTE.

Si j'avois, comme vous, les pédans dans la tête,
Je pourrois le trouver un parti fort honnête.

ARMANDE.

Cependant, bien qu'ici nos goûts soient différens,
Nous devons obéir, ma sœur, à nos parens.
Une mère a sur nous une entière puissance;
Et vous croyez en vain, par votre résistance [1]....

SCÈNE VIII. — HENRIETTE, ARISTE, CLITANDRE,
HENRIETTE, ARMANDE.

CHRYSALE, à Henriette, lui présentant Clitandre.

Allons, ma fille, il faut approuver mon dessein.

---

1. Armande ne triomphera pas longtemps; Henriette prend sa revanche à la scène suivante.

Il nous faut obéir, ma sœur, à nos parents. (Page 239.)

Otez ce gant. Touchez à monsieur dans la main,
Et le considérez désormais, dans votre âme,
En homme dont je veux que vous soyez la femme.

ARMANDE.

De ce côté, ma sœur, vos penchants sont fort grands.

HENRIETTE.

Il nous faut obéir, ma sœur, à nos parens ;
Un père a sur nos vœux une entière puissance.

ARMANDE.

Une mère a sa part à notre obéissance.

CHRYSALE.

Qu'est-ce à dire ?

ARMANDE.

Je dis que j'appréhende fort
Qu'ici ma mère et vous ne soyez pas d'accord ;
Et c'est un autre époux....

CHRYSALE.

Taisez-vous, péronnelle ;
Allez philosopher tout le soûl avec elle,
Et de mes actions ne vous mêlez en rien.
Dites-lui ma pensée, et l'avertissez bien
Qu'elle ne vienne pas m'échauffer les oreilles ;
Allons vite.

SCÈNE IX. — CHRYSALE, ARISTE, HENRIETTE, CLITANDRE.

ARISTE.

Fort bien. Vous faites des merveilles.

CLITANDRE.

Quel transport ! quelle joie ! Ah ! que mon sort est doux !

CHRYSALE, à Clitandre.

Allons, prenez sa main, et passez devant nous ;
Menez-la dans sa chambre. Ah ! les douces caresses !

(A Ariste.)

Tenez, mon cœur s'émeut à toutes ces tendresses[1].

1. Dans cet acte, Molière a su mettre en jeu tous les travers du faux bel esprit, qui d'ordinaire prend sa source dans la vanité ; Trissotin a lu ses vers pour être loué ; Philaminte a admiré avec exagération pour montrer son goût et la finesse de son esprit ; elle se préparait devant le nouveau venu, Vadius à une nouvelle exhibition de son intelligence ; mais par un ressort comique du poëte, la dispute des deux pédants ne permet pas aux savantes de placer un seul mot. Henriette, la jeune railleuse qui passe pour sotte aux yeux de la docte assemblée, a seule le beau rôle et peut rire de tous et de toutes. Et rien dans ces scènes qui ne soit vrai et amusant.

ACTE QUATRIÈME.

SCÈNE I. — PHILAMINTHE, ARMANDE.

ARMANDE.
Oui, rien n'a retenu son esprit en balance ;
Elle a fait vanité de son obéissance ;
Son cœur, pour se livrer, à peine devant moi
S'est-il donné le temps d'en recevoir la loi,
Et sembloit suivre moins les volontés d'un père,
Qu'affecter de braver les ordres d'une mère.

PHILAMINTE.
Je lui montrerai bien aux lois de qui des deux
Les droits de la raison soumettent tous ses vœux ;
Et qui doit gouverner, ou sa mère, ou son père,

ARMANDE.
On vous en devoit bien, au moins, un compliment ;
Et ce petit monsieur en use étrangement
De vouloir, malgré vous, devenir votre gendre.

PHILAMINTE.
Il n'en est pas encore ou son cœur peut prétendre.
Je le trouvois bien fait, et j'aimois vos amours ;
Mais, dans ses procédés, il m'a déplu toujours.
Il sait que, Dieu merci, je me mêle d'écrire,
Et jamais il ne m'a priée de lui rien lire [1].

---

1. Comme la malignité, la jalousie et la vanité de ces deux femmes se décèlent ici, et dans la scène suivante.

SCÈNE II. — CLITANDRE, entrant doucement, et écoutant sans se montrer; ARMANDE, PHILAMINTE.

ARMANDE.

Je ne souffrirois point, si j'étois que de vous,
Que jamais d'Henriette il pût être l'époux.
On me feroit grand tort d'avoir quelque pensée
Que là-dessus je parle en fille intéressée ;
Et que le lâche tour que l'on voit qu'il me fait
Jette au fond de mon cœur quelque dépit secret.
Contre de pareils coups l'âme se fortifie
Du solide secours de la philosophie,
Et par elle on se peut mettre au-dessus de tout ;
Mais vous traiter ainsi, c'est vous pousser à bout.
Il est de votre honneur d'être à ses vœux contraire ;
Et c'est un homme, enfin, qui ne doit point vous plaire.
Jamais je n'ai connu, discourant entre nous,
Qu'il eût au fond du cœur de l'estime pour vous.

PHILAMINTE.

Petit sot !

ARMANDE.

Quelque bruit que votre gloire fasse,
Toujours à vous louer il a paru de glace.

PHILAMINTE.

Le brutal !

ARMANDE.

Et vingt fois, comme ouvrages nouveaux,
J'ai lu des vers de vous qu'il n'a point trouvés beaux.

PHILAMINTE.

L'impertinent !

ARMANDE.

Souvent nous en étions aux prises;
Et vous ne croiriez point de combien de sottises....

CLITANDRE, à Armande.

Hé! doucement, de grâce. Un peu de charité,
Madame, ou, tout au moins, un peu d'honnêteté.
Quel mal vous ai-je fait? et quelle est mon offense
Pour armer contre moi toute votre éloquence?
Pour vouloir me détruire, et prendre tant de soin
De me rendre odieux aux gens dont j'ai besoin?
Parlez, dites, d'où vient ce courroux effroyable?
Je veux bien que madame en soit juge équitable.

ARMANDE.

Si j'avois le courroux dont on veut m'accuser,
Je trouverois assez de quoi l'autoriser.
Vous en seriez trop digne : et les premières flammes
S'établissent des droits si sacrés sur les âmes,
Qu'il faut perdre fortune, et renoncer au jour,
Plutôt que de brûler des feux d'un autre amour.
Au changement de vœux nulle horreur ne s'égale,
Et tout cœur infidèle est un monstre en morale.

CLITANDRE.

Appelez-vous, madame, une infidélité
Ce que m'a de votre âme ordonné la fierté?
Je ne fais qu'obéir aux lois qu'elle m'impose;
Et, si je vous offense, elle seule en est cause.
Vos charmes ont d'abord possédé tout mon cœur;
Il a brûlé deux ans d'une constante ardeur;
Il n'est soins empressés, devoirs, respects, services,
Dont il ne vous ait fait d'amoureux sacrifices.
Tous mes feux, tous mes soins ne peuvent rien sur vous;
Je vous trouve contraire à mes vœux les plus doux :

Ce que vous refusez, je l'offre au choix d'une autre.
Voyez. Est-ce, madame, ou ma faute, ou la vôtre?
Mon cœur court-il au change, ou si vous l'y poussez?
Est-ce moi qui vous quitte, ou vous qui me chassez?

ARMANDE.

Appelez-vous, monsieur, être à vos vœux contraire,
Que de leur arracher ce qu'ils ont de vulgaire,
Et vouloir les réduire à cette pureté
Où du parfait amour consiste la beauté?

[Armande continue la discussion avec un mépris affecté du mariage et une liberté de langage qui étaient un des traits caractéristiques des précieuses; mais elle est plus inconvenante ici qu'Henriette au premier acte, puisque cette fois elle s'adresse à Clitandre, tandis qu'Henriette luttait de malice contre sa sœur et avec elle seule. Bientôt Armande, s'apercevant qu'elle ne réussit pas par ce langage auprès de Clitandre, consent à l'épouser.]

CLITANDRE.

Il n'est plus temps, madame; une autre a pris la place;
Et, par un tel retour, j'aurois mauvaise grâce
De maltraiter l'asile et blesser les bontés
Où je me suis sauvé de toutes vos fiertés.

PHILAMINTE.

Mais enfin, comptez-vous, monsieur, sur mon suffrage,
Quand vous vous promettez cet autre mariage;
Et, dans vos visions, savez-vous, s'il vous plaît,
Que j'ai pour Henriette un autre époux tout prêt?

CLITANDRE.

Hé! madame, voyez votre choix, je vous prie;
Exposez-moi, de grâce, à moins d'ignominie,

Et ne me rangez pas à l'indigne destin
De me voir le rival de monsieur Trissotin.
L'amour des beaux esprits, qui chez vous m'est contraire,
Ne pouvoit m'opposer un moins noble adversaire.
Il en est, et plusieurs, que, pour le bel esprit,
Le mauvais goût du siècle a su mettre en crédit ;
Mais monsieur Trissotin n'a pu duper personne,
Et chacun rend justice aux écrits qu'il nous donne.
Hors céans, on le prise en tous lieux ce qu'il vaut ;
Et ce qui m'a vingt fois fait tomber de mon haut,
C'est de vous voir au ciel élever des sornettes
Que vous désavoueriez si vous les aviez faites.

PHILAMINTE.

Si vous jugez de lui tout autrement que nous,
C'est que nous le voyons par d'autres yeux que vous.

SCÈNE III. — TRISSOTIN, PHILAMINTE, ARMANDE,
CLITANDRE.

TRISSOTIN, à Philaminte.

Je viens vous annoncer une grande nouvelle.
Nous l'avons en dormant, madame, échappé belle.
Un monde près de nous a passé tout du long,
Est chu tout au travers de notre tourbillon ;
Et, s'il eût en chemin rencontré notre terre,
Elle eût été brisée en morceaux comme verre[1].

PHILAMINTE.

Remettons ce discours pour une autre saison ;
Monsieur n'y trouveroit ni rime ni raison ;

---

1. Cotin avait composé une dissertation ridicule : *Galanterie sur la comète de* 1664.

Il fait profession de chérir l'ignorance,
Et de haïr, surtout, l'esprit et la science.

CLITANDRE.

Cette vérité veut quelque adoucissement.
Je m'explique, madame; et je hais seulement
La science et l'esprit qui gâtent les personnes.
Ce sont choses, de soi, qui sont belles et bonnes;
Mais j'aimerois mieux être au rang des ignorants,
Que de me voir savant comme certaines gens[1].

TRISSOTIN.

Pour moi, je ne tiens pas, quelque effet qu'on suppose,
Que la science soit pour gâter quelque chose.

CLITANDRE.

Et c'est mon sentiment qu'en faits comme en propos,
La science est sujette à faire de grands sots.

TRISSOTIN.

Le paradoxe est fort.

CLITANDRE.

    Sans être fort habile,
La preuve m'en seroit, je pense, assez facile.
Si les raisons manquoient, je suis sûr qu'en tout cas
Les exemples fameux ne me manqueroient pas.

TRISSOTIN.

Vous en pourriez citer qui ne concluroient guère.

CLITANDRE.

Je n'irois pas bien loin pour trouver mon affaire.

---

1. Clitandre n'est ni un ignorant ni un sot, sa dispute avec Trissotin le prouve ; il méprise seulement « le savoir obscur de la pédanterie. » Il affecte, peut-être avec excès, de n'avoir pas consacré ses veilles « à se barbouiller de grec et de latin, » mais il a, avec des connaissances réelles, la science du monde, des choses et des hommes.

TRISSOTIN.
Pour moi, je ne vois pas ces exemples fameux.
CLITANDRE.
Moi, je les vois si bien, qu'ils me crèvent les yeux.
TRISSOTIN.
J'ai cru jusques ici que c'étoit l'ignorance
Qui faisoit les grands sots, et non pas la science.
CLITANDRE.
Vous avez cru fort mal, et je vous suis garant
Qu'un sot savant est sot plus qu'un sot ignorant.
TRISSOTIN.
Le sentiment commun est contre vos maximes,
Puisque ignorant et sot sont termes synonymes.
CLITANDRE.
Si vous le voulez prendre aux usages du mot,
L'alliance est plus grande entre pédant et sot.
TRISSOTIN.
La sottise, dans l'un, se fait voir toute pure.
CLITANDRE.
Et l'étude, dans l'autre, ajoute à la nature.
TRISSOTIN.
Le savoir garde en soi son mérite éminent.
CLITANDRE.
Le savoir, dans un fat, devient impertinent.
TRISSOTIN.
Il faut que l'ignorance ait pour vous de grands charmes,
Puisque pour elle ainsi vous prenez tant les armes.
CLITANDRE.
Si pour moi l'ignorance a des charmes bien grands,
C'est depuis qu'à mes yeux s'offrent certains savans.
TRISSOTIN.
Ces certains savans-là peuvent, à les connoître,

Valoir certaines gens que nous voyons paroître.

CLITANDRE.

Oui, si l'on s'en rapporte à ces certains savans;
Mais on n'en convient pas chez ces certaines gens.

PHILAMINTE, à Clitandre.

Il me semble, monsieur....

CLITANDRE.

Hé! madame, de grâce;
Monsieur est assez fort, sans qu'à son aide on passe :
Je n'ai déjà que trop d'un si rude assaillant;
Et, si je me défends, ce n'est qu'en reculant.

ARMANDE.

Mais l'offensante aigreur de chaque repartie
Dont vous....

CLITANDRE.

Autre second? Je quitte la partie.

PHILAMINTE.

On souffre aux entretiens ces sortes de combats,
Pourvu qu'à la personne on ne s'attaque pas.

CLITANDRE.

Hé! mon Dieu! tout cela n'a rien dont il s'offense.
Il entend raillerie autant qu'homme de France;
Et de bien d'autres traits il s'est senti piquer,
Sans que jamais sa gloire ait fait que s'en moquer.

TRISSOTIN.

Je ne m'étonne pas, au combat que j'essuie,
De voir prendre à monsieur la thèse qu'il appuie;
Il est fort enfoncé dans la cour, c'est tout dit :
La cour, comme l'on sait, ne tient pas pour l'esprit;
Elle a quelque intérêt d'appuyer l'ignorance,
Et c'est en courtisan qu'il en prend la défense.

CLITANDRE.

Vous en voulez beaucoup à cette pauvre cour,
Et son malheur est grand de voir que, chaque jour,
Vous autres, beaux esprits, vous déclamiez contre elle ;
Que de tous vos chagrins vous lui fassiez querelle ;
Et, sur son méchant goût lui faisant son procès,
N'accusiez que lui seul de vos méchants succès.
Permettez-moi, monsieur Trissotin, de vous dire,
Avec tout le respect que votre nom m'inspire,
Que vous feriez fort bien, vos confrères et vous,
De parler de la cour d'un ton un peu plus doux :
Qu'à le bien prendre, au fond, elle n'est pas si bête
Que, vous autres messieurs, vous vous mettez en tête ;
Qu'elle a du sens commun pour se connoître à tout,
Que chez elle on se peut former quelque bon goût,
Et que l'esprit du monde y vaut, sans flatterie,
Tout le savoir obscur de la pédanterie.

TRISSOTIN.

De son bon goût, monsieur, nous voyons des effets.

CLITANDRE.

Où voyez-vous, monsieur, qu'elle l'ait si mauvais ?

TRISSOTIN.

Ce que je vois, monsieur ? C'est que pour la science
Rasius et Baldus font honneur à la France ;
Et que tout leur mérite, exposé fort au jour,
N'attire point les yeux et les dons de la cour.

CLITANDRE.

Je vois votre chagrin, et que, par modestie,
Vous ne vous mettez point, monsieur, de la partie ;
Et, pour ne vous point mettre aussi dans le propos,
Que font-ils pour l'État, vos habiles héros ?
Qu'est-ce que leurs écrits lui rendent de service,

Pour accuser la cour d'une horrible injustice,
Et se plaindre en tous lieux que sur leurs doctes noms
Elle manque à verser la faveur de ses dons?
Leur savoir à la France est beaucoup nécessaire,
Et des livres qu'ils font la cour a bien affaire!
Il semble à trois gredins, dans leur petit cerveau,
Que pour être imprimés et reliés en veau,
Les voilà dans l'État d'importantes personnes;
Qu'avec leur plume ils font les destins des couronnes;
Qu'au moindre petit bruit de leurs productions,
Ils doivent voir chez eux voler les pensions;
Que sur eux l'univers a la vue attachée,
Que partout de leur nom la gloire est épanchée;
Et qu'en science ils sont des prodiges fameux,
Pour savoir ce qu'ont dit les autres avant eux,
Pour avoir eu trente ans des yeux et des oreilles,
Pour avoir employé neuf ou dix mille veilles
A se bien barbouiller de grec et de latin,
Et se charger l'esprit d'un ténébreux butin
De tous les vieux fatras qui traînent dans les livres.
Gens qui de leur savoir paroissent toujours ivres;
Riches, pour tout mérite, en babil importun;
Inhabiles à tout, vides de sens commun,
Et pleins d'un ridicule et d'une impertinence
A décrier partout l'esprit et la science [1].

PHILAMINTE.

Votre chaleur est grande; et cet emportement
De la nature en vous marque le mouvement.
C'est le nom de rival, qui dans votre âme excite....

---

1. C'était une habileté de la part de Molière de se gagner la cour dans sa lutte contre les coteries pédantes. Mais, dans la pièce, ce langage ferme perd tout à fait Clitandre auprès de Philaminte.

SCÈNE IV. — TRISSOTIN, PHILAMINTE, CLITANDRE,
ARMANDE, JULIEN.

JULIEN.

Le savant qui tantôt vous a rendu visite,
Et de qui j'ai l'honneur de me voir le valet,
Madame, vous exhorte à lire ce billet.

PHILAMINTE.

Quelque important que soit ce qu'on veut que je lise,
Apprenez, mon ami, que c'est une sottise
De se venir jeter au travers d'un discours;
Et qu'aux gens d'un logis il faut avoir recours,
Afin de s'introduire en valet qui sait vivre.

JULIEN.

Je noterai cela, madame, dans mon livre.

PHILAMINTE, lisant.

« *Trissotin s'est vanté, madame, qu'il épouseroit votre fille. Je vous donne avis que sa philosophie n'en veut qu'à vos richesses*[1], *et que vous ferez bien de ne point conclure ce mariage, que vous n'ayez vu le poëme que je compose contre lui. En attendant cette peinture, où je prétends vous le dépeindre de toutes ses couleurs, je vous envoie Horace, Virgile, Térence et Catulle, où vous verrez notés en marge tous les endroits qu'il a pillés.* »

Voilà, sur cet hymen que je me suis promis,
Un mérite attaqué de beaucoup d'ennemis;
Et ce déchaînement aujourd'hui me convie

---

1. Cette vengeance de Vadius prépare le dénouement; Clitandre aura pu rapporter ce détail à Ariste qui imaginera son stratagème.

A faire une action qui confonde l'envie;
Qui lui fasse sentir que l'effort qu'elle fait,
De ce qu'elle veut rompre, aura pressé l'effet.
    (A Julien.)
Reportez tout cela sur l'heure à votre maître,
Et lui dites qu'afin de lui faire connoître
Quel grand état je fais de ses nobles avis,
Et comme je les crois dignes d'être suivis,
            (Montrant Trissotin.)
Dès ce soir à monsieur je marierai ma fille.

SCÈNE V. — PHILAMINTE, ARMANDE, CLITANDRE.

PHILAMINTE, à Clitandre.

Vous, monsieur, comme ami de toute la famille,
A signer leur contrat vous pourrez assister;
Et je vous y veux bien, de ma part, inviter.
Armande, prenez soin d'envoyer au notaire,
Et d'aller avertir votre sœur de l'affaire.

ARMANDE.

Pour avertir ma sœur, il n'en est pas besoin;
Et monsieur que voilà saura prendre le soin
De courir lui porter bientôt cette nouvelle,
Et disposer son cœur à vous être rebelle.

PHILAMINTE.

Nous verrons qui sur elle aura plus de pouvoir,
Et si je la saurai réduire à son devoir.

SCÈNE VI. — ARMANDE, CLITANDRE.

ARMANDE.
J'ai grand regret, monsieur, de voir qu'à vos visées
Les choses ne soient pas tout à fait disposées.
CLITANDRE.
Je m'en vais travailler, madame, avec ardeur,
A ne vous point laisser ce grand regret au cœur.
ARMANDE.
J'ai peur que votre effort n'ait pas trop bonne issue.
CLITANDRE.
Peut-être verrez-vous votre crainte déçue.
ARMANDE.
Je le souhaite ainsi.
CLITANDRE.
J'en suis persuadé,
Et que de votre appui je serai secondé.
ARMANDE.
Oui, je vais vous servir de toute ma puissance.
CLITANDRE.
Et ce service est sûr de ma reconnoissance.

SCÈNE VII. — CHRYSALE, ARISTE, HENRIETTE,
CLITANDRE.

CLITANDRE.
Sans votre appui, monsieur, je serai malheureux ;
Madame votre femme a rejeté mes vœux,
Et son cœur prévenu veut Trissotin pour gendre.

CHRYSALE.

Mais quelle fantaisie a-t-elle donc pu prendre ?
Pourquoi, diautre ! vouloir ce monsieur Trissotin ?

ARISTE.

C'est par l'honneur qu'il a de rimer à latin,
Qu'il a sur son rival emporté l'avantage.

CLITANDRE.

Elle veut dès ce soir faire ce mariage.

CHRYSALE.

Dès ce soir ?

CLITANDRE.

Dès ce soir.

CHRYSALE.

Et dès ce soir je veux,
Pour la contrecarrer, vous marier tous deux.

CLITANDRE.

Pour dresser le contrat, elle envoie au notaire.

CHRYSALE.

Et je vais le quérir pour celui qu'il doit faire.

CLITANDRE, montrant Henriette.

Et madame doit être instruite par sa sœur
De l'hymen où l'on veut qu'elle apprête son cœur.

CHRYSALE.

Et moi, je lui commande, avec pleine puissance,
De préparer sa main à cette autre alliance.
Ah ! je leur ferai voir si, pour donner la loi,
Il est dans ma maison d'autre maître que moi.

(A Henriette.)

Nous allons revenir : songez à nous attendre.
Allons, suivez mes pas, mon frère, et vous, mon gendre.

HENRIETTE, à Ariste.

Hélas ! dans cette humeur conservez-le toujours.

ARISTE.

J'emploierai toute chose à servir vos amours.

SCÈNE VIII. — HENRIETTE, CLITANDRE.

CLITANDRE.
Quelque secours puissant qu'on promette à ma flamme,
Mon plus solide espoir, c'est votre cœur, madame.
HENRIETTE.
Pour mon cœur, vous pouvez vous assurer de lui.
CLITANDRE.
Je ne puis qu'être heureux, quand j'aurai son appui.
HENRIETTE.
Vous voyez à quels nœuds on prétend le contraindre.
CLITANDRE.
Tant qu'il sera pour moi, je ne vois rien à craindre.
HENRIETTE.
Je vais tout essayer pour nos vœux les plus doux;
Et, si tous mes efforts ne me donnent à vous,
Il est une retraite où notre âme se donne,
Qui m'empêchera d'être à toute autre personne[1].
CLITANDRE.
Veuille le juste ciel me garder en ce jour
De recevoir de vous cette preuve d'amour.

---

1. Ceci prépare la démarche d'Henriette auprès de Trissotin; Molière, fidèle observateur des convenances, ne donne à Henriette et à Clitandre que le temps nécessaire d'affirmer de nouveau leur mutuelle affection dans ce moment difficile, et se garde bien de toute scène déclamatoire.

ACTE CINQUIÈME.

SCÈNE I. — HENRIETTE, TRISSOTIN.

HENRIETTE.

C'est sur le mariage où ma mère s'apprête
Que j'ai voulu, monsieur, vous parler tête à tête;
Et j'ai cru, dans le trouble où je vois la maison,
Que je pourrois vous faire écouter la raison.
Je sais qu'avec mes vœux vous me jugez capable
De vous porter en dot un bien considérable :
Mais l'argent, dont on voit tant de gens faire cas,
Pour un vrai philosophe a d'indignes appas;
Et le mépris du bien et les grandeurs frivoles
Ne doit point éclater dans vos seules paroles[1].

TRISSOTIN.

Aussi n'est-ce point là ce qui me charme en vous;
Et vos brillans attraits, vos yeux perçans et doux,

---

1. Henriette a du cœur, après avoir accepté sans coquetterie les vœux de Clitandre, elle n'oublie rien pour faire réussir leur mariage; bien décidée à entrer au couvent, si elle échoue. Henriette qui est en péril a recours à elle-même, va trouver Trissotin, essaye de lui faire entendre le langage de l'honneur et de la raison; mais bientôt voyant la bassesse de son âme, elle lui declare en face, avec une ironie méprisante, qu'elle ne veut pas de lui. L'expérience précoce que lui ont donnée la solitude où elle est laissée par sa famille, et surtout la liberté du langage de l'époque, expliquent un peu cette scène.

Votre grâce et votre air, sont les biens, les richesses,
Qui vous ont attiré mes vœux et mes tendresses :
C'est de ces seuls trésors que je suis amoureux.

HENRIETTE.

Je suis fort redevable à vos feux généreux ;
Cet obligeant amour a de quoi me confondre,
Et j'ai regret, monsieur, de n'y pouvoir répondre.
Je vous estime autant qu'on sauroit estimer ;
Mais je trouve un obstacle à vous pouvoir aimer.
Un cœur, vous le savez, à deux ne sauroit être,
Et je sens que du mien Clitandre s'est fait maître.
Je sais qu'il a bien moins de mérite que vous,
Que j'ai de méchans yeux pour le choix d'un époux ;
Que, par cent beaux talens, vous devriez me plaire :
Je vois bien que j'ai tort, mais je n'y puis que faire ;
Et tout ce que sur moi peut le raisonnement,
C'est de me vouloir mal d'un tel aveuglement.

TRISSOTIN.

Le don de votre main, où l'on me fait prétendre,
Me livrera ce cœur que possède Clitandre ;
Et, par mille doux soins, j'ai lieu de présumer
Que je pourrai trouver l'art de me faire aimer.

HENRIETTE.

Non : à ses premiers vœux mon âme est attachée,
Et ne peut de vos soins, monsieur être touchée ;
Avec vous librement j'ose ici m'expliquer,
Et mon aveu n'a rien qui vous doive choquer.
Cette amoureuse ardeur, qui dans les cœurs s'excite,
N'est point, comme l'on sait, un effet du mérite :
Le caprice y prend part ; et, quand quelqu'un nous plaît,
Souvent nous avons peine à dire pourquoi c'est.
Si l'on aimoit, monsieur, par choix et par sagesse,

Vous auriez tout mon cœur et toute ma tendresse;
Mais on voit que l'amour se gouverne autrement.
Laissez-moi, je vous prie, à mon aveuglement,
Et ne vous servez point de cette violence
Que, pour vous, on veut faire à mon obéissance.
Quand on est honnête homme, on ne veut rien devoir
A ce que des parens ont sur nous de pouvoir :
On répugne à se faire immoler ce qu'on aime,
Et l'on veut n'obtenir un cœur que de lui-même.
Ne poussez point ma mère à vouloir, par son choix,
Exercer sur mes vœux la rigueur de ses droits.
Otez-moi votre amour, et portez à quelque autre
Les hommages d'un cœur aussi cher que le vôtre.

TRISSOTIN.

Le moyen que ce cœur puisse vous contenter?
Imposez-lui des lois qu'il puisse exécuter.
De ne vous point aimer peut-il être capable,
A moins que vous cessiez, madame, d'être aimable,
Et d'étaler aux yeux les célestes appas?...

HENRIETTE.

Eh! monsieur, laissons là ce galimatias.
Vous avez tant d'Iris, de Philis, d'Amarantes,
Que partout dans vos vers vous peignez si charmantes,
Et pour qui vous jurez tant d'amoureuse ardeur....

TRISSOTIN.

C'est mon esprit qui parle, et ce n'est pas mon cœur.
D'elles on ne me voit amoureux qu'en poëte;
Mais j'aime tout de bon l'adorable Henriette.

HENRIETTE.

Eh! de grâce, monsieur....

TRISSOTIN.

        Si c'est vous offenser,

Mon offense envers vous n'est pas prête à cesser.
Cette ardeur, jusqu'ici de vos yeux ignorée,
Vous consacre des vœux d'éternelle durée.
Rien n'en peut arrêter les aimables transports ;
Et, bien que vos beautés condamnent mes efforts,
Je ne puis refuser le secours d'une mère
Qui prétend couronner une flamme si chère ;
Et, pourvu que j'obtienne un bonheur si charmant,
Pourvu que je vous aie, il n'importe comment.

SCÈNE II. — CHRYSALE, CLITANDRE, HENRIETTE, MARTINE.

CHRYSALE.

Ah ! ma fille, je suis bien aise de vous voir ;
Allons, venez-vous-en faire votre devoir,
Et soumettre vos vœux aux volontés d'un père.
Je veux, je veux apprendre à vivre à votre mère ;
Et, pour la mieux braver, voilà, malgré ses dents,
Martine que j'amène et rétablis céans.

HENRIETTE.

Vos résolutions sont dignes de louange.
Gardez que cette humeur, mon père, ne vous change ;
Soyez ferme à vouloir ce que vous souhaitez,
Et ne vous laissez point séduire à vos bontés.
Ne vous relâchez pas, et faites bien en sorte
D'empêcher que sur vous ma mère ne l'emporte.

CHRYSALE.

Comment ! me prenez-vous ici pour un bênet ?

HENRIETTE.

M'en préserve le ciel !

CHRYSALE.

Suis-je un fat, s'il vous plaît ?

HENRIETTE.

Je ne dis pas cela.

CHRYSALE.

Me croit-on incapable
Des fermes sentimens d'un homme raisonnable ?

HENRIETTE.

Non, mon père.

CHRYSALE.

Est-ce donc qu'à l'âge où je me voi,
Je n'aurois pas l'esprit d'être maître chez moi ?

HENRIETTE.

Si fait.

CHRYSALE.

Et que j'aurois cette foiblesse d'âme,
De me laisser mener par le nez à ma femme ?

HENRIETTE.

Eh ! non, mon père.

CHRYSALE.

Ouais ! qu'est-ce donc que ceci ?
Je vous trouve plaisante à me parler ainsi !

HENRIETTE.

Si je vous ai choqué, ce n'est pas mon envie.

CHRYSALE.

Ma volonté céans doit être en tout suivie.

HENRIETTE.

Fort bien, mon père.

CHRYSALE.

Aucun, hors moi, dans la maison,
N'a droit de commander.

HENRIETTE.

Oui ; vous avez raison.

CHRYSALE.

C'est moi qui tiens le rang de chef de la famille.

HENRIETTE.

D'accord.

CHRYSALE.

C'est moi qui dois disposer de ma fille.

HENRIETTE.

Eh ! oui !

CHRYSALE.

Le ciel me donne un plein pouvoir sur vous.

HENRIETTE.

Qui vous dit le contraire ?

CHRYSALE.

Et, pour prendre un époux,
Je vous ferai bien voir que c'est à votre père
Qu'il vous faut obéir, non pas à votre mère.

HENRIETTE.

Hélas ! vous flattez là le plus doux de mes vœux ;
Veuillez être obéi, c'est tout ce que je veux.

CHRYSALE.

Nous verrons si ma femme à mes désirs rebelle....

CLITANDRE.

La voici qui conduit le notaire avec elle.

CHRYSALE.

Secondez-moi bien tous [1].

MARTINE.

Laissez-moi. J'aurai soin
De vous encourager, s'il en est de besoin.

---

1. Mot merveilleux après tout cet étalage d'autorité.

SCÈNE III. — PHILAMINTE, BÉLISE, ARMANDE, TRISSOTIN, UN NOTAIRE, CHRYSALE, CLITANDRE, HENRIETTE, MARTINE.

PHILAMINTE, au notaire.
Vous ne sauriez changer votre style sauvage,
Et nous faire un contrat qui soit en beau langage ?
LE NOTAIRE.
Notre style est très-bon, et je serois un sot,
Madame, de vouloir y changer un seul mot.
BÉLISE.
Ah! quelle barbarie au milieu de la France !
Mais au moins, en faveur, monsieur, de la science,
Veuillez, au lieu d'écus, de livres et de francs,
Nous exprimer la dot en mines et talens ;
Et dater par les mots d'ides et de calendes.
LE NOTAIRE.
Moi ? Si j'allois, madame, accorder vos demandes,
Je me ferois siffler de tous mes compagnons[1].
PHILAMINTE.
De cette barbarie en vain nous nous plaignons.
Allons, monsieur, prenez la table pour écrire.
(Apercevant Martine.)
Ah! ah! cette impudente ose encor se produire !
Pourquoi donc, s'il vous plaît, la ramener chez moi ?
CHRYSALE.
Tantôt avec loisir on vous dira pourquoi :
Nous avons maintenant autre chose à conclure.

1. Cette simple réponse fait ressortir le ridicule de ces femmes.

ACTE V, SCÈNE III.

LE NOTAIRE.

Procédons au contrat. Où donc est la future ?

PHILAMINTE.

Celle que je marie est la cadette.

LE NOTAIRE.

Bon.

CHRYSALE, montrant Henriette.

Oui, la voilà, monsieur : Henriette est son nom.

LE NOTAIRE.

Fort bien. Et le futur ?

PHILAMINTE, montrant Trissotin.

L'époux que je lui donne
Est monsieur.

CHRYSALE, montrant Clitandre.

Et celui, moi, qu'en propre personne
Je prétends qu'elle épouse est monsieur.

LE NOTAIRE.

Deux époux !
C'est trop pour la coutume.

PHILAMINTE, au notaire.

Où vous arrêtez-vous ?
Mettez, mettez, monsieur, Trissotin pour mon gendre.

CHRYSALE.

Pour mon gendre mettez, mettez, monsieur, Clitandre.

LE NOTAIRE.

Mettez-vous donc d'accord, et, d'un jugement mûr,
Voyez à convenir entre vous du futur.

PHILAMINTE.

Suivez, suivez, monsieur, le choix où je m'arrête.

CHRYSALE.

Faites, faites, monsieur, les choses à ma tête.

LE NOTAIRE.

Dites-moi donc à qui j'obéirai des deux.

PHILAMINTE, à Chrysale.

Quoi donc? Vous combattrez les choses que je veux!

CHRYSALE.

Je ne saurois souffrir qu'on ne cherche ma fille
Que pour l'amour du bien qu'on voit dans ma famille.

PHILAMINTE.

Vraiment, à votre bien on songe bien ici,
Et c'est là, pour un sage, un fort digne souci!

CHRYSALE.

Enfin, pour son époux, j'ai fait choix de Clitandre.

PHILAMINTE, montrant Trissotin.

Et moi, pour son époux, voici qui je veux prendre.
Mon choix sera suivi, c'est un point résolu.

CHRYSALE.

Ouais! vous le prenez là d'un ton bien absolu.

MARTINE.

Ce n'est point à la femme à prescrire, et je sommes
Pour céder le dessus en toute chose aux hommes.

CHRYSALE.

C'est bien dit.

MARTINE.

Mon congé cent fois me fût-il hoc,
La poule ne doit point chanter devant le coq.

CHRYSALE.

Sans doute.

MARTINE.

Et nous voyons que d'un homme on se gausse,
Quand sa femme, chez lui, porte le haut-de-chausse.

CHRYSALE.

Il est vrai.

MARTINE.

Si j'avois un mari, je le dis,
Je voudrois qu'il se fît le maître du logis :
Je ne l'aimerois point, s'il faisoit le Jocrisse ;
Et, si je contestois contre lui par caprice,
Si je parlois trop haut, je trouverois fort bon
Qu'avec quelques soufflets il rebaissât mon ton.

CHRYSALE.

C'est parler comme il faut[1].

MARTINE.

Monsieur est raisonnable,
De vouloir pour sa fille un mari convenable.

CHRYSALE.

Oui.

MARTINE.

Par quelle raison, jeune et bien fait qu'il est,
Lui refuser Clitandre ? et pourquoi, s'il vous plaît,
Lui bailler un savant qui sans cesse épilogue ?
Il lui faut un mari, non pas un pédagogue ;
Et, ne voulant savoir le grais ni le latin,
Elle n'a pas besoin de monsieur Trissotin.

CHRYSALE.

Fort bien.

PHILAMINTE.

Il faut souffrir qu'elle jase à son aise.

MARTINE.

Les savans ne sont bons que pour prêcher en chaise ;
Et, pour mon mari, moi, mille fois je l'ai dit,
Je ne voudrois jamais prendre un homme d'esprit.

---

1. Chrysale qui se sent soutenu ne remarque pas qu'il paye les frais de la guerre. On ne peut expliquer la patience de Philaminte que parce qu'elle est occupée d'un intérêt plus grave.

L'esprit n'est point du tout ce qu'il faut en ménage.
Les livres cadrent mal avec le mariage;
Et je veux, si jamais on engage ma foi,
Un mari qui n'ait point d'autre livre que moi,
Qui ne sache A ne B, n'en déplaise à madame,
Et ne soit, en un mot, docteur que pour sa femme.

PHILAMINTE, à Chrysale.

Est-ce fait? et, sans trouble, ai-je assez écouté
Votre digne interprète?

CHRYSALE.

Elle a dit vérité.

PHILAMINTE.

Et moi pour trancher court toute cette dispute,
Il faut qu'absolument mon désir s'exécute.

(Montrant Trissotin.)

Henriette et monsieur seront joints de ce pas.
Je l'ai dit, je le veux : ne me répliquez pas;
Et, si votre parole à Clitandre est donnée,
Offrez-lui le parti d'épouser son aînée.

CHRYSALE.

Voilà dans cette affaire un accommodement[1],

(A Henriette et à Clitandre.)

Voyez; y donnez-vous votre consentement?

HENRIETTE.

Hé! mon père!

CLITANDRE, à Chrysale.

Hé! monsieur!

BÉLISE.

On pourroit bien lui faire
Des propositions qui pourroient mieux lui plaire;

---

1. C'est bien là un mot du faible Chrysale.

Mais nous établissons une espèce d'amour
Qui doit être épuré comme l'astre du jour :
La substance qui pense y peut être reçue;
Mais nous en bannissons la substance étendue.

SCÈNE IV. — ARISTE, CHRYSALE, PHILAMINTE, BÉLISE, HENRIETTE, ARMANDE, TRISSOTIN, UN NOTAIRE, CLITANDRE, MARTINE.

ARISTE.
J'ai regret de troubler un mystère joyeux
Par le chagrin qu'il faut que j'apporte en ces lieux.
Ces deux lettres me font porteur de deux nouvelles
Dont j'ai senti pour vous les atteintes cruelles;
    (A Philaminte.)
L'une, pour vous, me vient de votre procureur;
    (A Chrysale.)
L'autre, pour vous, me vient de Lyon.

PHILAMINTE.
                        Quel malheur,
Digne de nous troubler, pourroit-on nous écrire?

ARISTE.
Cette lettre en contient un que vous pouvez lire.

PHILAMINTE.
« *Madame, j'ai prié monsieur votre frère de vous rendre cette lettre, qui vous dira ce que je n'ai osé vous aller dire. La grande négligence que vous avez pour vos affaires a été cause que le clerc de votre rapporteur ne m'a point averti, et vous avez perdu absolument votre procès que vous deviez gagner.* »

CHRYSALE, à Philaminte.

Votre procès perdu!

PHILAMINTE, à Chrysale.

Vous vous troublez beaucoup!
Mon cœur n'est point du tout ébranlé de ce coup.
Faites, faites paroître une âme moins commune
A braver, comme moi, les traits de la fortune.

« *Le peu de soin que vous avez vous coûte quarante mille écus; et c'est à payer cette somme, avec les dépens, que vous êtes condamnée par arrêt de la cour.* »

Condamnée? Ah! ce mot est choquant, et n'est fait
Que pour les criminels.

ARISTE.

Il a tort, en effet;
Et vous vous êtes là justement récriée.
Il devoit avoir mis que vous êtes priée,
Par arrêt de la cour, de payer au plus tôt
Quarante mille écus, et les dépens qu'il faut.

PHILAMINTE.

Voyons l'autre.

CHRYSALE.

« *Monsieur, l'amitié qui me lie à monsieur votre frère me fait prendre intérêt à tout ce qui vous touche. Je sais que vous avez mis votre bien entre les mains d'Argante et de Damon, et je vous donne avis qu'en même jour ils ont fait tous deux banqueroute.* »

O ciel! tout à la fois perdre ainsi tout son bien!

PHILAMINTE, à Chrysale.

Ah! quel honteux transport! Fi! tout cela n'est rien :
Il n'est pour le vrai sage aucun revers funeste;
Et, perdant toute chose, à soi-même il se reste.

Achevons notre affaire, et quittez votre ennui.
(Montrant Trissotin.)
Son bien nous peut suffire et pour nous et pour lui.
TRISSOTIN.
Non, madame : cessez de presser cette affaire.
Je vois qu'à cet hymen tout le monde est contraire ;
Et mon dessein n'est point de contraindre les gens.
PHILAMINTE.
Cette réflexion vous vient en peu de temps ;
Elle suit de bien près, monsieur, notre disgrâce.
TRISSOTIN.
De tant de résistance à la fin je me lasse.
J'aime mieux renoncer à tout cet embarras,
Et ne veux point d'un cœur qui ne se donne pas.
PHILAMINTE.
Je vois, je vois de vous, non pas pour votre gloire,
Ce que jusques ici j'ai refusé de croire.
TRISSOTIN.
Vous pouvez voir de moi tout ce que vous voudrez,
Et je regarde peu comment vous le prendrez :
Mais je ne suis pas homme à souffrir l'infamie
Des refus offensans qu'il faut qu'ici j'essuie.
Je vaux bien que de moi l'on fasse plus de cas ;
Et je baise les mains à qui ne me veut pas.

SCÈNE V. — ARISTE, CHRYSALE, PHILAMINTE, BÉLISE, ARMANDE, HENRIETTE, CLITANDRE, UN NOTAIRE, MARTINE.

PHILAMINTE.
Qu'il a bien découvert son âme mercenaire !
Et que peu philosophe est ce qu'il vient de faire !

CLITANDRE.

Je ne me vante point de l'être ; mais enfin
Je m'attache, madame, à tout votre destin ;
Et j'ose vous offrir, avecque ma personne,
Ce qu'on sait que de bien la fortune me donne.

PHILAMINTE.

Vous me charmez, monsieur, par ce trait généreux,
Et je veux couronner vos désirs amoureux.
Oui, j'accorde Henriette à l'ardeur empressée....

HENRIETTE.

Non, ma mère : je change à présent de pensée.
Souffrez que je résiste à votre volonté.

CLITANDRE.

Quoi ! vous vous opposez à ma félicité ?
Et, lorsqu'à mon amour je vois chacun se rendre...

HENRIETTE.

Je sais le peu de bien que vous avez, Clitandre ;
Et je vous ai toujours souhaité pour époux,
Lorsqu'en satisfaisant à mes vœux les plus doux,
J'ai vu que mon hymen ajustoit vos affaires ;
Mais, lorsque nous avons les destins si contraires,
Je vous chéris assez, dans cette extrémité,
Pour ne vous charger point de notre adversité[1].

CLITANDRE.

Tout destin avec vous me peut être agréable ;
Tout destin me seroit sans vous insupportable.

HENRIETTE.

L'amour, dans son transport, parle toujours ainsi,
Des retours importuns évitons le souci.

---

[1] Ce refus est une dernière preuve du cœur et du bon sens d'Henriette ; elle n'a rien de romanesque.

Rien n'use tant l'ardeur de ce nœud qui nous lie,
Que les fâcheux besoins des choses de la vie;
Et l'on en vient souvent à s'accuser tous deux
De tous les noirs chagrins qui suivent de tels feux.

ARISTE, à Henriette.

N'est-ce que le motif que nous venons d'entendre
Qui vous fait résister à l'hymen de Clitandre?

HENRIETTE.

Sans cela, vous verriez tout mon cœur y courir;
Et je ne fuis sa main que pour le trop chérir.

ARISTE.

Laissez-vous donc lier par des chaînes si belles.
Je ne vous ai porté que de fausses nouvelles;
Et c'est un stratagème, un surprenant secours
Que j'ai voulu tenter pour servir vos amours,
Pour détromper ma sœur, et lui faire connoître
Ce que son philosophe à l'essai pouvoit être.

CHRYSALE.

Le ciel en soit loué!

PHILAMINTE.

     J'en ai la joie au cœur,
Par le chagrin qu'aura ce lâche déserteur.
Voilà le châtiment de sa basse avarice,
De voir qu'avec éclat cet hymen s'accomplisse.

CHRYSALE, à Clitandre.

Je le savois bien, moi, que vous l'épouseriez.

ARMANDE, à Philaminte.

Ainsi donc à leurs vœux vous me sacrifiez?

PHILAMINTE.

Ce ne sera point vous que je leur sacrifie;
Et vous avez l'appui de la philosophie,
Pour voir d'un œil content couronner leur ardeur.

BÉLISE.

Qu'il prenne garde au moins que je suis dans son cœur ;
Par un prompt désespoir souvent on se marie,
Qu'on s'en repent après tout le temps de sa vie.

CHRYSALE, au notaire.

Allons, monsieur, suivez l'ordre que j'ai prescrit,
Et faites le contrat ainsi que je l'ai dit[1].

---

1. Le pauvre Chrysale croit triompher! Ce dénoûment est parfait en ce que chacun garde son caractère, ce qui le rend tout à fait vraisemblable : Philaminte cède aux circonstances et non à son mari qui se glorifie de son succès inattendu ; Trissotin est puni de sa cupidité, Armande de sa vanité. L'affection honnête et généreuse d'Henriette et de Clitandre trouve enfin sa récompense. Après la leçon qu'elles reçoivent, les savantes ne paraissent pas corrigées, puisque Philaminte présente à Armande la philosophie comme une consolation et que Bélise garde ses chimères.

Les Femmes savantes, dit M. Rambert, sont un excellent modèle de la comédie française, et Molière s'y montre toujours cet observateur profond dont les bons mots ne sont pas des traits d'esprit, mais des traits de nature : en abordant un type par le côté comique, il le pénètre tout entier, et n'ajoute jamais les ridicules au caractère, mais les en fait découler.

FIN DES FEMMES SAVANTES.

LE
MALADE IMAGINAIRE

COMÉDIE-BALLET

1673.

PERSONNAGES.

ARGAN, malade imaginaire. Il est vêtu en malade : de gros bas, des mules, un haut-de-chausses étroit, une camisole rouge avec quelque galon ou dentelle ; un mouchoir de cou à vieux passemens, négligemment attaché ; un bonnet de nuit avec la coiffe à dentelle [1]. (MOLIÈRE.)
BÉLINE, seconde femme d'Argan.
ANGÉLIQUE, fille d'Argan, et amante de Cléante. (LA FEMME DE MOLIÈRE.)
LOUISON, petite fille d'Argan, et sœur d'Angélique.
BÉRALDE, frère d'Argan. En habit de cavalier modeste.
CLÉANTE, amant d'Angélique ; il est vêtu galamment et en amoureux.
M. DIAFOIRUS, médecin.
THOMAS DIAFOIRUS, son fils, et amant d'Angélique.
M. PURGON, médecin d'Argan. Ces trois personnages sont vêtus de noir et en habit ordinaire de médecin, excepté Thomas Diafoirus, dont l'habit a un long collet uni ; ses cheveux sont longs et plats, son manteau passe ses genoux, et il porte une mine tout à fait niaise.
M. FLEURANT, apothicaire. Il est aussi vêtu de noir ou de gris brun, avec une courte serviette devant soi, et une seringue à la main. Il est sans chapeau.
M. DE BONNEFOI, notaire.
TOINETTE, servante.

La scène est à Paris.

---

[1]. Ces indications de costume ont été données par l'édition de Georges Backer, Bruxelles, 1694.

LE MALADE IMAGINAIRE.

COMÉDIE-BALLET.

ACTE PREMIER.

SCÈNE I. — ARGAN, assis, une table devant lui, comptant avec des jetons les parties de son apothicaire.

Trois et deux font cinq, et cinq font dix, et dix font vingt ; trois et deux font cinq. « Plus du vingt-quatrième, un petit clystère insinuatif, préparatif, et remollient, pour amollir, humecter et rafraîchir les entrailles de monsieur. » Ce qui me plaît de monsieur Fleurant, mon apothicaire, c'est que ses parties[1] sont toujours fort civiles. « Les entrailles de monsieur, trente sols. » Oui ; mais, monsieur Fleurant, ce n'est pas tout que d'être civil ; il faut être aussi raisonnable, et ne pas écorcher les malades. Trente sols un lavement ! Je suis votre serviteur, je vous l'ai déjà dit ; vous ne me les avez mis dans les autres parties qu'à vingt sols ; et vingt sols en

---

1. Signifie comptes.

langage d'apothicaire, c'est-à-dire dix sols; les voilà, dix sols. « Plus, dudit jour, un bon clystère détersif, composé avec catholicon double, rhubarbe, miel rosat, et autres, suivant l'ordonnance, pour balayer, laver et nettoyer le bas-ventre de monsieur, trente sols. » Avec votre permission, dix sols « Plus, dudit jour, le soir, un julep hépathique, soporatif et somnifère, composé pour faire dormir monsieur, trente-cinq-sols. » Je ne me plains pas de celui-là ; car il me fit bien dormir. Dix, quinze, seize et dix-sept sols six deniers. « Plus, du vingt-cinquième, une bonne médecine purgative et corroborative, composée de casse récente avec séné levantin, et autres, suivant l'ordonnance de monsieur Purgon, pour expulser et évacuer la bile de monsieur, quatre livres. » Ah! monsieur Fleurant, c'est se moquer : il faut vivre avec les malades. Monsieur Purgon ne vous a pas ordonné de mettre quatre francs. Mettez, mettez trois livres, s'il vous plaît. Vingt et trente sols. « Plus, du vingt-septième, une bonne médecine, composée pour hâter d'aller, et chasser dehors les mauvaises humeurs de monsieur, trois livres. » Bon, vingt et trente sols; je suis bien aise que vous soyez raisonnable. « Plus, du vingt-huitième, une prise de petit-lait clarifié et dulcoré, pour adoucir, lénifier, tempérer, et rafraîchir le sang de monsieur, vingt sols. » Bon, dix sols. « Plus, une potion cordiale et préservative, composée avec douze grains de bézoard, sirop de limon et grenades, et autres, suivant l'ordonnance, cinq livres. » Ah! monsieur Fleurant, tout doux, s'il vous plaît ; si vous en usez comme cela, on ne voudra plus être malade : contentez-vous de quatre francs ; vingt et quarante sols. Trois et deux ont cinq, et cinq font dix, et dix font vingt. Soixante et

Si bien donc que, de ce mois, j'ai pris une, deux, trois. (Page 279.)

trois livres quatre sols six deniers. Si bien donc que, de ce mois, j'ai pris une, deux, trois, quatre, cinq, six, sept et huit médecines; et un, deux, trois, quatre, cinq, six, sept, huit, neuf, dix, onze et douze lavemens; et l'autre mois, il y avoit douze médecines, et vingt lavemens. Je ne m'étonne pas si je ne me porte pas si bien ce mois-ci que l'autre. Je le dirai à monsieur Purgon, afin qu'il mette ordre à cela. Allons, qu'on m'ôte tout ceci. (Voyant que personne ne vient, et qu'il n'y a aucun de ses gens dans sa chambre.) Il n'y a personne. J'ai beau dire : on me laisse toujours seul; il n'y a pas moyen de les arrêter ici. (Après avoir sonné une sonnette qui est sur une table.) Ils n'entendent point, et ma sonnette ne fait pas assez de bruit. Drelin, drelin, drelin. Point d'affaire. Drelin, drelin, drelin. Ils sont sourds.... Toinette. Drelin, drelin, drelin. Tout comme si je ne sonnois point. Chienne! coquine! Drelin, drelin, drelin. J'enrage! (Il ne sonne plus, mais il crie.) Drelin, drelin, drelin. Carogne, à tous les diables! Est-il possible qu'on laisse comme cela un pauvre malade tout seul? Drelin, drelin, drelin. Voilà qui est pitoyable! Ah! mon Dieu! Ils me laisseront ici mourir [1].

SCÈNE II. — ARGAN, TOINETTE.

TOINETTE, en entrant. — On y va.

ARGAN. — Ah! chienne! ah! carogne!

TOINETTE, faisant semblant de s'être cogné la tête. — Dian-

---

1. Ce début est un chef-d'œuvre de comique comme celui du Misanthrope; l'action s'y présente d'elle-même; et cette entrée de Toinette : « Si vous querellez, je pleurerai; » quel entrain!

tre soit fait de votre impatience ! Vous pressez si fort les personnes, que je me suis donné un grand coup de la tête contre la carne d'un volet.

ARGAN, en colère. — Ah ! traîtresse !...

TOINETTE, interrompant Argan. — Ah !

ARGAN. — Il y a....

TOINETTE. — Ah !

ARGAN. — Il y a une heure...

TOINETTE. — Ah !

ARGAN. — Tu m'as laissé....

TOINETTE. — Ah !

ARGAN. — Tais-toi donc, coquine, que je te querelle.

TOINETTE. — Çamon, ma foi, j'en suis d'avis, après ce que je me suis fait.

ARGAN. — Tu m'as fait égosiller, carogne !

TOINETTE. — Et vous m'avez fait, vous, casser la tête : l'un vaut bien l'autre. Quitte à quitte, si vous voulez.

ARGAN. — Quoi ! coquine....

TOINETTE. — Si vous querellez, je pleurerai.

ARGAN. — Me laisser, traîtresse....

TOINETTE, interrompant encore Argan. — Ah !

ARGAN. — Chienne, tu veux....

TOINETTE. — Ah !

ARGAN. — Quoi ! il faudra encore que je n'aie pas le plaisir de la quereller ?

TOINETTE. — Querellez tout votre soûl : je le veux bien.

ARGAN. — Tu m'en empêches, chienne, en m'interrompant à tout coup.

TOINETTE. — Si vous avez le plaisir de quereller, il faut bien que, de mon côté, j'aie le plaisir de pleurer : chacun le sien, ce n'est pas trop. Ah !

ARGAN. — Allons, il faut en passer par là. Ote-moi ceci, coquine, ôte-moi ceci. (Après s'être levé.) Mon lavement d'aujourd'hui a-t-il bien opéré ?

TOINETTE. — Votre lavement ?

ARGAN. — Oui. Ai-je bien fait de la bile ?

TOINETTE. — Ma foi! je ne me mêle point de ces affaires-là ; c'est à monsieur Fleurant à y mettre le nez, puisqu'il en a le profit.

ARGAN. — Qu'on ait soin de me tenir un bouillon prêt, pour l'autre que je dois tantôt prendre.

TOINETTE. — Ce monsieur Fleurant-là et ce monsieur Purgon s'égayent bien sur votre corps ; ils ont en vous une bonne vache à lait, et je voudrois bien leur demander quel mal vous avez, pour vous faire tant de remèdes.

ARGAN. — Taisez-vous, ignorante ; ce n'est pas à vous à contrôler les ordonnances de la médecine. Qu'on me fasse venir ma fille Angélique : j'ai à lui dire quelque chose.

TOINETTE. — La voici qui vient d'elle-même ; elle a deviné votre pensée.

SCÈNE III. — ARGAN, ANGÉLIQUE, TOINETTE.

ARGAN. — Approchez Angélique : vous venez à propos : je voulois vous parler.

ANGÉLIQUE. — Me voilà prête à vous ouïr.

ARGAN. — Attendez. (A Toinette.) Donnez-moi mon bâton. Je vais revenir tout à l'heure.

TOINETTE. — Allez vite, monsieur, allez. Monsieur Fleurant nous donne des affaires.

SCÈNE IV. — ANGÉLIQUE, TOINETTE.

ANGÉLIQUE. — Toinette !

TOINETTE. — Quoi ?

ANGÉLIQUE. — Regarde-moi un peu.

TOINETTE. — Hé bien ! je vous regarde.

ANGÉLIQUE. — Toinette !

TOINETTE. — Hé bien ! quoi, Toinette ?

ANGÉLIQUE. — Ne devines-tu point de quoi je veux parler ?

TOINETTE. — Je m'en doute assez : de notre jeune amant ; car c'est sur lui depuis six jours que roulent tous nos entretiens, et vous n'êtes point bien si vous n'en parlez à toute heure.

ANGÉLIQUE. — Puisque tu connois cela, que n'es-tu donc la première à m'en entretenir ? Et que ne m'épargnes-tu la peine de te jeter sur ce discours ?

TOINETTE. — Vous ne m'en donnez pas le temps, et vous avez des soins là-dessus qu'il est difficile de prévenir.

ANGÉLIQUE. — Je t'avoue que je ne saurois me lasser de te parler de lui, et que mon cœur profite avec chaleur de tous les momens de s'ouvrir à toi. Mais, dis-moi, condamnes-tu, Toinette, les sentimens que j'ai pour lui ?

TOINETTE. — Je n'ai garde.

ANGÉLIQUE. — Ai-je tort de m'abandonner à ces douces impressions ?

TOINETTE. — Je ne dis pas cela.

ANGÉLIQUE. — Dis-moi un peu ; ne trouves-tu pas, comme moi, quelque chose du ciel, quelque effet du

ACTE I, SCÈNE IV.

destin, dans l'aventure inopinée de notre connoissance ?

TOINETTE. — Oui.

ANGÉLIQUE. — Ne trouves-tu pas que cette action d'embrasser ma défense sans me connoître, est tout à fait d'un honnête homme ?

TOINETTE. — Oui.

ANGÉLIQUE. — Que l'on ne peut pas en user plus généreusement ?

TOINETTE. — D'accord.

ANGÉLIQUE. — Et qu'il fit tout cela de la meilleure grâce du monde ?

TOINETTE. — Oh ! oui.

ANGÉLIQUE. — Ne trouves-tu pas, Toinette, qu'il est bien fait de sa personne ?

TOINETTE. — Assurément.

ANGÉLIQUE. — Qu'il a l'air le meilleur du monde ?

TOINETTE. — Sans doute.

ANGÉLIQUE. — Que ses discours, comme ses actions, ont quelque chose de noble ?

TOINETTE. — Cela est sûr.

ANGÉLIQUE. — Et qu'il n'est rien de plus fâcheux que la contrainte où l'on me tient ?

TOINETTE. — Vous avez raison.

ANGÉLIQUE. — Mais, ma pauvre Toinette, crois-tu qu'il m'aime autant qu'il me le dit ?

TOINETTE. — Hé ! hé ! ces choses-là parfois sont un peu sujettes à caution. Les grimaces d'amour ressemblent fort à la vérité ; et j'ai vu de grands comédiens là-dessus.

ANGÉLIQUE. — Ah ! Toinette, que dis-tu là ? Hélas ! de la façon qu'il parle, seroit-il bien possible qu'il ne me dît pas vrai ?

TOINETTE. — En tout cas, vous en serez bientôt éclaircie ; et la résolution où il vous écrivit hier qu'il étoit de vous faire demander en mariage, est une prompte voie à vous faire connoître s'il vous dit vrai ou non. C'en sera là la bonne preuve[1].

ANGÉLIQUE. — Ah ! Toinette, si celui-là me trompe, je ne croirai de ma vie aucun homme.

TOINETTE. — Voilà votre père qui revient.

SCÈNE V. — ARGAN, ANGÉLIQUE, TOINETTE.

ARGAN. — Oh çà, ma fille, je vas vous dire une nouvelle, où peut-être ne vous attendez-vous pas. On vous demande en mariage. Qu'est-ce que cela ? Vous riez ? Cela est plaisant, oui, ce mot de mariage ! Il n'y a rien de plus drôle pour les jeunes filles. A ce que je puis voir, ma fille, je n'ai que faire de vous demander si vous voulez bien vous marier.

ANGÉLIQUE. — Je dois faire, mon père, tout ce qu'il vous plaira de m'ordonner.

ARGAN. — Je suis bien aise d'avoir une fille si obéissante : la chose est donc conclue, et je vous ai promise.

ANGÉLIQUE. — C'est à moi, mon père, de suivre aveuglément toutes vos volontés.

ARGAN. — Ma femme, votre belle-mère, avoit envie que je vous fisse religieuse, et votre petite sœur Louison aussi ; et de tout temps elle a été aheurtée à cela.

TOINETTE, à part. — La bonne bête a ses raisons.

Cette justification d'Angélique prépare en même temps le malentendu de la scène suivante.

ARGAN. — Elle ne vouloit point consentir à ce mariage ; mais je l'ai emporté, et ma parole est donnée.

ANGÉLIQUE. — Ah ! mon père, que je vous suis obligée de toutes vos bontés !

TOINETTE, à Argan. — En vérité, je vous sais bon gré de cela ; et voilà l'action la plus sage que vous ayez faite de votre vie.

ARGAN. — Je n'ai point encore vu la personne ; mais on m'a dit que j'en serois content, et toi aussi.

ANGÉLIQUE. — Assurément, mon père.

ARGAN. — Comment ! l'as-tu vu ?

ANGÉLIQUE. — Puisque votre consentement m'autorise à vous pouvoir ouvrir mon cœur, je ne feindrai point de vous dire que le hasard nous a fait connoître il y a six jours, et que la demande qu'on vous a faite est un effet de l'inclination que, dès cette première vue, nous avons prise l'un pour l'autre.

ARGAN. — Ils ne m'ont pas dit cela ; mais j'en suis bien aise, et c'est tant mieux que les choses soient de la sorte. Ils disent que c'est un grand jeune garçon bien fait.

ANGÉLIQUE. — Oui, mon père.

ARGAN. — De belle taille.

ANGÉLIQUE. — Sans doute.

ARGAN. — Agréable de sa personne.

ANGÉLIQUE. — Assurément.

ARGAN. — De bonne physionomie.

ANGÉLIQUE. — Très-bonne.

ARGAN. — Sage et bien né.

ANGÉLIQUE. — Tout à fait.

ARGAN. — Fort honnête.

ANGÉLIQUE. — Le plus honnête du monde.

ARGAN. — Qui parle bien latin et grec.

ANGÉLIQUE. — C'est ce que je ne sais pas.

ARGAN. — Et qui sera reçu médecin dans trois jours.

ANGÉLIQUE. — Lui, mon père?

ARGAN. — Oui. Est-ce qu'il ne te l'a pas dit?

ANGÉLIQUE. — Non, vraiment. Qui vous l'a dit, à vous?

ARGAN. — Monsieur Purgon.

ANGÉLIQUE. — Est-ce que monsieur Purgon le connoît?

ARGAN. — La belle demande! Il faut bien qu'il le connoisse, puisque c'est son neveu.

ANGÉLIQUE. — Cléante, neveu de monsieur Purgon?

ARGAN. — Quel Cléante? Nous parlons de celui pour qui l'on t'a demandée en mariage.

ANGÉLIQUE. — Hé! oui.

ARGAN. — Hé bien! c'est le neveu de monsieur Purgon, qui est le fils de son beau-frère le médecin, monsieur Diafoirus; et ce fils s'appelle Thomas Diafoirus, et non pas Cléante; et nous avons conclu ce mariage-là ce matin, monsieur Purgon, monsieur Fleurant et moi; et demain, ce gendre prétendu doit m'être amené par son père. Qu'est-ce? Vous voilà tout ébaubie!

ANGÉLIQUE. — C'est, mon père, que je connois que vous avez parlé d'une personne, et que j'ai entendu une autre.

TOINETTE. — Quoi! monsieur, vous auriez fait ce dessein burlesque? Et, avec tout le bien que vous avez, vous voudriez marier votre fille avec un médecin?

ARGAN. — Oui. De quoi te mêles-tu, coquine, impudente que tu es?

TOINETTE. — Mon Dieu! tout doux. Vous allez d'abord

aux invectives. Est-ce que nous ne pouvons pas raisonner ensemble, sans nous emporter? Là, parlons de sang-froid. Quelle est votre raison, s'il vous plaît, pour un tel mariage?

ARGAN. — Ma raison est que, me voyant infirme et malade comme je suis, je veux me faire un gendre et des alliés médecins, afin de m'appuyer de bons secours contre ma maladie, d'avoir dans ma famille les sources des remèdes qui me sont nécessaires, et d'être à même des consultations et des ordonnances[1].

TOINETTE. — Hé bien! voilà dire une raison, et il y a plaisir à se répondre doucement les uns aux autres. Mais, monsieur, mettez la main à la conscience; est-ce que vous êtes malade?

ARGAN. — Comment, coquine! si je suis malade! si je suis malade, impudente!

TOINETTE. — Hé bien! oui, monsieur, vous êtes malade; n'ayons point de querelle là-dessus. Oui, vous êtes fort malade; j'en demeure d'accord, et plus malade que vous ne pensez : voilà qui est fait. Mais votre fille doit épouser un mari pour elle; et, n'étant point malade, il n'est pas nécessaire de lui donner un médecin.

ARGAN. — C'est pour moi que je lui donne ce médecin; et une fille de bon naturel doit être ravie d'épouser ce qui est utile à la santé de son père.

TOINETTE. — Ma foi, monsieur, voulez-vous qu'en amie je vous donne un conseil?

ARGAN. — Quel est-il ce conseil?

TOINETTE. — De ne point songer à ce mariage-là.

---

1. Argan continue à se faire connaître. Ici comme pour l'*Avare*, c'est la peinture des suites qu'amène un vice ou un travers du chef de famille dans sa maison.

ARGAN. — Et la raison?

TOINETTE. — La raison, c'est que votre fille n'y consentira point.

ARGAN. — Elle n'y consentira point?

TOINETTE. — Non.

ARGAN. — Ma fille?

TOINETTE. — Votre fille. Elle vous dira qu'elle n'a que faire de monsieur Diafoirus, ni de son fils Thomas Diafoirus, ni de tous les Diafoirus du monde.

ARGAN. — J'en ai affaire, moi, outre que le parti est plus avantageux qu'on ne pense. Monsieur Diafoirus n'a que ce fils-là pour tout héritier; et, de plus, monsieur Purgon, qui n'a ni femme, ni enfans, lui donne tout son bien en faveur de ce mariage; et monsieur Purgon est un homme qui a huit mille bonnes livres de rente.

TOINETTE. — Il faut qu'il ait tué bien des gens, pour s'être fait si riche.

ARGAN. — Huit mille livres de rente sont quelque chose, sans compter le bien du père.

TOINETTE. — Monsieur, tout cela est bel et bon; mais j'en reviens toujours là : je vous conseille, entre nous, de lui choisir un autre mari; et elle n'est point faite pour être madame Diafoirus.

ARGAN. — Et, je veux, moi, que cela soit.

TOINETTE. — Hé, fi! ne dites pas cela.

ARGAN. — Comment! que je ne dise pas cela?

TOINETTE. — Hé, non.

ARGAN. — Et pourquoi ne le dirois-je pas?

TOINETTE. — On dira que vous ne songez pas à ce que vous dites.

ARGAN. — On dira ce qu'on voudra; mais je vous dis que je veux qu'elle exécute la parole que j'ai donnée.

TOINETTE. — Non; je suis sûre qu'elle ne le fera pas.
ARGAN. — Je l'y forcerai bien.
TOINETTE. — Elle ne le fera pas, vous dis-je.
ARGAN. — Elle le fera, ou je la mettrai dans un couvent.
TOINETTE. — Vous?
ARGAN. — Moi.
TOINETTE. — Bon!
ARGAN. — Comment! bon?
TOINETTE. — Vous ne la mettrez point dans un couvent.
ARGAN. — Je ne la mettrai point dans un couvent?
TOINETTE. — Non.
ARGAN. — Non?
TOINETTE. — Non.
ARGAN. — Ouais! Voici qui est plaisant! Je ne mettrai pas ma fille dans un couvent, si je veux?
TOINETTE. — Non, vous dis-je.
ARGAN. — Qui m'en empêchera?
TOINETTE. — Vous-même.
ARGAN. — Moi?
TOINETTE. — Oui. Vous n'aurez pas ce cœur-là.
ARGAN. — Je l'aurai.
TOINETTE. — Vous vous moquez.
ARGAN. — Je ne me moque point.
TOINETTE. — La tendresse paternelle vous prendra.
ARGAN. — Elle ne me prendra point.
TOINETTE. — Une petite larme ou deux, des bras jetés au cou, un Mon petit papa mignon, prononcé tendrement, sera assez pour vous toucher.
ARGAN. — Tout cela ne fera rien.
TOINETTE. — Oui, oui.

ARGAN. — Je vous dis que je n'en démordrai point.

TOINETTE. — Bagatelles.

ARGAN. — Il ne faut point dire, Bagatelles.

TOINETTE. — Mon Dieu! je vous connois, vous êtes bon naturellement.

ARGAN, avec emportement. — Je ne suis point bon, et je suis méchant quand je veux.

TOINETTE. — Doucement, monsieur. Vous ne songez pas que vous êtes malade.

ARGAN. — Je lui commande absolument de se préparer à prendre le mari que je dis.

TOINETTE. — Et moi, je lui défends absolument d'en faire rien.

ARGAN. — Où est-ce donc que nous sommes? Et quelle audace est-ce là, à une coquine de servante, de parler de la sorte devant son maître?

TOINETTE. — Quand un maître ne songe pas à ce qu'il fait, une servante bien sensée est en droit de le redresser.

ARGAN, courant après Toinette. — Ah! insolente, il faut que je t'assomme.

TOINETTE, évitant Argan, et mettant la chaise entre elle et lui. — Il est de mon devoir de m'opposer aux choses qui vous peuvent déshonorer.

ARGAN, courant après Toinette autour de la chaise avec son bâton. — Viens, viens, que je t'apprenne à parler.

TOINETTE, se sauvant du côté où n'est point Argan. — Je m'intéresse, comme je dois, à ne point vous laisser faire de folie.

ARGAN, de même. — Chienne!

TOINETTE, de même. — Non, je ne consentirai jamais à ce mariage.

ARGAN, de même. — Pendarde!

TOINETTE, de même. — Je ne veux point qu'elle épouse votre Thomas Diafoirus.

ARGAN, de même. — Carogne!

TOINETTE, de même. — Et elle m'obéira plutôt qu'à vous.

ARGAN, s'arrêtant. — Angélique, tu ne veux pas m'arrêter cette coquine-là?

ANGÉLIQUE. — Hé! mon père, ne vous faites point malade.

ARGAN, à Angélique. — Si tu ne me l'arrêtes, je te donnerai ma malédiction.

TOINETTE, en s'en allant. — Et moi, je la déshériterai, si elle vous obéit.

ARGAN, se jetant dans sa chaise. — Ah! ah! je n'en puis plus. Voilà pour me faire mourir.

SCÈNE VI. — BÉLINE, ARGAN.

ARGAN. — Ah! ma femme, approchez.

BÉLINE. — Qu'avez-vous, mon pauvre mari[1]?

ARGAN. — Venez-vous-en ici à mon secours.

BÉLINE. — Qu'est-ce que c'est donc qu'il y a, mon petit fils?

ARGAN. — Ma mie!

BÉLINE. — Mon ami!

ARGAN. — On vient de me mettre en colère.

BÉLINE. — Hélas! pauvre petit mari! Comment donc, mon ami?

---

1. Scène frappante de vérité : quel portrait de belle-mère avide et haineuse sous sa bonté feinte.

ARGAN. — Votre coquine de Toinette est devenue plus insolente que jamais.

BÉLINE. — Ne vous passionnez donc point.

ARGAN. — Elle m'a fait enrager, ma mie.

BÉLINE. — Doucement, mon fils.

ARGAN. — Elle a contrecarré, une heure durant, les choses que je veux faire.

BÉLINE. — Là, là, tout doux.

ARGAN. — Et a eu l'effronterie de me dire que je ne suis point malade.

BÉLINE. — C'est une impertinente.

ARGAN. — Vous savez, mon cœur, ce qui en est.

BÉLINE. — Oui, mon cœur, elle a tort.

ARGAN. — M'amour, cette coquine-là me fera mourir.

BÉLINE. — Hé là, hé là.

ARGAN. — Elle est cause de toute la bile que je fais.

BÉLINE. — Ne vous fâchez point tant.

ARGAN. — Et il y a je ne sais combien que je vous dis de me la chasser.

BÉLINE. — Mon Dieu! mon fils, il n'y a point de serviteurs et de servantes qui n'aient leurs défauts. On est contraint parfois de souffrir leurs mauvaises qualités, à cause des bonnes. Celle-ci est adroite, soigneuse, diligente, et surtout fidèle; et vous savez qu'il faut maintenant de grandes précautions pour les gens que l'on prend. Holà! Toinette!

SCÈNE VII. — ARGAN, BÉLINE, TOINETTE.

TOINETTE. — Madame.

BÉLINE. — Pourquoi donc est-ce que vous mettez mon mari en colère?

TOINETTE, d'un ton doucereux. — Moi, madame? Hélas! je ne sais pas ce que vous me voulez dire, et je ne songe qu'à complaire à monsieur en toutes choses.

ARGAN. — Ah! la traîtresse!

TOINETTE. — Il nous a dit qu'il vouloit donner sa fille en mariage au fils de monsieur Diafoirus : je lui ai répondu que je trouvois le parti avantageux pour elle; mais que je croyois qu'il feroit mieux de la mettre dans un couvent.

BÉLINE. — Il n'y a pas grand mal à cela, et je trouve qu'elle a raison.

ARGAN. — Ah! m'amour, vous la croyez? C'est une scélérate; elle m'a dit cent insolences.

BÉLINE. — Hé bien! je vous crois, mon ami. Là, remettez-vous. Écoutez, Toinette : si vous fâchez jamais mon mari, je vous mettrai dehors. Çà, donnez-moi son manteau fourré et des oreillers, que je l'accommode dans sa chaise. Vous voilà je ne sais comment. Enfoncez bien votre bonnet jusque sur vos oreilles : il n'y a rien qui enrhume tant que de prendre l'air par les oreilles.

ARGAN. — Ah! ma mie, que je vous suis obligé de tous les soins que vous prenez de moi!

BÉLINE, accommodant les oreillers qu'elle met autour d'Argan. — Levez-vous, que je mette ceci sous vous. Mettons celui-ci pour vous appuyer, et celui-là de l'autre côté.

Mettons celui-ci derrière votre dos, et cet autre-là pour soutenir votre tête.

TOINETTE, lui mettant rudement un oreiller sur la tête. — Et celui-ci pour vous garder du serein.

ARGAN, se levant en colère, et jetant les oreillers à Toinette qui s'enfuit. — Ah! coquine, tu veux m'étouffer[1].

SCÈNE VIII. — ARGAN, BÉLINE.

BÉLINE. — Hé là, hé là! qu'est-ce que c'est donc?

ARGAN, se jetant dans sa chaise — Ah, ah, ah! Je n'en puis plus.

BÉLINE. — Pourquoi vous emporter ainsi? Elle a cru faire bien.

ARGAN. — Vous ne connoissez pas, m'amour, la malice de la pendarde. Ah! elle m'a mis tout hors de moi; et il faudra plus de huit médecines et de douze lavemens pour réparer tout ceci.

BÉLINE. — Là, là, mon petit ami, apaisez-vous un peu.

ARGAN. — Ma mie, vous êtes toute ma consolation.

BÉLINE. — Pauvre petit fils!

ARGAN. — Pour tâcher de reconnoître l'amour que vous me portez, je veux, mon cœur, comme je vous ai dit, faire mon testament.

BÉLINE. — Ah! mon ami, ne parlons point de cela, je vous prie : je ne saurois souffrir cette pensée; et le seul mot de testament me fait tressaillir de douleur[2].

---

1. C'est bien décidément un *malade imaginaire*.
2. Et deux lignes plus bas, elle avoue avoir amené le notaire, tant elle compte sur l'aveuglement d'Argan!

Et celui-ci pour vous garder du serein. (Page 254.)

ARGAN. — Je vous avois dit de parler pour cela à votre notaire.

BÉLINE. — Le voilà là dedans, que j'ai amené avec moi.

ARGAN. — Faites-le donc entrer, m'amour.

BÉLINE. — Hélas! mon ami, quand on aime bien un mari, on n'est guère en état de songer à tout cela.

SCÈNE IX. — M. DE BONNEFOI, BÉLINE, ARGAN.

ARGAN. — Approchez, monsieur de Bonnefoi, approchez. Prenez un siége, s'il vous plaît. Ma femme m'a dit, monsieur, que vous étiez fort honnête homme, et tout à fait de ses amis; et je l'ai chargée de vous parler pour un testament que je veux faire.

BÉLINE. — Hélas! je ne suis point capable de parler de ces choses-là.

MONSIEUR DE BONNEFOI. — Elle m'a, monsieur, expliqué vos intentions, et le dessein où vous êtes pour elle; et j'ai à vous dire là-dessus que vous ne sauriez rien donner à votre femme par votre testament.

ARGAN. — Mais pourquoi?

MONSIEUR DE BONNEFOI. — La coutume y résiste. Si vous étiez en pays de droit écrit, cela se pourroit faire; mais, à Paris, et dans les pays coutumiers[1], au moins dans la plupart, c'est ce qui ne se peut, et la disposition seroit nulle. Tout l'avantage qu'homme et femme conjoints par mariage se peuvent faire l'un à l'autre, c'est

---

1. La France était alors divisée en pays de droit coutume où l'usage avait force de loi et en pays de droit écrit.

un don mutuel entre-vifs; encore faut-il qu'il n'y ait enfans, soit des deux conjoints, ou de l'un d'eux, lors du décès du premier mourant.

ARGAN. — Voilà une coutume bien impertinente, qu'un mari ne puisse rien laisser à une femme dont il est aimé tendrement, et qui prend de lui tant de soin! J'aurois envie de consulter mon avocat, pour voir comment je pourrois faire.

MONSIEUR DE BONNEFOI. — Ce n'est point à des avocats qu'il faut aller; car ils sont d'ordinaire sévères là-dessus, et s'imaginent que c'est un grand crime que de disposer en fraude de la loi : ce sont gens de difficultés, et qui sont ignorans des détours de la conscience. Il y a d'autres personnes à consulter, qui sont bien plus accommodantes, qui ont des expédiens pour passer doucement par-dessus la loi, et rendre juste ce qui n'est pas permis; qui savent aplanir les difficultés d'une affaire, et trouver des moyens d'éluder la coutume par quelque avantage indirect. Sans cela, où en serions-nous tous les jours? Il faut de la facilité dans les choses; autrement nous ne ferions rien, et je ne donnerois pas un sol de notre métier[1].

ARGAN. — Ma femme m'avoit bien dit, monsieur, que vous étiez fort habile et fort honnête homme. Comment puis-je faire, s'il vous plaît, pour lui donner mon bien et en frustrer mes enfans?

MONSIEUR DE BONNEFOI. — Comment vous pouvez faire? Vous pouvez choisir doucement un ami intime de votre femme, auquel vous donnerez, en bonne forme,

---

1. Ces roueries, trop fréquentes, rendent le nom plus comique, et cela au milieu d'un tableau de famille effrayant. Angélique est menacée à la fois dans son affection et dans sa fortune.

par votre testament, tout ce que vous pouvez; et cet ami ensuite lui rendra tout. Vous pouvez encore contracter un grand nombre d'obligations non suspectes au profit de divers créanciers qui prêteront leur nom à votre femme, et entre les mains de laquelle ils mettront leur déclaration que ce qu'ils en ont fait n'a été que pour lui faire plaisir. Vous pouvez aussi, pendant que vous êtes en vie, mettre entre ses mains de l'argent comptant, ou des billets que vous pourrez avoir payables au porteur.

BÉLINE. — Mon Dieu! il ne faut point vous tourmenter de tout cela. S'il vient faute de vous, mon fils, je ne veux plus rester au monde.

ARGAN. — Ma mie!

BÉLINE. — Oui, mon ami, si je suis assez malheureuse pour vous perdre....

ARGAN. — Ma chère femme!

BÉLINE. — La vie ne me sera plus de rien.

ARGAN. — M'amour!

BÉLINE. — Et je suivrai vos pas, pour vous faire connoître la tendresse que j'ai pour vous.

ARGAN. — Ma mie, vous me fendez le cœur. Consolez-vous, je vous en prie.

MONSIEUR DE BONNEFOI, à Béline. — Ces larmes sont hors de saison; et les choses n'en sont point encore là.

BÉLINE. — Ah! monsieur, vous ne savez pas ce que c'est qu'un mari qu'on aime tendrement.

ARGAN. — Il faut faire mon testament, m'amour, de la façon que monsieur dit; mais, par précaution, je veux vous mettre entre les mains vingt mille francs en or, que j'ai dans le lambris de mon alcôve, et deux billets payables au porteur, qui me sont dus, l'un par monsieur Damon, et l'autre par monsieur Gérante.

BÉLINE.— Non, non, je ne veux point de tout cela. Ah!... Combien dites-vous qu'il y a dans votre alcôve?

ARGAN. — Vingt mille francs, m'amour.

BÉLINE. — Ne me parlez point de bien, je vous prie. Ah!... De combien sont les deux billets?

ARGAN. — Ils sont, ma mie, l'un de quatre mille francs, et l'autre de six.

BÉLINE. — Tous les biens du monde, mon ami, ne me sont rien au prix de vous.

MONSIEUR DE BONNEFOI, à Argan. — Voulez-vous que nous procédions au testament?

ARGAN. — Oui, monsieur; mais nous serons mieux dans mon petit cabinet. M'amour, conduisez-moi, je vous prie.

BÉLINE. — Allons, mon pauvre petit fils.

SCÈNE X. — ANGÉLIQUE, TOINETTE.

TOINETTE. — Les voilà avec un notaire, et j'ai ouï parler de testament. Votre belle-mère ne s'endort point; et c'est sans doute quelque conspiration contre vos intérêts, où elle pousse votre père.

ANGÉLIQUE. — Qu'il dispose de son bien à sa fantaisie, pourvu qu'il ne dispose point de mon cœur. Tu vois, Toinette, les desseins violens que l'on fait sur lui. Ne m'abandonne point, je te prie, dans l'extrémité où je suis.

TOINETTE.— Moi, vous abandonner! J'aimerois mieux mourir. Votre belle-mère a beau me faire sa confidente, et me vouloir jeter dans ses intérêts, je n'ai jamais pu avoir d'inclination pour elle; et j'ai toujours été de votre parti. Laissez-moi faire, j'emploierai toute chose pour vous servir; mais, pour vous servir avec plus d'effet, je veux changer de batterie, couvrir le zèle que j'ai pour vous, et feindre d'entrer dans les sentimens de votre père et de votre belle-mère.

ANGÉLIQUE. — Tâche, je t'en conjure, de faire donner avis à Cléante du mariage qu'on a conclu.

SCÈNE XI. — BÉLINE, dans la maison; ANGÉLIQUE. TOINETTE.

BÉLINE. — Toinette!

TOINETTE, à Angélique. — Voilà qu'on m'appelle. Bonsoir. Reposez-vous sur moi[1].

---

1. Toinette ne ressemble pas à Martine, mais elle est de la même famille ainsi que Dorine du *Tartuffe*. Elle est insolente parce qu'elle est sûre de l'appui de Béline qui la croit dans ses intérêts, tandis que, sous sa rudesse, elle est toute dévouée à Argan et à sa famille. Molière montre que le plus grand danger d'Argan ne consiste pas à tomber dans les mains des Purgon et des Diafoirus, mais à subir la domination doucereuse de Béline. Argan, au fond, est bonhomme, mais il arrive jusqu'à sacrifier les siens qui ne veulent pas flatter sa manie et son égoïsme.

ACTE DEUXIÈME.

Le théâtre représente la chambre d'Argan.

SCÈNE I. — CLÉANTE, TOINETTE.

TOINETTE, ne reconnoissant pas Cléante. — Que demandez-vous, monsieur?

CLÉANTE. — Ce que je mande?

TOINETTE. — Ah! ah! c'est vous! Quelle surprise! Que venez-vous faire céans?

CLÉANTE. — Savoir ma destinée, parler à l'aimable Angélique, consulter les sentiments de son cœur, et lui demander ses résolutions sur ce mariage fatal dont on m'a averti.

TOINETTE. — Oui, mais on ne parle pas comme cela de but en blanc à Angélique; il y faut des mystères, et l'on vous a dit l'étroite garde où elle est retenue; qu'on ne la laisse ni sortir, ni parler à personne; et que ce ne fut que la curiosité d'une vieille tante, qui nous fit accorder la liberté d'aller à cette comédie, qui donna lieu à la naissance de votre passion; et nous nous sommes bien gardées de parler de cette aventure.

CLÉANTE. — Aussi ne viens-je pas ici comme Cléante, mais comme ami de son maître de musique, dont j'ai obtenu le pouvoir de dire qu'il m'envoie à sa place.

TOINETTE. — Voici son père. Retirez-vous un peu, et me laissez lui dire que vous êtes là.

SCÈNE II. — ARGAN, TOINETTE.

ARGAN, se croyant seul, et sans voir Toinette. — Monsieur Purgon m'a dit de me promener le matin, dans ma chambre, douze allées et douze venues ; mais j'ai oublié à lui demander si c'est en long ou en large.

TOINETTE. — Monsieur, voilà un....

ARGAN. — Parle bas, pendarde! Tu viens m'ébranler tout le cerveau, et tu ne songes pas qu'il ne faut point parler si haut à des malades.

TOINETTE. — Je voulois vous dire, monsieur....

ARGAN. — Parle bas, te dis-je.

TOINETTE. — Monsieur.... (Elle fait semblant de parler.)

ARGAN. — Hé?

TOINETTE. — Je vous dis que....

(Elle fait encore semblant de parler.)

ARGAN. — Qu'est-ce que tu dis?

TOINETTE, haut. — Je dis que voilà un homme qui veut parler à vous.

ARGAN. — Qu'il vienne!

(Toinette fait signe à Cléante d'avancer.)

SCÈNE III. — ARGAN, CLÉANTE, TOINETTE.

CLÉANTE. — Monsieur....

TOINETTE, à Cléante. — Ne parlez pas si haut, de peur d'ébranler le cerveau de monsieur.

CLÉANTE. — Monsieur, je suis ravi de vous trouver debout, et de voir que vous vous portez mieux.

TOINETTE, feignant d'être en colère. — Comment! qu'il se porte mieux! Cela est faux. Monsieur se porte toujours mal.

CLÉANTE. — J'ai ouï dire que monsieur étoit mieux, et je lui trouve bon visage.

TOINETTE. — Que voulez-vous dire, avec votre bon visage? Monsieur l'a fort mauvais, et ce sont des impertinens qui vous ont dit qu'il étoit mieux. Il ne s'est jamais si mal porté.

ARGAN. — Elle a raison.

TOINETTE. — Il marche, dort, mange et boit tout comme les autres; mais cela n'empêche pas qu'il ne soit fort malade.

ARGAN. — Cela est vrai.

CLÉANTE. — Monsieur, j'en suis au désespoir. Je viens de la part du maître à chanter de mademoiselle votre fille; il s'est vu obligé d'aller à la campagne pour quelques jours; et, comme son ami intime, il m'envoie à sa place pour lui continuer ses leçons, de peur qu'en les interrompant, elle ne vînt à oublier ce qu'elle sait déjà.

ARGAN. — Fort bien. (A Toinette.) Appelez Angélique.

TOINETTE. — Je crois, monsieur, qu'il sera mieux de mener monsieur à sa chambre.

ARGAN. — Non. Faites-la venir.

TOINETTE. — Il ne pourra lui donner leçon comme il faut, s'ils ne sont en particulier.

ARGAN. — Si fait, si fait.

TOINETTE. — Monsieur, cela ne fera que vous étourdir; et il ne faut rien pour vous émouvoir en l'état où vous êtes, et vous ébranler le cerveau.

ARGAN. — Point, point; j'aime la musique; et je serai bien aise de.... Ah ! la voici. (A Toinette.) Allez-vous-en voir, vous, si ma femme est habillée.

SCÈNE IV. — ARGAN, ANGÉLIQUE, CLÉANTE.

ARGAN. — Venez, ma fille. Votre maître de musique est allé aux champs; et voilà une personne qu'il envoie à sa place pour vous montrer.

ANGÉLIQUE, reconnoissant Cléante. — Ah ! ciel !

ARGAN. — Qu'est-ce? D'où vient cette surprise ?

ANGÉLIQUE. — C'est....

ARGAN. — Quoi? Qui vous émeut de la sorte?

ANGÉLIQUE. — C'est, mon père, une aventure surprenante qui se rencontre ici.

ARGAN. — Comment?

ANGÉLIQUE. — J'ai songé cette nuit que j'étois dans le plus grand embarras du monde, et qu'une personne, faite tout comme monsieur, s'est présentée à moi, à qui j'ai demandé secours, et qui m'est venu tirer de la peine où j'étois; et ma surprise a été grande de voir inopinément, en arrivant ici, ce que j'ai eu dans l'idée toute la nuit.

CLÉANTE. — Ce n'est pas être malheureux que d'occuper votre pensée, soit en dormant, soit en veillant; et mon bonheur seroit grand, sans doute, si vous étiez dans quelque peine dont vous me jugeassiez digne de vous tirer; et il n'y a rien que je ne fisse pour....

SCÈNE V. — ARGAN, ANGÉLIQUE, CLÉANTE, TOINETTE.

TOINETTE, à Argan. — Ma foi, monsieur, je suis pour vous maintenant ; et je me dédis de tout ce que je disois hier. Voici monsieur Diafoirus le père et monsieur Diafoirus le fils, qui viennent vous rendre visite. Que vous serez bien engendré [1] ! Vous allez voir le garçon le mieux fait du monde, et le plus spirituel. Il n'a dit que deux mots qui m'ont ravie ; et votre fille va être charmée de lui.

ARGAN, à Cléante, qui feint de vouloir s'en aller. — Ne vous en allez point, monsieur. C'est que je marie ma fille ; et voilà qu'on lui amène son prétendu mari [2], qu'elle n'a point encore vu.

CLÉANTE. — C'est m'honorer beaucoup, monsieur, de vouloir que je sois témoin d'une entrevue si agréable.

ARGAN. — C'est le fils d'un habile médecin ; et le mariage se fera dans quatre jours.

CLÉANTE. — Fort bien.

ARGAN. — Mandez-le un peu à son maître de musique, afin qu'il se trouve à la noce.

CLÉANTE. — Je n'y manquerai pas.

ARGAN. — Je vous y prie aussi.

CLÉANTE. — Vous me faites beaucoup d'honneur.

TOINETTE. — Allons, qu'on se range : les voici.

---

1. Quel beau gendre vous aurez.
2. On dit seulement aujourd'hui : son prétendu.

SCÈNE VI. — M. DIAFOIRUS, THOMAS DIAFOIRUS, ARGAN ANGÉLIQUE, TOINETTE, LAQUAIS.

ARGAN, mettant la main à son bonnet, sans l'ôter. — Monsieur Purgon, monsieur, m'a défendu de découvrir ma tête. Vous êtes du métier : vous savez les conséquences.

MONSIEUR DIAFOIRUS. — Nous sommes dans toutes nos visites pour porter secours aux malades, et non pour leur porter de l'incommodité.

(Argan et M. Diafoirus parlent en même temps.)

ARGAN. — Je reçois, monsieur,

MONSIEUR DIAFOIRUS. — Nous venons ici, monsieur.

ARGAN. — Avec beaucoup de joie,

MONSIEUR DIAFOIRUS. — Mon fils Thomas et moi,

ARGAN. — L'honneur que vous me faites,

MONSIEUR DIAFOIRUS. — Vous témoigner, monsieur,

ARGAN. — Et j'aurois souhaité....

MONSIEUR DIAFOIRUS. — Le ravissement où nous sommes....

ARGAN. — De pouvoir aller chez vous....

MONSIEUR DIAFOIRUS. — De la grâce que vous nous faites....

ARGAN. — Pour vous en assurer ;

MONSIEUR DIAFOIRUS. — De vouloir bien nous recevoir.

ARGAN. — Mais vous savez, monsieur,

MONSIEUR DIAFOIRUS. — Dans l'honneur, monsieur,

ARGAN. — Ce que c'est qu'un pauvre malade,

MONSIEUR DIAFOIRUS. — De votre alliance;

ARGAN. — Qui ne peut faire autre chose....

MONSIEUR DIAFOIRUS. Et vous assurer....

ARGAN. — Que de vous dire ici....

MONSIEUR DIAFOIRUS. — Que dans les choses qui dépendront de notre métier,

ARGAN. — Qu'il cherchera toutes les occasions.

MONSIEUR DIAFOIRUS. De même qu'en toute autre,

ARGAN. — De vous faire connoître, monsieur,

MONSIEUR DIAFOIRUS. — Nous serons toujours prêts, monsieur,

ARGAN. — Qu'il est tout à votre service.

MONSIEUR DIAFOIRUS. — A vous témoigner notre zèle. (A son fils.) Allons, Thomas, avancez. Faites vos compliments.

THOMAS DIAFOIRUS, à M. Diafoirus. — N'est-ce pas par le père qu'il convient de commencer?

MONSIEUR DIAFOIRUS. — Oui.

THOMAS DIAFOIRUS, à Argan. — Monsieur, je viens saluer, reconnoître, chérir et révérer en vous un second père, mais un second père auquel j'ose dire que je me trouve plus redevable qu'au premier. Le premier m'a engendré; mais vous m'avez choisi. Il m'a reçu par nécessité; mais vous m'avez accepté par grâce. Et d'autant plus que les facultés spirituelles sont au-dessus des corporelles, d'autant plus je vous dois, et d'autant plus je tiens précieuse cette future filiation; dont je viens aujourd'hui vous rendre, par avance, les très-humbles et très-respectueux hommages.

TOINETTE. — Vivent les colléges d'où l'on sort si habile homme!

THOMAS DIAFOIRUS, à M. Diafoirus. — Cela a-t-il bien été, mon père?

MONSIEUR DIAFOIRUS. — *Optime*[1].

ARGAN, à Angélique. — Allons, saluez monsieur.

THOMAS DIAFOIRUS, à M. Diafoirus. — Baiserai-je?

MONSIEUR DIAFOIRUS. — Oui, oui.

THOMAS DIAFOIRUS, à Angélique. — Madame, c'est avec justice que le ciel vous a concédé le nom de belle-mère, puisque l'on....

ARGAN, à Thomas Diafoirus. — Ce n'est pas ma femme, c'est ma fille à qui vous parlez.

THOMAS DIAFOIRUS. — Où donc est-elle?

ARGAN. — Elle va venir.

THOMAS DIAFOIRUS. — Attendrai-je, mon père, qu'elle soit venue?

MONSIEUR DIAFOIRUS. — Faites toujours le compliment à mademoiselle.

THOMAS DIAFOIRUS. — Mademoiselle, ne plus ne moins que la statue de Memnon rendoit un son harmonieux, lorsqu'elle venoit à être éclairée des rayons du soleil, tout de même me sens-je animé d'un doux transport à l'apparition du soleil de vos beautés; et, comme les naturalistes remarquent que la fleur nommée héliotrope tourne sans cesse vers cet astre du jour, aussi mon cœur d'ores-en-avant tournera-t-il toujours vers les astres resplendissans de vos yeux adorables, ainsi que vers son pôle unique. Souffrez donc, mademoiselle, que j'appende aujourd'hui à l'autel de vos charmes l'offrande de ce cœur qui ne respire et n'ambitionne autre gloire que d'être toute sa vie, mademoiselle, votre

---

1. « Très-bien. »

très-humble, très-obéissant et très-fidèle serviteur et mari.

TOINETTE. — Voilà ce que c'est que d'étudier ! on apprend à dire de belles choses.

ARGAN, à Cléante. — Hé ! que dites-vous de cela ?

CLÉANTE. — Que monsieur fait merveilles, et que, s'il est aussi bon médecin qu'il est bon orateur, il y aura plaisir à être de ses malades.

TOINETTE. — Assurément. Ce sera quelque chose d'admirable, s'il fait d'aussi belles cures qu'il fait de beaux discours.

ARGAN. — Allons, vite, ma chaise, et des siéges à tout le monde. (Des laquais donnent des siéges.) Mettez-vous là, ma fille. (A M. Diafoirus.) Vous voyez, monsieur, que tout le monde admire monsieur votre fils ; et je vous trouve bien heureux de vous voir un garçon comme cela.

MONSIEUR DIAFOIRUS. — Monsieur, ce n'est pas parce que je suis son père ; mais je puis dire que j'ai sujet d'être content de lui, et que tous ceux qui le voient en parlent comme d'un garçon qui n'a point de méchanceté. Il n'a jamais eu l'imagination bien vive, ni ce feu d'esprit qu'on remarque dans quelques-uns ; mais c'est par là que j'ai toujours bien auguré de sa judiciaire, qualité requise pour l'exercice de notre art. Lorsqu'il étoit petit, il n'a jamais été ce qu'on appelle mièvre et éveillé. On le voyoit toujours doux, paisible et taciturne, ne disant jamais mot, et ne jouant jamais à tous ces petits jeux que l'on nomme enfantins. On eut toutes les peines du monde à lui apprendre à lire ; et il avoit neuf ans qu'il ne connoissoit pas encore ses lettres. Bon, disois-je en moi-même : les arbres tardifs sont ceux qui portent les meilleurs fruits. On grave sur le marbre bien plus malaisément que sur le sable; mais les choses y sont conservées bien plus longtemps; et cette lenteur à comprendre, cette pesanteur d'imagination est la marque d'un bon jugement à venir. Lorsque je l'envoyai au collége, il trouva de la peine; mais il se roidissoit contre les difficultés, et ses régens se louoient toujours à moi de son assiduité et de son travail. Enfin, à force de battre le fer, il en est venu glorieusement à avoir ses licences; et je puis dire, sans vanité, que, depuis deux ans qu'il est sur les bancs, il n'y a point de candidat qui ait fait plus de bruit que lui dans toutes les disputes de notre école. Il s'y est rendu redoutable, et il ne s'y passe point d'acte où il n'aille argumenter à outrance pour la proposition contraire. Il est ferme dans la dispute, fort comme un Turc sur ses principes, ne démord jamais de son opinion, et poursuit un raisonnement jusque dans les derniers recoins de la logique. Mais, sur toute chose, ce qui me plaît en lui, et en quoi il suit mon exemple, c'est qu'il s'attache aveuglément aux opinions de nos anciens, et que jamais il n'a voulu comprendre ni écouter les raisons et les expériences des prétendues découvertes de notre siècle, touchant la circulation du sang[1], et autres opinions de même farine.

THOMAS DIAFOIRUS, tirant de sa poche une grande thèse rou-

---

1. Découverte en 1619 par un médecin anglais Harvey; elle fut longtemps niée ou discutée en France. Boileau, dans son *Arrêt burlesque*, défend avec Molière la cause du progrès contre l'ignorance et la routine; et la même année, Louis XIV, éclairé peut-être par les boutades de Molière et de Boileau, instituait au jardin des Plantes une chaire spéciale d'anatomie « pour la propagation des découvertes nouvelles. » 1673. — Comme comique ce discours est parfait: Diafoirus croit faire l'éloge de son fils et trace le portrait de la stupidité. Qu'on ne l'oublie pas, les Diafoirus ne sont pas des rôles de farce, ce sont des caractères follement comiques.

lée, qu'il présente à Angélique. — J'ai, contre les circulateurs, soutenu une thèse, qu'avec la permission (saluant Argan) de monsieur, j'ose présenter à mademoiselle, comme un hommage que je lui dois des prémices de mon esprit.

ANGÉLIQUE. — Monsieur, c'est pour moi un meuble inutile, et je ne me connois pas à ces choses-là.

TOINETTE, prenant la thèse. — Donnez, donnez. Elle est toujours bonne à prendre pour l'image : cela servira à parer notre chambre.

THOMAS DIAFOIRUS, saluant encore Argan. — Avec la permission aussi de monsieur, je vous invite à venir voir, l'un de ces jours, pour vous divertir, la dissection d'une femme, sur quoi je dois raisonner.

TOINETTE. — Le divertissement sera agréable. Il y en a qui donnent la comédie à leurs maîtresses; mais donner une dissection est quelque chose de plus galant.

ARGAN. — N'est-ce pas votre intention, monsieur, de le pousser à la cour, et d'y ménager pour lui une charge de médecin?

MONSIEUR DIAFOIRUS. — A vous en parler franchement, notre métier auprès des grands ne m'a jamais paru agréable; et j'ai toujours trouvé qu'il valoit mieux pour nous autres demeurer au public. Le public est commode. Vous n'avez à répondre de vos actions à personne; et, pourvu que l'on suive le courant des règles de l'art, on ne se met point en peine de tout ce qui peut arriver. Mais ce qu'il y a de fâcheux auprès des grands, c'est que quand ils viennent à être malades, ils veulent absolument que leurs médecins les guérissent.

TOINETTE. — Cela est plaisant! et ils sont bien impertinens de vouloir que, vous autres messieurs, vous les guérissiez ! Vous n'êtes point auprès d'eux pour cela ; vous n'y êtes que pour recevoir vos pensions et leur ordonner des remèdes ; c'est à eux à guérir, s'ils peuvent.

MONSIEUR DIAFOIRUS. — Cela est vrai. On n'est obligé qu'à traiter les gens dans les formes.

ARGAN, à Cléante. — Monsieur, faites un peu chanter ma fille devant la compagnie.

CLÉANTE. — J'attendois vos ordres, monsieur ; et il m'est venu en pensée, pour divertir la compagnie, de chanter avec mademoiselle une scène d'un petit opéra qu'on a fait depuis peu. (A Angélique, lui donnant un papier.) Tenez, voilà votre partie.

ANGÉLIQUE. — Moi ?

CLÉANTE, bas, à Angélique. — Ne vous défendez point, s'il vous plaît, et me laissez vous faire comprendre ce que c'est que la scène que nous devons chanter. (Haut.) Je n'ai pas une voix à chanter ; mais ici il suffit que je me fasse entendre, et l'on aura la bonté de m'excuser, par la nécessité où je me trouve de faire chanter mademoiselle.

ARGAN. — Les vers en sont-ils beaux ?

CLÉANTE. — C'est proprement ici un petit opéra impromptu ; et vous n'allez entendre chanter que de la prose cadencée, ou des manières de vers libres[1], tels que la passion et la nécessité peuvent faire trouver à deux personnes qui disent les choses d'eux-mêmes, et parlent sur-le-champ.

ARGAN. — Fort bien. Écoutons.

---

1. Nous avons déjà montré plusieurs fois que Molière en faisait naturellement : il y a plus ici ; c'est presque une tentative de les introduire ouvertement dans la langue.

CLÉANTE. — Voici le sujet de la scène. Un berger étoit attentif aux beautés d'un spectacle qui ne faisoit que de commencer, lorsqu'il fut tiré de son attention par un bruit qu'il entendit à ses côtés. Il se retourne, et voit un brutal qui, de paroles insolentes, maltraitoit une bergère. D'abord il prend les intérêts d'un sexe à qui tous les hommes doivent hommage; et, après avoir donné au brutal le châtiment de son insolence, il vient à la bergère, et voit une jeune personne qui, des deux plus beaux yeux qu'il eût jamais vus, versoit des larmes qu'il trouva les plus belles du monde. Hélas! dit-il en lui-même, est-on capable d'outrager une personne si aimable? Et quel inhumain, quel barbare ne seroit touché par de telles larmes? Il prend soin de les arrêter, ces larmes qu'il trouve si belles; et l'aimable bergère prend soin en même temps de le remercier de son léger service, mais d'une manière si charmante, si tendre et si passionnée, que le berger n'y peut résister; et chaque mot, chaque regard est un trait plein de flamme, dont son cœur se sent pénétré. Est-il, disoit-il, quelque chose qui puisse mériter les aimables paroles d'un tel remercîment? Et que ne voudroit-on pas faire, à quels services, à quels dangers ne seroit-on pas ravi de courir, pour s'attirer un seul moment des touchantes douceurs d'une âme si reconnoissante? Tout le spectacle passe, sans qu'il y donne aucune attention; mais il se plaint qu'il est trop court, parce qu'en finissant, il le sépare de son adorable bergère; et, de cette première vue, de ce premier moment, il emporte chez lui tout ce qu'un amour de plusieurs années peut avoir de plus violent. Le voilà aussitôt à sentir tous les maux de l'absence; et il est tourmenté de ne plus voir ce qu'il a si peu vu. Il fait tout ce qu'il peut pour se redonner cette vue, dont il conserve nuit et jour une si chère idée ; mais la grande contrainte où l'on tient sa bergère lui en ôte tous les moyens. La violence de sa passion le fait résoudre à demander en mariage l'adorable beauté, sans laquelle il ne peut plus vivre ; et il en obtient d'elle la permission, par un billet qu'il a l'adresse de lui faire tenir. Mais, dans le même temps, on l'avertit que le père de cette belle a conclu son mariage avec un autre, et que tout se dispose pour en célébrer la cérémonie. Jugez quelle atteinte cruelle au cœur de ce triste berger ! Le voilà accablé d'une mortelle douleur ; son amour, au désespoir, lui fait trouver moyen de s'introduire dans la maison de sa bergère pour apprendre ses sentimens, et savoir d'elle la destinée à laquelle il doit se résoudre. Il y rencontre les apprêts de tout ce qu'il craint ; il y voit venir l'indigne rival que le caprice d'un père oppose aux tendresses de son amour ; il le voit triomphant, ce rival ridicule, auprès de l'aimable bergère, ainsi qu'auprès d'une conquête qui lui est assurée, et cette vue le remplit d'une colère dont il a peine à se rendre le maître. Il jette de douloureux regards sur celle qu'il adore ; et son respect et la présence de son père l'empêchent de lui rien dire que des yeux. Mais, enfin, il force toute contrainte, et le transport de son amour l'oblige à lui parler ainsi :

(Il chante.)

Belle Philis, c'est trop, c'est trop souffrir ;
Rompons ce dur silence, et m'ouvrez vos pensées.
Apprenez-moi ma destinée :
Faut-il vivre ? Faut-il mourir ?

ANGÉLIQUE, en chantant.

Vous me voyez, Tircis, triste et mélancolique,

Aux apprêts de l'hymen dont vous vous alarmez.
Je lève au ciel les yeux, je vous regarde, je soupire ;
C'est vous en dire assez.

ARGAN. — Ouais ! je ne croyois pas que ma fille fût si habile, que de chanter ainsi à livre ouvert, sans hésiter.

CLÉANTE.

Hélas ! belle Philis,
Se pourroit-il que l'amoureux Tircis
Eût assez de bonheur
Pour avoir quelque place dans votre cœur ?

ANGÉLIQUE.

Je ne m'en défends point, dans cette peine extrême ;
Oui, Tircis, je vous aime.

CLÉANTE.

O parole pleine d'appas !
Ai-je bien entendu ? Hélas !
Redites-la, Philis, que je n'en doute pas.

ANGÉLIQUE.

Oui, Tircis, je vous aime.

CLÉANTE.

De grâce, encor, Philis.

ANGÉLIQUE.

Je vous aime.

CLÉANTE.

Recommencez cent fois ; ne vous en lassez pas.

ANGÉLIQUE.

Je vous aime, je vous aime,
Oui, Tircis, je vous aime.

CLÉANTE.

Dieux, rois, qui sous vos pieds regardez tout le monde,
Pouvez-vous comparer votre bonheur au mien ?

Mais, Philis, une pensée
Vient troubler ce transport.
Un rival, un rival...

ANGÉLIQUE.

Ah! je le hais plus que la mort;
Et sa présence, ainsi qu'à vous,
M'est un cruel supplice.

CLÉANTE.

Mais un père à ses vœux vous veut assujettir

ANGÉLIQUE.

Plutôt, plutôt mourir,
Que de jamais y consentir :
Plutôt, plutôt mourir, plutôt mourir.

ARGAN. — Et que dit le père à tout cela?

CLÉANTE. — Il ne dit rien.

ARGAN. — Voilà un sot père que ce père-là, de souffrir toutes ces sottises-là sans rien dire!

CLÉANTE, voulant continuer à chanter.

Ah! mon amour[1]...

ARGAN. — Non, non; en voilà assez. Cette comédie-là est de fort mauvais exemple. Le berger Tircis est un impertinent, et la bergère Philis une impudente, de parler de la sorte devant son père. (A Angélique.) Montrez-moi ce papier. Ah! ah! où sont donc les paroles que vous avez dites? Il n'y a là que la musique écrite.

CLÉANTE. — Est-ce que vous ne savez pas, monsieur, qu'on a trouvé, depuis peu, l'invention d'écrire les paroles avec les notes mêmes?

ARGAN. — Fort bien. Je suis votre serviteur, mon-

---

1. Cette scène, un peu froide aujourd'hui, avait beaucoup de succès du temps de Molière, grâce peut-être au talent de sa femme et de l'acteur Lagrange (Cléante).

sieur, jusqu'au revoir. Nous nous serions bien passés de votre impertinent d'opéra.

CLÉANTE. — J'ai cru vous divertir.

ARGAN. — Les sottises ne divertissent point. Ah! voici ma femme.

SCÈNE VII. — BÉLINE, ARGAN, ANGÉLIQUE, M. DIAFOIRUS, THOMAS DIAFOIRUS, TOINETTE.

ARGAN. — M'amour, voilà le fils de monsieur Diafoirus.

THOMAS DIAFOIRUS. — Madame, c'est avec justice que le ciel vous a concédé le nom de belle-mère, puisque l'on voit sur votre visage....

BÉLINE. — Monsieur, je suis ravie d'être venue ici à propos, pour avoir l'honneur de vous voir.

THOMAS DIAFOIRUS. — Puisque l'on voit sur votre visage.... puisque l'on voit sur votre visage.... Madame, vous m'avez interrompu dans le milieu de ma période, et cela m'a troublé la mémoire.

MONSIEUR DIAFOIRUS. — Thomas, réservez cela pour une autre fois [1].

ARGAN. — Je voudrois, ma mie, que vous eussiez été ici tantôt.

TOINETTE. — Ah! madame, vous avez bien perdu de n'avoir point été au second père, à la statue de Memnon, et à la fleur nommée héliotrope.

---

[1]. Au Théâtre-Français on a le tort de faire de ce rôle très-comique, s'il est joué simplement et naturellement, une charge ridicule; par exemple, on le fait asseoir sur un grand tabouret d'enfant. Toinette lui vole par derrière des bonbons, etc.

ARGAN. — Allons, ma fille, touchez dans la main de monsieur, et lui donnez votre foi, comme à votre mari.

ANGÉLIQUE. — Mon père !

ARGAN. — Hé bien ! mon père ! Qu'est-ce que cela veut dire ?

ANGÉLIQUE. — De grâce, ne précipitez pas les choses. Donnez-nous au moins le temps de nous reconnoître, et de voir naître en nous, l'un pour l'autre, cette inclination si nécessaire à composer une union parfaite.

THOMAS DIAFOIRUS. — Quant à moi, mademoiselle, elle est déjà toute née en moi, et je n'ai pas besoin d'attendre davantage.

ANGÉLIQUE. — Si vous êtes si prompt, monsieur, il n'en est pas de même de moi, et je vous avoue que votre mérite n'a pas encore assez fait d'impression dans mon âme.

ARGAN. — Oh ! bien, bien ; cela aura tout le loisir de se faire, quand vous serez mariés ensemble.

ANGÉLIQUE. — Hé ! mon père, donnez-moi du temps, je vous prie. Le mariage est une chaîne où l'on ne doit jamais soumettre un cœur par force : et si monsieur est honnête homme, il ne doit pas vouloir accepter une personne qui seroit à lui par contrainte.

THOMAS DIAFOIRUS. — *Nego consequentiam*[1], mademoiselle ; et je puis être honnête homme, et vouloir bien vous accepter des mains de monsieur votre père.

ANGÉLIQUE. — C'est un méchant moyen de se faire aimer de quelqu'un, que de lui faire violence.

THOMAS DIAFOIRUS. — Nous lisons des anciens, mademoiselle, que leur coutume étoit d'enlever par

---

1. « Je nie la conséquence. » Terme d'école et de discussion.

force de la maison des pères les filles qu'on menoit marier[1].

ANGÉLIQUE. — Les anciens, monsieur, sont les anciens, et nous sommes les gens de maintenant. Les grimaces ne sont point nécessaires dans notre siècle ; et, quand un mariage nous plaît, nous savons fort bien y aller sans qu'on nous y traîne. Donnez-vous patience ; si vous m'aimez, monsieur, vous devez vouloir tout ce que je veux.

THOMAS DIAFOIRUS. — Oui, mademoiselle, jusqu'aux intérêts de mon amour exclusivement.

ANGÉLIQUE. — Mais la grande marque d'amour, c'est d'être soumis aux volontés de celle qu'on aime.

THOMAS DIAFOIRUS. — *Distinguo*, mademoiselle. Dans ce qui ne regarde point sa possession, *concedo* ; mais dans ce qui la regarde, *nego*[2].

TOINETTE, à Angélique. — Vous avez beau raisonner. Monsieur est frais émoulu du collége, et il vous donnera toujours votre reste. Pourquoi tant résister, et refuser la gloire d'être attachée au corps de la Faculté ?

BÉLINE. — Elle a peut-être quelque inclination en tête.

ANGÉLIQUE. — Si j'en avois, madame, elle seroit telle que la raison et l'honnêteté pourroit me la permettre.

ARGAN. — Ouais ! je joue ici un plaisant personnage !

BÉLINE. — Si j'étois que de vous, mon fils, je ne la forcerois pas à se marier, et je sais bien ce que je ferois.

---

1. Diafoirus, voulant éprouver Angélique, n'est que ridicule ; Trissotin, dans une situation à peu près semblable des *Femmes savantes*, est odieux.

2. *Je distingue*, mademoiselle ; dans ce qui ne regarde point sa possession, *je l'accorde* ; mais dans ce qui la regarde, *je le nie*. »

ANGÉLIQUE. — Je sais, madame, ce que vous voulez dire, et les bontés que vous avez pour moi ; mais peut-être que vos conseils ne seront pas assez heureux pour être exécutés.

BÉLINE. — C'est que les filles bien sages et bien honnêtes, comme vous, se moquent d'être obéissantes et soumises aux volontés de leurs pères. Cela étoit bon autrefois.

ANGÉLIQUE. — Le devoir d'une fille a des bornes, madame ; et la raison et les lois ne l'étendent point à toutes sortes de choses.

BÉLINE. — C'est-à-dire que vos pensées ne sont que pour le mariage ; mais vous voulez choisir un époux à votre fantaisie.

ANGÉLIQUE. — Si mon père ne veut pas me donner un mari qui me plaise, je le conjurerai, au moins, de ne me point forcer à en épouser un que je ne puisse pas aimer.

ARGAN. — Messieurs, je vous demande pardon de tout ceci.

ANGÉLIQUE. — Chacun a son but en se mariant. Pour moi, qui ne veux un mari que pour l'aimer véritablement, et qui prétends en faire tout l'attachement de ma vie, je vous avoue que j'y cherche quelque précaution. Il y en a d'aucunes qui prennent des maris seulement pour se tirer de la contrainte de leurs parens, et se mettre en état de faire tout ce qu'elles voudront. Il y en a d'autres, madame, qui font du mariage un commerce de pur intérêt ; qui ne se marient que pour gagner des douaires, que pour s'enrichir par la mort de ceux qu'elles épousent, et courent sans scrupule de mari en mari pour s'approprier leurs dépouilles. Ces personnes-là, à la vérité, n'y cherchent pas tant de façon, et regardent peu la personne.

BÉLINE. — Je vous trouve aujourd'hui bien raisonnante, et je voudrois bien savoir ce que vous voulez dire par là.

ANGÉLIQUE. — Moi, madame? Que voudrois-je dire que ce que je dis?

BÉLINE. — Vous êtes si sotte, ma mie qu'on ne sauroit plus vous souffrir.

ANGÉLIQUE. — Vous voudriez bien, madame m'obliger à vous répondre quelque impertinence; mais je vous avertis que vous n'aurez pas cet avantage.

BÉLINE. — Il n'est rien d'égal à votre insolence.

ANGÉLIQUE. — Non, madame, vous avez beau dire.

BÉLINE. — Et vous avez un ridicule orgueil, une impertinente présomption, qui fait hausser les épaules à tout le monde[1].

ANGÉLIQUE. — Tout cela, madame, ne servira de rien. Je serai sage en dépit de vous; et pour vous ôter l'espérance de pouvoir réussir dans ce que vous voulez, je vais m'ôter de votre vue.

SCÈNE VIII. — ARGAN, BELINE, M. DIAFOIRUS, THOMAS DIAFOIRUS, TOINETTE.

ARGAN, à Angélique, qui sort. — Écoute. Il n'y a point de milieu à cela : choisis d'épouser dans quatre jours ou monsieur, ou un couvent. (à Béline.) Ne vous mettez pas en peine : je la rangerai bien.

---

1. Béline profite de la résistance d'Angélique pour irriter son père contre elle. Sa marche se dessine de plus en plus.

BÉLINE. — Je suis fâchée de vous quitter, mon fils ; mais j'ai une affaire en ville, dont je ne puis me dispenser. Je reviendrai bientôt.

ARGAN. — Allez, m'amour; et passez chez votre notaire, afin qu'il expédie ce que vous savez.

BÉLINE. — Adieu, mon petit ami.

ARGAN. — Adieu, ma mie.

SCÈNE IX. — ARGAN, M. DIAFOIRUS, THOMAS DIAFOIRUS, TOINETTE.

ARGAN. — Voilà une femme qui m'aime..., cela n'est pas croyable.

MONSIEUR DIAFOIRUS. — Nous allons, monsieur prendre congé de vous.

ARGAN. — Je vous prie, monsieur, de me dire un peu comment je suis.

MONSIEUR DIAFOIRUS, tâtant le pouls d'Argan. — Allons, Thomas, prenez l'autre bras de monsieur, pour voir si vous saurez porter un bon jugement de son pouls. *Quid dicis?*

THOMAS DIAFOIRUS. — *Dico*[1] que le pouls de monsieur est le pouls d'un homme qui ne se porte point bien.

MONSIEUR DIAFOIRUS. — Bon.

THOMAS DIAFOIRUS. — Qu'il est duriuscule, pour ne pas dire dur.

MONSIEUR DIAFOIRUS. — Fort bien.

THOMAS DIAFOIRUS. — Repoussant.

MONSIEUR DIAFOIRUS. — *Bene.*

---

1. *M. Diafoirus :* Que dites-vous? — *Thomas :* Je dis, etc. »

THOMAS DIAFOIRUS. — Et même un peu capricant.

MONSIEUR DIAFOIRUS. — *Optime.*

THOMAS DIAFOIRUS. — Ce qui marque une intempérie dans le *parenchyme splenique,* c'est-à-dire la rate.

MONSIEUR DIAFOIRUS. — Fort bien.

ARGAN. — Non : monsieur Purgon dit que c'est mon foie qui est malade.

MONSIEUR DIAFOIRUS. — Eh oui : qui dit *parenchyme,* dit l'un et l'autre, à cause de l'étroite sympathie qu'ils ont ensemble par le moyen du *vas breve,* du *pylore,* et souvent des *méats cholidoques.* Il vous ordonne sans doute de manger force rôti?

ARGAN. — Non; rien que du bouilli.

MONSIEUR DIAFOIRUS. — Eh oui : rôti, bouilli, même chose. Il vous ordonne fort prudemment, et vous ne pouvez être entre de meilleures mains.

ARGAN. — Monsieur, combien est-ce qu'il faut mettre de grains de sel dans un œuf?

MONSIEUR DIAFOIRUS. — Six, huit, dix, par les nombres pairs, comme, dans les médicamens, par les nombres impairs.

ARGAN. — Jusqu'au revoir, monsieur.

SCÈNE X. — BÉLINE, ARGAN.

BÉLINE. — Je viens, mon fils, avant que de sortir, vous donner avis d'une chose, à laquelle il faut que vous preniez garde. En passant par-devant la chambre d'Angélique, j'ai vu un jeune homme avec elle, qui s'est sauvé d'abord qu'il m'a vue.

ARGAN. — Un jeune homme avec ma fille !

BÉLINE. — Oui. Votre petite fille Louison étoit avec eux, qui pourra vous en dire des nouvelles.

ARGAN. — Envoyez-la ici, m'amour, envoyez-la ici. Ah! l'effrontée! (seul.) Je ne m'étonne plus de sa résistance.

SCÈNE XI. — ARGAN, LOUISON.

LOUISON. — Qu'est-ce que vous voulez, mon papa? Ma belle-maman m'a dit que vous me demandez.

ARGAN. — Oui. Venez çà. Avancez là. Tournez-vous. Levez les yeux. Regardez-moi. Hé?

LOUISON. — Quoi, mon papa?

ARGAN. — Là?

LOUISON. — Quoi?

ARGAN. — N'avez-vous rien à me dire?

LOUISON. — Je vous dirai, si vous voulez, pour vous désennuyer, le conte de *Peau d'Ane* ou bien la fable du *Corbeau et du Renard*, qu'on m'a apprise depuis peu.

ARGAN. — Ce n'est pas là ce que je demande.

LOUISON. — Quoi donc?

ARGAN. — Ah! rusée, vous savez bien ce que je veux dire!

LOUISON. — Pardonnez-moi, mon papa

ARGAN. — Est-ce là comme vous m'obéissez?

LOUISON. — Quoi?

ARGAN. — Ne vous ai-je pas recommandé de me venir dire d'abord tout ce que vous voyez?

LOUISON. — Oui, mon papa.

ARGAN. — L'avez-vous fait?

LOUISON. — Oui, mon papa. Je vous suis venue dire tout ce que j'ai vu.

ARGAN. — Et vous n'avez rien vu aujourd'hui?

LOUISON — Non, mon papa.

ARGAN. — Non?

LOUISON. — Non, mon papa.

ARGAN. — Assurément?

LOUISON. — Assurément.

ARGAN. — Oh çà, je m'en vais vous faire voir quelque chose, moi.

LOUISON, voyant une poignée de verges qu'Argan a été prendre. — Ah! mon papa!

ARGAN. — Ah! ah! petite masque, vous ne me dites pas que vous avez vu un homme dans la chambre de votre sœur.

LOUISON, pleurant. — Mon papa!

ARGAN, prenant Louison par le bras. — Voici qui vous apprendra à mentir.

LOUISON, se jetant à genoux. — Ah! mon papa, je vous demande pardon. C'est que ma sœur m'avoit dit de ne pas vous le dire; mais je m'en vais vous dire tout.

ARGAN. — Il faut premièrement que vous ayez le fouet pour avoir menti. Puis après nous verrons au reste.

LOUISON. — Pardon, mon papa.

ARGAN. — Non, non.

LOUISON. — Mon pauvre papa, ne me donnez pas le fouet.

ARGAN. — Vous l'aurez.

LOUISON. — Au nom de Dieu, mon papa, que je ne l'aie pas!

ARGAN, voulant la fouetter. — Allons, allons.

LOUISON. — Ah! mon papa, vous m'avez blessée. Attendez: je suis morte. (Elle contrefait la morte.)

ARGAN. — Holà! qu'est-ce là? Louison, Louison! Ah! mon Dieu! Louison! Ah! ma fille! Ah! malheureux! ma

LOUISON. — Mon pauvre papa, ne me donnez pas le fouet. (Page 326.)

pauvre fille est morte! Qu'ai-je fait, misérable? Ah! chiennes de verges! La peste soit des verges! Ah! ma pauvre fille, ma pauvre petite Louison[1]!

LOUISON. — Là, là, mon papa, ne pleurez point tant : je ne suis pas morte tout à fait.

ARGAN. — Voyez-vous la petite rusée? Oh çà, çà, je vous pardonne pour cette fois-ci, pourvu que vous me disiez bien tout.

LOUISON. — Oh! oui, mon papa.

ARGAN. — Prenez-y bien garde, au moins; car voilà un petit doigt qui sait tout, qui me dira si vous mentez.

LOUISON. — Mais, mon papa, ne dites pas à ma sœur que je vous l'ai dit.

ARGAN. — Non, non.

LOUISON, après avoir regardé si personne n'écoute. — C'est, mon papa, qu'il est venu un homme dans la chambre de ma sœur comme j'y étois.

ARGAN. — Hé bien?

LOUISON. — Je lui ai demandé ce qu'il demandoit, et il m'a dit qu'il étoit son maître à chanter.

ARGAN, à part. — Hom! hom! voilà l'affaire. (A Louison.) Hé bien?

LOUISON. — Ma sœur est venue après.

ARGAN. — Hé bien?

LOUISON. — Elle lui a dit : Sortez, sortez, sortez. Mon Dieu, sortez; vous me mettez au désespoir.

ARGAN. — Hé bien?

LOUISON. — Et lui il ne vouloit pas sortir.

ARGAN. — Qu'est-ce qu'il lui disoit?

---

1. Louison a deviné le faible d'Argan, la crainte de la mort; elle se sert de ce moyen pour l'effrayer.

LOUISON. — Il lui disoit je ne sais combien de choses.

ARGAN. — Et quoi encore?

LOUISON. — Il lui disoit tout ci, tout ça, qu'il l'aimoit bien, et qu'elle étoit la plus belle du monde.

ARGAN. — Et puis après?

LOUISON. — Et puis après, il se mettoit à genoux devant elle.

ARGAN. — Et puis après?

LOUISON. — Et puis après il lui baisoit les mains.

ARGAN. — Et puis après?

LOUISON. — Et puis après, ma belle-maman est venue à la porte, et il s'est enfui.

ARGAN. — Il n'y a point autre chose?

LOUISON. — Non, mon papa.

ARGAN. — Voilà mon petit doigt pourtant qui gronde quelque chose. (Mettant son doigt à son oreille.) Attendez! Hé! Ah, ah! Oui! Oh, oh! Voilà mon petit doigt qui me dit quelque chose que vous avez vu, et que vous ne m'avez pas dit.

LOUISON. — Ah! mon papa, votre petit doigt est un menteur.

ARGAN. — Prenez garde.

LOUISON. — Non, mon papa, ne le croyez pas : il ment, je vous assure.

ARGAN. — Oh bien, bien, nous verrons cela. Allez-vous-en, et prenez bien garde à tout : allez. (Seul.) Ah! il n'y a plus d'enfans! Ah! que d'affaires! Je n'ai pas seulement le loisir de songer à ma maladie. En vérité, je n'en puis plus[1]. (Il se laisse tomber dans une chaise.)

---

1. Les épisodes les plus charmants ne font pas oublier à Molière son sujet; Argan et sa maladie reparaissent à propos. — Gœthe a

SCÈNE XII. — BÉRALDE, ARGAN.

BÉRALDE. — Hé bien, mon frère! qu'est-ce? Comment vous portez-vous?

ARGAN. — Ah! mon frère, fort mal.

BÉRALDE. — Comment! fort mal?

ARGAN. — Oui. Je suis dans une foiblesse si grande, que cela n'est pas croyable.

BÉRALDE. — Voilà qui est fâcheux.

ARGAN. — Je n'ai pas seulement la force de pouvoir parler.

BÉRALDE. — J'étois venu ici, mon frère, vous proposer un parti pour ma nièce Angélique.

ARGAN, parlant avec emportement, et se levant de sa chaise. — Mon frère, ne me parlez point de cette coquine-là. C'est une fripoune, une impertinente, une effrontée que je mettrai dans un couvent avant qu'il soit deux jours.

BÉRALDE. — Ah! voilà qui est bien! Je suis bien aise que la force vous revienne un peu, et que ma visite vous fasse du bien. Oh çà, nous parlerons d'affaires tantôt. Je vous amène ici un divertissement que j'ai rencontré, qui dissipera votre chagrin, et vous rendra l'âme mieux disposée aux choses que nous avons à dire.

loué cette scène comme « le symbole de la plus parfaite connaissance du théâtre. » — Molière est, nous le croyons, le premier qui ait introduit un enfant sur la scène ; on pourrait peut-être le regretter, même dans cette circonstance, et surtout pour l'usage qu'on en a fait depuis.

ACTE TROISIÈME.

SCÈNE I. — BÉRALDE, ARGAN, TOINETTE.

BÉRALDE. — Hé bien! mon frère, qu'en dites-vous? Cela ne vaut-il pas bien une prise de casse?

TOINETTE. — Hom! de bonne casse est bonne!

BÉRALDE. — Oh çà! voulez-vous que nous parlions un peu ensemble?

ARGAN. — Un peu de patience, mon frère : je vais revenir.

TOINETTE. — Tenez, monsieur, vous ne songez pas que vous ne sauriez marcher sans bâton.

ARGAN. — Tu as raison.

SCÈNE II. — BÉRALDE, TOINETTE.

TOINETTE. — N'abandonnez pas, s'il vous plaît, les intérêts de votre nièce.

BÉRALDE. — J'emploierai toutes choses pour lui obtenir ce qu'elle souhaite.

TOINETTE. — Il faut absolument empêcher ce mariage extravagant qu'il s'est mis dans la fantaisie; et j'avois songé en moi-même que ç'auroit été une bonne affaire, de pouvoir introduire ici un médecin à notre poste[1] pour le dégoûter de son monsieur Purgon, et lui décrier sa conduite ; mais, comme nous n'avons personne en main pour cela, j'ai résolu de jouer un tour de ma tête.

BÉRALDE. — Comment?

TOINETTE. — C'est une imagination burlesque. Cela sera peut-être plus heureux que sage. Laissez-moi faire. Agissez de votre côté. Voici notre homme.

SCÈNE III. — ARGAN, BÉRALDE.

BÉRALDE. — Vous voulez bien, mon frère, que je vous demande, avant toute chose, de ne vous point échauffer l'esprit dans notre conversation?

ARGAN. — Voilà qui est fait.

BÉRALDE. — De répondre, sans nulle aigreur, aux choses que je pourrai vous dire?

ARGAN. — Oui.

BÉRALDE. — Et de raisonner ensemble sur les affaires dont nous avons à parler, avec un esprit détaché de toute passion?

ARGAN. — Mon Dieu! oui. Voilà bien du préambule!

BÉRALDE. — D'où vient, mon frère, qu'ayant le bien que vous avez, et n'ayant d'enfans qu'une fille, car je ne compte pas la petite ; d'où vient, dis-je, que vous parlez de la mettre dans un couvent?

ARGAN. — D'où vient, mon frère, que je suis maître dans ma famille, pour faire ce que bon me semble?

BÉRALDE. — Votre femme ne manque pas de vous

---

1. A notre guise, à notre discrétion.

conseiller de vous défaire ainsi de vos deux filles, et je ne doute point que, par un esprit de charité, elle ne fût ravie de les voir toutes deux bonnes religieuses.

ARGAN. — Oh çà! nous y voici. Voilà d'abord la pauvre femme en jeu. C'est elle qui fait tout le mal, et tout le monde lui en veut.

BÉRALDE. — Non, mon frère; laissons-la là : c'est une femme qui a les meilleures intentions du monde pour votre famille, et qui est détachée de toute sorte d'intérêt ; qui a pour vous une tendresse merveilleuse, et qui montre pour vos enfans une affection et une bonté qui n'est pas concevable : cela est certain. N'en parlons point, et revenons à votre fille. Sur quelle pensée, mon frère, la voulez-vous donner en mariage au fils d'un médecin?

ARGAN. — Sur la pensée, mon frère, de me donner un gendre tel qu'il me faut.

BÉRALDE. — Ce n'est point là, mon frère, le fait de votre fille, et il se présente un parti plus sortable pour elle.

ARGAN. — Oui; mais celui-ci, mon frère, est plus sortable pour moi.

BÉRALDE. — Mais le mari qu'elle doit prendre doit-il être, mon frère, ou pour elle, ou pour vous?

ARGAN. — Il doit être, mon frère, et pour elle, et pour moi; et je veux mettre dans ma famille les gens dont j'ai besoin.

BÉRALDE. — Par cette raison-là, si votre petite étoit grande, vous lui donneriez en mariage un apothicaire.

ARGAN. — Pourquoi non?

BÉRALDE. — Est-il possible que vous serez toujours embéguiné de vos apothicaires et de vos médecins, et que vous vouliez être malade en dépit des gens et de la nature!

ARGAN. — Comment l'entendez-vous, mon frère?

BÉRALDE. — J'entends, mon frère, que je ne vois point d'homme qui soit moins malade que vous, et que je ne demanderois point une meilleure constitution que la vôtre. Une grande marque que vous vous portez bien, et que vous avez un corps parfaitement bien composé, c'est qu'avec tous les soins que vous avez pris, vous n'avez pu parvenir encore à gâter la bonté de votre tempérament, et que vous n'êtes point crevé de toutes les médecines qu'on vous a fait prendre.

ARGAN. — Mais savez-vous, mon frère, que c'est cela qui me conserve; et que monsieur Purgon dit que je succomberois, s'il étoit seulement trois jours sans prendre soin de moi?

BÉRALDE. — Si vous n'y prenez garde, il prendra tant de soin de vous, qu'il vous enverra en l'autre monde.

ARGAN. — Mais raisonnons un peu, mon frère. Vous ne croyez donc point à la médecine?

BÉRALDE. — Non, mon frère; et je ne vois pas que, pour son salut, il soit nécessaire d'y croire.

ARGAN. — Quoi! vous ne tenez pas véritable une chose établie par tout le monde, et que tous les siècles ont révérée?

BÉRALDE. — Bien loin de la tenir véritable, je la trouve, entre nous, une des plus grandes folies qui soit parmi les hommes; et, à regarder les choses en philosophe, je ne vois point de plus plaisante momerie, je ne vois rien de plus ridicule, qu'un homme qui se veut mêler d'en guérir un autre.

ARGAN. — Pourquoi ne voulez vous pas, mon frère, qu'un homme en puisse guérir un autre?

BÉRALDE. — Par la raison, mon frère, que les ressorts

de notre machine sont des mystères, jusqu'ici, où les hommes ne voient goutte; et que la nature nous a mis au devant des yeux des voiles trop épais pour y connoître quelque chose.

ARGAN. — Les médecins ne savent donc rien, à votre compte?

BÉRALDE. — Si fait, mon frère. Ils savent la plupart de fort belles humanités, savent parler en beau latin; savent nommer en grec toutes les maladies, les définir et les diviser; mais pour ce qui est de les guérir, c'est ce qu'ils ne savent point du tout.

ARGAN. — Mais toujours faut-il demeurer d'accord que, sur cette matière, les médecins en savent plus que les autres.

BÉRALDE. — Ils savent, mon frère, ce que je vous ai dit, qui ne guérit pas de grand'chose; et toute l'excellence de leur art consiste en un pompeux galimatias, en un spécieux babil, qui vous donne des mots pour des raisons, et des promesses pour des effets.

ARGAN. — Mais enfin, mon frère, il y a des gens aussi sages et aussi habiles que vous; et nous voyons que, dans la maladie, tout le monde a recours aux médecins.

BÉRALDE. — C'est une marque de la foiblesse humaine, et non pas de la vérité de leur art.

ARGAN. — Mais il faut bien que les médecins croient leur art véritable, puisqu'ils s'en servent pour eux-mêmes.

BÉRALDE. — C'est qu'il y en a parmi eux qui sont eux-mêmes dans l'erreur populaire dont ils profitent, et d'autres qui en profitent sans y être. Votre monsieur Purgon, par exemple, n'y sait point de finesse; c'est un homme tout médecin, depuis la tête jusqu'aux pieds; un homme qui croit à ses règles plus qu'à toutes les démonstrations des mathématiques, et qui croiroit du crime à les vouloir examiner; qui ne voit rien d'obscur dans la médecine, rien de douteux, rien de difficile; et qui, avec une impétuosité de prévention, une roideur de confiance, une brutalité de sens commun et de raison, donne au travers des purgations et des saignées, et ne balance aucune chose. Il ne lui faut point vouloir de mal de tout ce qu'il pourra vous faire; c'est de la meilleure foi du monde qu'il vous expédiera : et il ne fera, en vous tuant, que ce qu'il a fait à sa femme et à ses enfans, et ce qu'en un besoin, il feroit à lui-même.

ARGAN. — C'est que vous avez, mon frère, une dent de lait contre lui[1]. Mais, enfin, venons au fait. Que faire donc quand on est malade?

BÉRALDE. — Rien, mon frère.

ARGAN. — Rien?

BÉRALDE. — Rien. Il ne faut que demeurer en repos. La nature d'elle-même, quand nous la laissons faire, se tire doucement du désordre où elle est tombée. C'est notre inquiétude, c'est notre impatience qui gâte tout; et presque tous les hommes meurent de leurs remèdes, et non pas de leurs maladies.

ARGAN. — Mais il faut demeurer d'accord, mon frère, qu'on peut aider cette nature par de certaines choses.

BÉRALDE. — Mon Dieu! mon frère, ce sont pures idées dont nous aimons à nous repaître; et, de tout temps, il s'est glissé parmi les hommes de belles imaginations que nous venons à croire, parce qu'elles nous flattent et qu'il seroit à souhaiter qu'elles fussent véritables. Lorsqu'un

---

1. Inimitié qui date de loin, de l'enfance.

médecin vous parle d'aider, de secourir, de soulager la nature, de lui ôter ce qui lui nuit, et lui donner ce qui lui manque, de la rétablir, et de la remettre dans une pleine facilité de ses fonctions ; lorsqu'il vous parle de rectifier le sang, de tempérer les entrailles et le cerveau, de dégonfler la rate, de raccommoder la poitrine, de réparer le foie, de fortifier le cœur, de rétablir et conserver la chaleur naturelle, et d'avoir des secrets pour étendre la vie à de longues années, il vous dit justement le roman de la médecine. Mais, quand vous en venez à la vérité et à l'expérience, vous ne trouvez rien de tout cela ; et il en est comme de ces beaux songes, qui ne vous laissent au réveil que le déplaisir de les avoir crus.

ARGAN. — C'est-à-dire que toute la science du monde est renfermée dans votre tête ; et vous voulez en savoir plus que tous les grands médecins de notre siècle.

BÉRALDE. — Dans les discours et dans les choses, ce sont deux sortes de personnes que vos grands médecins. Entendez-les parler, les plus habiles gens du monde ; voyez-les faire, les plus ignorans de tous les hommes.

ARGAN. — Ouais! vous êtes un grand docteur, à ce que je vois ; et je voudrois bien qu'il y eût ici quelqu'un de ces messieurs, pour rembarrer vos raisonnemens, et rabaisser votre caquet.

BÉRALDE. — Moi, mon frère, je ne prends point à tâche de combattre la médecine ; et chacun, à ses périls et fortune, peut croire tout ce qu'il lui plaît. Ce que j'en dis n'est qu'entre nous ; et j'aurois souhaité de pouvoir un peu vous tirer de l'erreur où vous êtes ; et, pour vous divertir, vous mener voir, sur ce chapitre, quelqu'une des comédies de Molière.

ARGAN. — C'est un bon impertinent que votre Molière, avec ses comédies! et je le trouve bien plaisant, d'aller jouer d'honnêtes gens comme les médecins!

BÉRALDE. — Ce ne sont point les médecins qu'il joue, mais le ridicule de la médecine.

ARGAN. — C'est bien à lui affaire, de se mêler de contrôler la médecine! Voilà un bon nigaud, un bon impertinent, de se moquer des consultations et des ordonnances, de s'attaquer au corps des médecins, et d'aller mettre sur son théâtre des personnes vénérables comme ces messieurs-là!

BÉRALDE. — Que voulez-vous qu'il y mette, que les diverses professions des hommes? On y met bien tous les jours les princes et les rois, qui sont d'aussi bonne maison que les médecins.

ARGAN. — Par la mort non de diable[1]! si j'étois que des médecins, je me vengerois de son impertinence; et, quand il sera malade, je le laisserois mourir sans secours. Il auroit beau faire et beau dire, je ne lui ordonnerois pas la moindre petite saignée, le moindre petit lavement; et je lui dirois: Crève, crève; cela t'apprendra une autre fois à te jouer de la Faculté[2].

BÉRALDE. — Vous voilà bien en colère contre lui.

ARGAN. — Oui. C'est un malavisé; et, si les médecins sont sages, ils feront ce que je dis.

BÉRALDE. — Il sera encore plus sage que vos médecins; car il ne leur demandera point de secours.

ARGAN. — Tant pis pour lui, s'il n'a point recours aux remèdes.

---

1. Ellipse de : Par la mort de Dieu, non, de diable.
2. On ne peut s'empêcher, en lisant ce passage, de songer que Molière mourut trois jours après cette représentation, et qu'il mourut privé des secours des médecins.

BÉRALDE. — Il a ses raisons pour n'en point vouloir, et il soutient que cela n'est permis qu'aux gens vigoureux et robustes, et qui ont des forces de reste pour porter les remèdes avec la maladie ; mais que, pour lui, il n'a justement de la force que pour porter son mal.

ARGAN. — Les sottes raisons que voilà ! Tenez, mon frère, ne parlons point de cet homme-là davantage ; car cela m'échauffe la bile, et vous me donneriez mon mal.

BÉRALDE. — Je le veux bien, mon frère ; et, pour changer de discours, je vous dirai que, sur une petite répugnance que vous témoigne votre fille, vous ne devez point prendre les résolutions violentes de la mettre dans un couvent ; que, pour le choix d'un gendre, il ne vous faut pas suivre aveuglément la passion qui vous emporte ; et qu'on doit, sur cette matière, s'accommoder un peu à l'inclination d'une fille, puisque c'est pour toute la vie, et que de là dépend tout le bonheur d'un mariage.

SCÈNE IV. — M. FLEURANT, une seringue à la main[1] ; ARGAN, BÉRALDE.

ARGAN. — Ah ! mon frère, avec votre permission.

BÉRALDE. — Comment? Que voulez-vous faire ?

ARGAN. — Prendre ce petit lavement-là ; ce sera bientôt fait.

BÉRALDE. — Vous vous moquez. Est-ce que vous ne

---

1. Encore un nom significatif comme M. Bonnefoi ; du reste on a retrouvé tous ces noms de Dimanche, Jourdain, Fleurant, Dandin, Loyal, dans des actes notariés de l'époque ; Molière savait seulement les choisir.

sauriez être un moment sans lavement ou sans médecine? Remettez cela à une autre fois, et demeurez un peu en repos.

ARGAN. — Monsieur Fleurant, à ce soir, ou à demain au matin.

MONSIEUR FLEURANT, à Béralde. — De quoi vous mêlez-vous, de vous opposer aux ordonnances de la médecine, et d'empêcher monsieur de prendre mon clystère? Vous êtes bien plaisant d'avoir cette hardiesse-là!

BÉRALDE. — Allez, monsieur; on voit bien que vous n'avez pas accoutumé de parler à des visages.

MONSIEUR FLEURANT. — On ne doit point ainsi se jouer des remèdes, et me faire perdre mon temps. Je ne suis venu ici que sur une bonne ordonnance, et je vais dire à monsieur Purgon comme on m'a empêché d'exécuter ses ordres, et de faire ma fonction. Vous verrez, vous verrez....

SCÈNE V. — ARGAN, BÉRALDE.

ARGAN. — Mon frère, vous serez cause ici de quelque malheur.

BÉRALDE. — Le grand malheur de ne pas prendre un lavement que monsieur Purgon a ordonné! Encore un coup, mon frère, est-il possible qu'il n'y ait pas moyen de vous guérir de la maladie des médecins, et que vous vouliez être toute votre vie enseveli dans leurs remèdes?

ARGAN. — Mon Dieu! mon frère, vous en parlez comme un homme qui se porte bien; mais, si vous étiez à ma place, vous changeriez bien de langage. Il est aisé de parler contre la médecine, quand on est en pleine santé.

BÉRALDE. — Mais quel mal avez-vous?

ARGAN. — Vous me feriez enrager. Je voudrois que vous l'eussiez, mon mal, pour voir si vous jaseriez tant. Ah! voici monsieur Purgon.

SCÈNE VI. — M. PURGON, ARGAN, BÉRALDE, TOINETTE.

MONSIEUR PURGON. — Je viens d'apprendre là-bas à la porte, de jolies nouvelles; qu'on se moque ici de mes ordonnances, et qu'on a fait refus de prendre le remède que j'avois prescrit.

ARGAN. — Monsieur, ce n'est pas....

MONSIEUR PURGON. — Voilà une hardiesse bien grande, une étrange rébellion d'un malade contre son médecin.

TOINETTE. — Cela est épouvantable.

MONSIEUR PURGON. — Un clystère que j'avois pris plaisir à composer moi-même;

ARGAN. — Ce n'est pas moi....

MONSIEUR PURGON. — Inventé et formé dans toutes les règles de l'art;

TOINETTE. — Il a tort.

MONSIEUR PURGON. — Et qui devoit faire dans les entrailles un effet merveilleux.

ARGAN. — Mon frère....

MONSIEUR PURGON. — Le renvoyer avec mépris!

ARGAN, montrant Béralde. — C'est lui....

MONSIEUR PURGON. — C'est une action exorbitante.

TOINETTE. — Cela est vrai.

MONSIEUR PURGON. — Un attentat énorme contre la médecine,

ARGAN, montrant Béralde. — Il est cause....

MONSIEUR PURGON. — Un crime de lèse-faculté, qui ne se peut assez punir.

TOINETTE. — Vous avez raison.

MONSIEUR PURGON. — Je vous déclare que je romps commerce avec vous;

ARGAN. — C'est mon frère....

MONSIEUR PURGON. — Que je ne veux plus d'alliance avec vous;

TOINETTE. — Vous ferez bien.

MONSIEUR PURGON. — Et que, pour finir toute liaison avec vous, voilà la donation que je faisois à mon neveu, en faveur du mariage. (Il déchire la donation et en jette les morceaux avec fureur.)

ARGAN. — C'est mon frère qui a fait tout le mal.

MONSIEUR PURGON. — Mépriser mon clystère!

ARGAN. — Faites-le venir; je m'en vais le prendre.

MONSIEUR PURGON. — Je vous aurois tiré d'affaire avant qu'il fût peu.

TOINETTE. — Il ne le mérite pas.

MONSIEUR PURGON. — J'allois nettoyer votre corps, et en évacuer entièrement les mauvaises humeurs.

ARGAN. — Ah! mon frère!

MONSIEUR PURGON. — Et je ne voulois plus qu'une douzaine de médecines pour vider le fond du sac.

TOINETTE. — Il est indigne de vos soins.

MONSIEUR PURGON. — Mais, puisque vous n'avez pas voulu guérir par mes mains.

ARGAN. — Ce n'est pas ma faute.

MONSIEUR PURGON.—Puisque vous vous êtes soustrait de l'obéissance que l'on doit à son médecin,

TOINETTE. —Cela crie vengeance.

MONSIEUR PURGON. — Puisque vous vous êtes déclaré rebelle aux remèdes que je vous ordonnois....

ARGAN. — Hé ! point du tout.

MONSIEUR PURGON. — J'ai à vous dire que je vous abandonne à votre mauvaise constitution, à l'intempérie de vos entrailles, à la corruption de votre sang, à l'âcreté de votre bile, et à la féculence de vos humeurs.

TOINETTE. — C'est fort bien fait.

ARGAN. — Mon Dieu !

MONSIEUR PURGON. — Et je veux qu'avant qu'il soit quatre jours vous deveniez dans un état incurable ;

ARGAN. — Ah ! miséricorde !

MONSIEUR PURGON. — Que vous tombiez dans la bradypepsie,

ARGAN. — Monsieur Purgon !

MONSIEUR PURGON. — De la bradypepsie dans la dyspepsie,

ARGAN. — Monsieur Purgon !

MONSIEUR PURGON. — De la dyspepsie dans l'apepsie,

ARGAN. — Monsieur Purgon !

MONSIEUR PURGON. — De l'apepsie dans la lienterie....

ARGAN. — Monsieur Purgon !

MONSIEUR PURGON. — De la lienterie dans la dyssenterie....

ARGAN. — Monsieur Purgon !

MONSIEUR PURGON. — De la dyssenterie dans l'hydropisie....

ARGAN. — Monsieur Purgon !

MONSIEUR PURGON. — Et de l'hydropisie dans la privation de la vie, où vous aura conduit votre folie.

SCÈNE VII. — ARGAN, BÉRALDE.

ARGAN. — Ah! mon Dieu! je suis mort. Mon frère, vous m'avez perdu.

BÉRALDE. — Quoi! qu'y a-t-il?

ARGAN. — Je n'en puis plus. Je sens déjà que la médecine se venge.

BÉRALDE. — Ma foi, mon frère, vous êtes fou; et je ne voudrois pas, pour beaucoup de choses, qu'on vous vît faire ce que vous faites. Tâtez-vous un peu, je vous prie; revenez à vous-même, et ne donnez point tant à votre imagination.

ARGAN. — Vous voyez, mon frère, les étranges maladies dont il m'a menacé.

BÉRALDE. — Le simple homme que vous êtes!

ARGAN. — Il dit que je deviendrai incurable avant qu'il soit quatre jours.

BÉRALDE. — Et ce qu'il dit, que fait-il à la chose? Est-ce un oracle qui a parlé? Il semble, à vous entendre, que monsieur Purgon tienne dans ses mains le filet de vos jours, et que, d'autorité suprême, il vous l'allonge et vous le raccourcisse comme il lui plaît. Songez que les principes de votre vie sont en vous-même, et que le courroux de monsieur Purgon est aussi peu capable de vous faire mourir, que ses remèdes de vous faire vivre. Voici une aventure, si vous voulez, à vous défaire des médecins; ou, si vous êtes né à ne pouvoir vous en passer, il est aisé d'en avoir un autre, avec lequel, mon frère, vous puissiez courir un peu moins de risque.

ARGAN. — Ah! mon frère, il sait tout mon tempérament, et la manière dont il faut me gouverner.

BÉRALDE. — Il faut vous avouer que vous êtes un homme d'une grande prévention, et que vous voyez les choses avec d'étranges yeux.

SCÈNE VIII. — ARGAN, BÉRALDE, TOINETTE.

TOINETTE, à Argan. — Monsieur, voilà un médecin qui demande à vous voir.

ARGAN. — Et quel médecin?

TOINETTE. — Un médecin de la médecine.

ARGAN. — Je te demande qui il est?

TOINETTE. — Je ne le connois pas, mais il me ressemble comme deux gouttes d'eau.

ARGAN. — Fais-le venir.

SCÈNE IX. — ARGAN, BÉRALDE.

BÉRALDE. — Vous êtes servi à souhait. Un médecin vous quitte; un autre se présente.

ARGAN. — J'ai bien peur que vous ne soyez cause de quelque malheur.

BÉRALDE. — Encore! Vous en revenez toujours là.

ARGAN. — Voyez-vous, j'ai sur le cœur toutes ces maladies-là, que je ne connois point, ces....

SCÈNE X. — ARGAN, BÉRALDE; TOINETTE, en médecin.

TOINETTE. — Monsieur, agréez que je vienne vous rendre visite, et vous offrir mes petits services pour toutes les saignées et purgations dont vous aurez besoin.
ARGAN. — Monsieur, je vous suis fort obligé. (A Béralde.) Par ma foi, voilà Toinette elle-même.
TOINETTE. — Monsieur, je vous prie de m'excuser : j'ai oublié de donner une commission à mon valet; je reviens tout à l'heure.

SCÈNE XI. — ARGAN, BÉRALDE.

ARGAN. — Hé? ne diriez-vous pas que c'est effectivement Toinette?
BÉRALDE. — Il est vrai que la ressemblance est tout à fait grande : mais ce n'est pas la première fois qu'on a vu de ces sortes de choses; et les histoires ne sont pleines que de ces jeux de la nature.
ARGAN. — Pour moi, j'en suis surpris; et....

SCÈNE. XII. — ARGAN, BÉRALDE, TOINETTE.

TOINETTE. — Que voulez-vous, monsieur?
ARGAN. — Comment?
TOINETTE. — Ne m'avez-vous pas appelée?
ARGAN. — Moi? Non.

TOINETTE. — Il faut donc que les oreilles m'aient corné.

ARGAN. — Demeure un peu ici pour voir comme ce médecin te ressemble.

TOINETTE. — Oui, vraiment! J'ai affaire là-bas; et je l'ai assez vu.

SCÈNE XIII. — ARGAN, BÉRALDE.

ARGAN. — Si je ne les voyois tous deux, je croirois que ce n'est qu'un[1].

BÉRALDE. — J'ai lu des choses surprenantes de ces sortes de ressemblances, et nous en avons vu, de notre temps, où tout le monde s'est trompé.

ARGAN. — Pour moi, j'aurois été trompé à celle-là, et j'aurois juré que c'étoit la même personne.

SCÈNE XIV. — ARGAN, BÉRALDE; TOINETTE, en médecin.

TOINETTE. — Monsieur, je vous demande pardon de tout mon cœur.

ARGAN, bas, à Béralde. — Cela est admirable.

TOINETTE. — Vous ne trouverez pas mauvais, s'il vous plaît, la curiosité que j'ai eue de voir un illustre malade comme vous êtes; et votre réputation, qui s'étend partout, peut excuser la liberté que j'ai prise.

ARGAN. — Monsieur, je suis votre serviteur.

---

1. Il vient de les voir l'un après l'autre, et croit les voir ensemble. Argan est prédestiné à être dupe.

TOINETTE. — Je vois, monsieur, que vous me regardez fixement. Quel âge croyez-vous bien que j'aie?

ARGAN. — Je crois que tout au plus vous pouvez avoir vingt-six ou vingt-sept ans.

TOINETTE. — Ah, ah, ah, ah ! J'en ai quatre-vingt-dix.

ARGAN. — Quatre-vingt-dix !

TOINETTE. — Oui. Vous voyez un effet des secrets de mon art, de me conserver ainsi frais et vigoureux.

ARGAN. — Par ma foi, voilà un beau jeune vieillard pour quatre-vingt-dix ans.

TOINETTE. — Je suis médecin passager, qui vais de ville en ville, de province en province, de royaume en royaume, pour chercher d'illustres matières à ma capacité, pour trouver des malades dignes de m'occuper, capables d'exercer les grands et beaux secrets que j'ai trouvés dans la médecine. Je dédaigne de m'amuser à ce menu fatras de maladies ordinaires, à ces bagatelles de rhumatismes et de fluxions, à ces fiévrotes, à ces vapeurs et à ces migraines. Je veux des maladies d'importance, de bonnes fièvres continues avec des transports au cerveau, de bonnes fièvres pourprées, de bonnes pestes, de bonnes hydropisies formées, de bonnes pleurésies avec des inflammations de poitrine : c'est là que je me plais, c'est là que je triomphe ; et je voudrois, monsieur, que vous eussiez toutes les maladies que je viens de dire, que vous fussiez abandonné de tous les médecins, désespéré, à l'agonie, pour vous montrer l'excellence de mes remèdes, et l'envie que j'aurois de vous rendre service.

ARGAN. — Je vous suis obligé, monsieur, des bontés que vous avez pour moi.

TOINETTE. — Donnez-moi votre pouls. Allons donc, que l'on batte comme il faut. Ah! je vous ferai bien aller comme vous devez. Ouais! ce pouls-là fait l'impertinent; je vois bien que vous ne me connoissez pas encore. Qui est votre médecin?

ARGAN. — Monsieur Purgon.

TOINETTE. — Cet homme-là n'est point écrit sur mes tablettes entre les grands médecins. De quoi dit-il que vous êtes malade?

ARGAN. — Il dit que c'est du foie, et d'autres disent que c'est de la rate.

TOINETTE. — Ce sont tous des ignorans. C'est du poumon que vous êtes malade.

ARGAN. — Du poumon!

TOINETTE. — Oui. Que sentez-vous?

ARGAN. — Je sens de temps en temps des douleurs de tête.

TOINETTE. — Justement, le poumon.

ARGAN. — Il me semble parfois que j'ai un voile devant les yeux.

TOINETTE. — Le poumon.

ARGAN. — J'ai quelquefois des maux de cœur.

TOINETTE. — Le poumon.

ARGAN. — Je sens parfois des lassitudes dans tous les membres.

TOINETTE. — Le poumon.

ARGAN. — Et quelquefois il me prend des douleurs dans le ventre, comme si c'étoient des coliques.

TOINETTE. — Le poumon. Vous avez appétit à ce que vous mangez?

ARGAN. — Oui, monsieur.

TOINETTE. — Le poumon. Il vous prend un petit sommeil après le repas, et vous êtes bien aise de dormir?

ARGAN. — Oui, monsieur.

TOINETTE. — Le poumon. Vous aimez à boire un peu de vin?

ARGAN. — Oui, monsieur.

TOINETTE. — Le poumon, le poumon, vous dis-je. Que vous ordonne votre médecin pour votre nourriture?

ARGAN. — Il m'ordonne du potage,

TOINETTE. — Ignorant!

ARGAN. — De la volaille,

TOINETTE. — Ignorant!

ARGAN. — Du veau,

TOINETTE. — Ignorant!

ARGAN. — Des bouillons,

TOINETTE. — Ignorant!

ARGAN. — Des œufs frais,

TOINETTE. — Ignorant!

ARGAN. — Et le soir de petits pruneaux pour lâcher le ventre,

TOINETTE. — Ignorant!

ARGAN. — Et surtout de boire mon vin fort trempé.

TOINETTE. — *Ignorantus, ignoranta, ignorantum.* Il faut boire votre vin pur; et, pour épaissir votre sang qui est trop subtil, il faut manger de bon gros bœuf, de bon gros porc, de bon fromage de Hollande, du gruau et du riz, et des marrons et des oublies, pour coller et conglutiner. Votre médecin est une bête. Je veux vous en envoyer un de ma main; et je viendrai vous voir de temps en temps, tandis que je serai en cette ville.

ARGAN. — Vous m'obligez beaucoup.

TOINETTE. — Que diantre faites-vous de ce bras-là?

ARGAN. — Comment?

TOINETTE. — Voilà un bras que je me ferois couper tout à l'heure, si j'étois que de vous.

ARGAN. — Et pourquoi?

TOINETTE. — Ne voyez-vous pas qu'il tire à soi toute la nourriture, et qu'il empêche ce côté-là de profiter?

ARGAN. — Oui; mais j'ai besoin de mes bras.

TOINETTE. — Vous avez là aussi un œil droit que je me ferois crever, si j'étois en votre place.

ARGAN. — Crever un œil?

TOINETTE. — Ne voyez-vous pas qu'il incommode l'autre, et lui dérobe sa nourriture? Croyez-moi, faites-vous le crever au plus tôt : vous en verrez plus clair de l'œil gauche.

ARGAN. — Cela n'est pas pressé.

TOINETTE. — Adieu. Je suis fâché de vous quitter sitôt; mais il faut que je me trouve à une grande consultation qui se doit faire pour un homme qui mourut hier.

ARGAN — Pour un homme qui mourut hier.

TOINETTE. — Oui : pour aviser et voir ce qu'il auroit fallu lui faire pour le guérir. Jusqu'au revoir.

ARGAN. — Vous savez que les malades ne reconduisent point.

SCÈNE XV. — ARGAN, BÉRALDE.

BÉRALDE. — Voilà un médecin, vraiment, qui paroît fort habile.

ARGAN. — Oui; mais il y va un peu bien vite.

BÉRALDE. — Tous les grands médecins sont comme cela.

ARGAN. — Me couper un bras, et me crever un œil, afin que l'autre se porte mieux! J'aime bien mieux qu'il ne se porte pas si bien. La belle opération, de me rendre borgne et manchot!

SCÈNE XVI. — ARGAN, BÉRALDE, TOINETTE.

TOINETTE, *feignant de parler à quelqu'un.* — Allons, allons, je suis votre servante. Je n'ai pas envie de rire.

ARGAN. — Qu'est-ce que c'est?

TOINETTE. — Votre médecin, ma foi, qui me vouloit tâter le pouls.

ARGAN. — Voyez un peu, à l'âge de quatre-vingt-dix ans!

BÉRALDE. — Oh çà! mon frère, puisque voilà votre monsieur Purgon brouillé avec vous, ne voulez-vous pas bien que je vous parle du parti qui s'offre pour ma nièce?

ARGAN. — Non, mon frère : je veux la mettre dans un couvent, puisqu'elle s'est opposée à mes volontés. Je vois bien qu'il y a quelque amourette là-dessous, et j'ai découvert certaine entrevue secrète, qu'on ne sait pas que j'ai découverte.

BÉRALDE. — Hé bien! mon frère, quand il y auroit quelque petite inclination, cela seroit-il si criminel? Et rien peut-il vous offenser, quand tout ne va qu'à des choses honnêtes, comme le mariage?

ARGAN. — Quoi qu'il en soit, mon frère, elle sera religieuse; c'est une chose résolue.

BÉRALDE. — Vous voulez faire plaisir à quelqu'un.

ARGAN. — Je vous entends. Vous en revenez toujours là, et ma femme vous tient au cœur.

BÉRALDE. — Hé bien! oui, mon frère : puisqu'il faut parler à cœur ouvert, c'est votre femme que je veux dire; et, non plus que l'entêtement de la médecine, je ne puis vous souffrir l'entêtement où vous êtes pour elle, et voir que vous donniez, tête baissée, dans tous les piéges qu'elle vous tend.

TOINETTE. — Ah! monsieur, ne parlez point de madame; c'est une femme sur laquelle il n'y a rien à dire, une femme sans artifice, qui aime monsieur, qui l'aime.... On ne peut pas dire cela.

ARGAN. — Demandez-lui un peu les caresses qu'elle me fait.

TOINETTE. — Cela est vrai.

ARGAN. — L'inquiétude que lui donne ma maladie.

TOINETTE. — Assurément.

ARGAN. — Et les soins et les peines qu'elle prend autour de moi.

TOINETTE. — Il est certain. (A Béralde.) Voulez-vous que je vous convainque, et vous fasse voir, tout à l'heure, comme madame aime monsieur? (A Argan.) Monsieur, souffrez que je lui montre son bec jaune[1], et le tire d'erreur.

ARGAN. — Comment?

TOINETTE. — Madame s'en va revenir. Mettez-vous tout étendu dans cette chaise, et contrefaites le mort. Vous verrez la douleur où elle sera, quand je lui dirai la nouvelle.

ARGAN. — Je le veux bien.

TOINETTE. — Oui; mais ne la laissez pas longtemps dans le désespoir, car elle en pourroit bien mourir.

ARGAN. — Laisse-moi faire.

TOINETTE, à Béralde. — Cachez-vous, vous, dans ce coin-là.

---

1. Comme les très-jeunes oiseaux; sans expérience. Cette défense

SCÈNE XVII. — ARGAN, TOINETTE.

ARGAN. — N'y a-t-il point quelque danger à contrefaire le mort?

TOINETTE. — Non, non. Quel danger y auroit-il? Étendez-vous là seulement. (Bas.) Il y aura plaisir à confondre votre frère. Voici madame. Tenez-vous bien.

SCÈNE XVIII. — BÉLINE; ARGAN, étendu dans sa chaise; TOINETTE.

TOINETTE, feignant de ne pas voir Béline. — Ah! mon Dieu! Ah! malheur! Quel étrange accident!

BÉLINE. — Qu'est-ce, Toinette?

TOINETTE. — Ah! madame!

BÉLINE. — Qu'y a-t-il?

TOINETTE. — Votre mari est mort.

BÉLINE. — Mon mari est mort?

TOINETTE. — Hélas! oui! le pauvre défunt est trépassé.

BÉLINE. — Assurément?

TOINETTE. — Assurément. Personne ne sait encore cet accident-là, et je me suis trouvée ici toute seule. Il vient de passer entre mes bras. Tenez, le voilà tout de son long dans cette chaise.

BÉLINE. — Le ciel en soit loué! Me voilà délivrée d'un

de Béline entreprise par Toinette fera qu'Argan, sans défiance, se prêtera facilement à l'épreuve.

grand fardeau. Que tu es sotte, Toinette, de t'affliger de cette mort.

TOINETTE. — Je pensois, madame, qu'il fallût pleurer.

BÉLINE. — Va, va, cela n'en vaut pas la peine. Quelle perte est-ce que la sienne? et de quoi servoit-il sur la terre? Un homme incommode à tout le monde, malpropre, dégoûtant, sans cesse un lavement ou une médecine dans le ventre, mouchant, toussant, crachant toujours; sans esprit, ennuyeux, de mauvaise humeur, fatiguant sans cesse les gens, et grondant jour et nuit servantes et valets[1].

TOINETTE. — Voilà une belle oraison funèbre!

BÉLINE. — Il faut, Toinette, que tu m'aides à exécuter mon dessein, et tu peux croire qu'en me servant, ta récompense est sûre. Puisque, par un bonheur, personne n'est encore averti de la chose. Portons-le dans son lit, et tenons cette mort cachée, jusqu'à ce que j'aie fait mon affaire. Il y a des papiers, il y a de l'argent, dont je me veux saisir; et il n'est pas juste que j'aie passé sans fruit, auprès de lui, mes plus belles années. Viens, Toinette, prenons auparavant toutes ses clefs.

ARGAN, se levant brusquement. — Doucement.

BÉLINE. — Ah!

ARGAN. — Oui, madame ma femme, c'est ainsi que vous m'aimez?

TOINETTE. — Ah! ah! le défunt n'est pas mort!

ARGAN, à Béline, qui sort. — Je suis bien aise de voir votre amitié, et d'avoir entendu le beau panégyrique que vous avez fait de moi. Voilà un avis au lecteur qui me

---

1. Ce discours, fait en présence d'Argan, commence la guérison du *Malade imaginaire*, en lui montrant sans artifice le dégoût qu'il inspire.

rendra sage à l'avenir, et qui m'empêchera de faire bien des choses.

SCÈNE XIX. — BÉRALDE, sortant de l'endroit où il s'était caché ; ARGAN, TOINETTE.

BÉRALDE. — Hé bien ! mon frère, vous le voyez.

TOINETTE. — Par ma foi, je n'aurois jamais cru cela. Mais j'entends votre fille : remettez-vous comme vous étiez, et voyons de quelle manière elle recevra votre mort. C'est une chose qu'il n'est pas mauvais d'éprouver ; et, puisque vous êtes en train, vous connoîtrez par là les sentimens que votre famille a pour vous. (Béralde va se cacher.)

SCÈNE XX. — ARGAN, ANGÉLIQUE, TOINETTE.

TOINETTE, feignant de ne pas voir Angélique. — O ciel ! ah ! fâcheuse aventure ! Malheureuse journée !

ANGÉLIQUE. — Qu'as-tu, Toinette ? et de quoi pleures-tu ?

TOINETTE. — Hélas ! j'ai de tristes nouvelles à vous donner.

ANGÉLIQUE. — Hé ! quoi ?

TOINETTE. — Votre père est mort.

ANGÉLIQUE. — Mon père est mort, Toinette ?

TOINETTE. — Oui. Vous le voyez là ; il vient de mourir tout à l'heure d'une foiblesse qui lui a pris.

ANGÉLIQUE. — O ciel ! quelle infortune ! quelle atteinte cruelle ! Hélas ! faut-il que je perde mon père, la seule chose qui me restoit au monde; et qu'encore, pour un surcroît de désespoir, je le perde dans un moment où il étoit irrité contre moi! Que deviendrai-je, malheureuse? et quelle consolation trouver après une si grande perte[1]?

SCÈNE XXI. — ARGAN, ANGÉLIQUE, CLÉANTE, TOINETTE.

CLÉANTE. — Qu'avez-vous donc, belle Angélique? et quel malheur pleurez-vous?

ANGÉLIQUE. — Hélas! je pleure tout ce que dans la vie je pouvois perdre de plus cher et de plus précieux; je pleure la mort de mon père.

CLÉANTE. — O ciel! quel accident! quel coup inopiné! Hélas! après la demande que j'avois conjuré votre oncle de lui faire pour moi, je venois me présenter à lui, et tâcher, par mes respects et par mes prières, de disposer son cœur à vous accorder à mes vœux.

ANGÉLIQUE. — Ah! Cléante, ne parlons plus de rien. Laissons là toutes les pensées du mariage. Après la perte de mon père, je ne veux plus être du monde, et j'y renonce pour jamais. Oui, mon père, si j'ai résisté tantôt à vos volontés, je veux suivre du moins une de vos intentions, et réparer par là le chagrin que je m'accuse de vous avoir donné. (Se jetant à ses genoux.) Souffrez, mon père, que je vous en donne ici ma parole, et que je vous embrasse pour vous témoigner mon ressentiment.

ARGAN, embrassant Angélique. — Ah! ma fille!

---

1. Le spectateur qui sait qu'Argan est vivant, n'est que touché du bon cœur d'Angélique. Ce n'est pas là une scène larmoyante.

ANGÉLIQUE.—Ah!

ARGAN. — Viens. N'aie point de peur; je ne suis pas mort. Va, tu es mon vrai sang, ma véritable fille, et je suis ravi d'avoir vu ton bon naturel.

SCÈNE XXII. ARGAN, BÉRALDE, ANGÉLIQUE, CLÉANTE, TOINETTE.

ANGÉLIQUE. — Ah! quelle surprise agréable! Mon père, puisque, par un bonheur extrême, le ciel vous redonne à mes vœux, souffrez qu'ici je me jette à vos pieds pour vous supplier d'une chose. Si vous n'êtes pas favorable au penchant de mon cœur, si vous me refusez Cléante pour époux, je vous conjure au moins de ne me point forcer d'en épouser un autre. C'est toute la grâce que je vous demande.

CLÉANTE, se jetant aux genoux d'Argan. — Hé! monsieur, laissez-vous toucher à ses prières et aux miennes, et ne vous montrez point contraire aux mutuels empressemens d'une si belle inclination.

BÉRALDE. — Mon frère, pouvez-vous tenir là contre?

TOINETTE. — Monsieur, serez-vous insensible à tant d'amour?

ARGAN. — Qu'il se fasse médecin, je consens au mariage. (A Cléante.) Oui, faites-vous médecin, je vous donne ma fille [1].

CLÉANTE. — Très-volontiers, monsieur, s'il ne tient qu'à cela pour être votre gendre, je me ferai médecin,

---

1. Toujours la même folie; heureusement le sage Béralde va la détourner par sa proposition, qui amène le divertissement final.

apothicaire même, si vous voulez. Ce n'est pas une affaire que cela, et je ferois bien d'autres choses pour obtenir la belle Angélique.

BÉRALDE. — Mais, mon frère, il me vient une pensée. Faites-vous médecin vous-même, la commodité sera encore plus grande, d'avoir en vous tout ce qu'il vous faut.

TOINETTE. — Cela est vrai. Voilà le vrai moyen de vous guérir bientôt; et il n'y a point de maladie si osée que de se jouer à la personne d'un médecin.

ARGAN. — Je pense, mon frère, que vous vous moquez de moi. Est-ce que je suis en âge d'étudier?

BÉRALDE. — Bon, étudier! vous êtes assez savant; et il y en a beaucoup parmi eux qui ne sont pas plus habiles que vous.

ARGAN. — Mais il faut savoir bien parler latin, connoître les maladies et les remèdes qu'il y faut faire.

BÉRALDE. — En recevant la robe et le bonnet de médecin, vous apprendrez tout cela, et vous serez après plus habile que vous ne voudrez.

ARGAN. — Quoi! l'on sait discourir sur les maladies, quand on a cet habit-là?

BÉRALDE. — Oui. L'on n'a qu'à parler avec une robe et un bonnet, tout galimatias devient savant, et toute sottise devient raison.

TOINETTE. — Tenez, monsieur, quand il n'y auroit que votre barbe, c'est déjà beaucoup; et la barbe fait plus de la moitié d'un médecin.

CLÉANTE. — En tout cas, je suis prêt à tout.

BÉRALDE, à Argan. — Voulez-vous que l'affaire se fasse tout à l'heure?

ARGAN. — Comment, tout à l'heure?

BÉRALDE. — Oui, et dans votre maison.

ARGAN. — Dans ma maison?

BÉRALDE. — Oui. Je connois une faculté de mes amies, qui viendra tout à l'heure en faire la cérémonie dans votre salle. Cela ne vous coûtera rien.

ARGAN. — Mais, moi, que dire? que répondre?

BÉRALDE. — On vous instruira en deux mots, et l'on vous donnera par écrit ce que vous devez dire. Allez-vous-en vous mettre en habit décent. Je vais les envoyer quérir.

ARGAN. — Allons, voyons cela.

SCÈNE XXIII. — BÉRALDE, ANGÉLIQUE, CLÉANTE, TOINETTE.

CLÉANTE. — Que voulez-vous dire? et qu'entendez-vous avec cette faculté de vos amies?

TOINETTE. — Quel est donc votre dessein?

BÉRALDE. — De nous divertir un peu ce soir. Les comédiens ont fait un petit intermède de la réception d'un médecin, avec des danses et de la musique; je veux que nous en prenions ensemble le divertissement, et que mon frère y fasse le premier personnage.

ANGÉLIQUE. — Mais, mon oncle, il me semble que vous vous jouez un peu beaucoup de mon père.

BÉRALDE. — Mais, ma nièce, ce n'est pas tant le jouer, que s'accommoder à ses fantaisies. Tout ceci n'est qu'entre nous. Nous y pouvons aussi prendre chacun un personnage, et nous donner ainsi la comédie les uns aux autres. Le carnaval autorise cela. Allons vite préparer toutes choses.

CLÉANTE, à Angélique. — Y consentez-vous?

ANGÉLIQUE. — Oui, puisque mon oncle nous conduit.

INTERMÈDE.

[C'est une cérémonie burlesque d'un homme qu'on fait médecin, en récit, chant et danse. Plusieurs tapissiers viennent préparer la salle et placer les bancs en cadence. Ensuite de quoi, toute l'assemblée, composée de huit porte-seringues, de six apothicaires, de vingt-deux docteurs, et de celui qui se fait recevoir médecin, de huit chirurgiens dansans, et de deux chantans, entre et prend place, chacun selon son rang; commence alors en mauvais latin un interrogatoire bouffon, suivi des réponses qui ne le sont pas moins, et le chœur répond :

> Bene, bene, bene, bene respondere,
> Dignus, dignus est intrare
> In nostro docto corpore
> Bene, bene respondere.

Phrase devenue proverbiale : il est digne d'entrer dans notre docte corps; après l'examen vient le serment professionnel, et enfin la permission d'exercer la médecine.]

FIN.

TABLE

DU SECOND VOLUME.

M. DE POURCEAUGNAC... 1

LE BOURGEOIS GENTILHOMME................................... 63

LES FEMMES SAVANTES... 167

LE MALADE IMAGINAIRE.. 273

8693. — IMPRIMERIE GÉNÉRALE DE CH. LAHURE
Rue de Fleurus, 9, à Paris

BIBLIOTHÈQUE ROSE ILLUSTRÉE
POUR LES ENFANTS ET POUR LES ADOLESCENTS
FORMAT IN-18 JÉSUS

On peut se procurer chaque volume, relié en percaline, tranches jaspées, moyennant 75 centimes; en percaline, tranches dorées, moyennant 1 franc en sus du prix marqué.

Andersen : *Contes choisis*, traduits du danois. 1 vol. — 2 fr.
Anonyme : *Douze histoires pour les enfants de quatre à huit ans*, par une mère de famille. 1 vol. — 2 fr.
— *Chien et Chat*. 1 vol. — 2 fr.
— *Les enfants d'aujourd'hui*, par le même auteur. 1 vol. — 2 fr.
— *Les fêtes d'enfants*. 1 vol. — 2 fr.
Barrau : *Amour filial*. 1 vol. — 2 fr.
Bawr (Mme de) : *Nouveaux contes*. 1 vol. couronné par l'Académie française. 2 fr.
Belèze : *Jeux des adolescents*. 1 vol. 2 fr.
Berquin : *Choix de petits drames et de contes*. 1 vol. — 2 fr.
Boiteau (P.) : *Légendes recueillies ou composées pour les enfants*. 1 vol. 2 fr.
Carraud (Mme Z.) : *La petite Jeanne, ou le Devoir*. 1 vol. — 2 fr.
Ouvrage couronné par l'Acad. française.
— *Historiettes véritables pour les enfants de quatre à huit ans*. 1 vol. — 2 fr.
— *Les métamorphoses d'une goutte d'eau; Les aventures d'une fourmi*. 1 vol. 2 fr.
Castillon : *Récréations physiques*. 2 fr.
Catlin : *La vie chez les Indiens*, traduit de l'anglais. 1 vol.
Cervantès : *Histoire de don Quichotte de la Manche*; édition à l'usage des enfants. 1 vol. — 2 fr.
Chabreul (Mme de) : *Jeux et exercices des jeunes filles*. 1 vol. — 2 fr.
Colet (Mme L.) : *Enfances célèbres*. 1 vol. 2 fr.
Edgeworth (miss) : *Contes de l'adolescence*, traduits de l'anglais. 1 vol. 2 fr.
— *Contes de l'enfance*, traduits de l'anglais. 1 vol. — 2 fr.
Fénelon : *Fables*. 1 vol. — 2 fr.
Foë (de) : *Robinson Crusoé*, édition abrégée, à l'usage des enfants. 1 vol. 2 fr.
Genlis (Mme de) : *Contes moraux*. 1 v. 2 fr.
Gouraud (Mlle Julie) : *Lettres de deux Poupées*. 1 vol. — 2 fr.
— *Les mémoires d'un petit garçon*. 1 volume. — 2 fr.
Grimm (les frères) : *Contes choisis*, traduits de l'allemand. 1 vol. — 2 fr.
Hauff : *La caravane*, traduite de l'allemand. 1 vol. — 2 fr.
— *L'auberge du Spessart*, traduite de l'allemand. 1 vol. — 2 fr.

Hawthorne : *Le livre des merveilles*, traduit de l'anglais. 2 vol. 4 fr.
— Chaque volume se vend séparément.
Hervé et de Lanoye : *Voyage dans les glaces du pôle arctique*. 1 vol. 2 fr.
Isle (Mlle Henriette d') : *Histoire de deux âmes*. 1 vol. — 2 fr.
Lanoye (Ferd. de) : *Les grandes scènes de la nature*. 1 vol. — 2 fr.
— *La mer polaire. Voyage de l'Erèbe et de la Terreur*. 1 vol. — 2 fr.
Le Sage : *Gil Blas*, édition destinée à l'adolescence. 1 vol. — 2 fr.
Mayne-Reid (le capitaine). Ouvrages traduits de l'anglais :
— *A fond de cale*. 1 vol. — 2 fr.
— *A la mer!* 1 vol. — 2 fr.
— *Le chasseur de plantes*. 1 vol. 2 fr.
— *Le chasseur d'ours*. 1 vol. 2 fr.
— *Les grimpeurs de montagnes*. 1 v. 2 fr.
— *Les exilés dans la forêt*. 1 vol. 2 fr.
— *Les peuples étranges*. 1 vol. 2 fr.
— *Les vacances des jeunes Boërs*. 1 v. 2 fr.
— *Les veillées de chasse*. 1 vol. 2 fr.
— *L'habitation du désert*. 1 vol. 2 fr.
Pape-Carpantier (Mme) : *Histoires et leçons de choses pour les enfants*. 1 v. 2 fr. Ouvrage couronné par l'Acad. française.
Perrault, et Mmes d'Aulnoy et Le Prince de Beaumont : *Contes de fées*. 1 vol. — 2 fr.
Porchat (J.) : *Contes merveilleux*. 1 v. 2 fr.
Ségur (Mme la comtesse de) : *La Sœur de Gribouille*. 1 vol. — 2 fr.
— *François le bossu*. 1 vol. — 2 fr.
— *Nouveaux contes de fées*. 1 vol. 2 fr.
— *Les bons enfants*. 1 vol. — 2 fr.
— *Les deux nigauds*. 1 vol. — 2 fr.
— *Les petites filles modèles*. 1 vol. 2 fr.
— *Les malheurs de Sophie*. 1 vol. 2 fr.
— *Les vacances*. 1 vol. — 2 fr.
— *Mémoires d'un âne*. 1 vol. — 2 fr.
— *Pauvre Blaise*. 1 vol. — 2 fr.
— *L'Auberge de l'Ange-Gardien*. 1 v. 2 fr.
— *Le vieux général Dourakine*. 1 vol. 2 fr.
Swift : *Voyages de Gulliver à Lilliput et à Brobdingnag*, traduits de l'anglais, édition à l'usage des enfants. 1 vol. 2 fr.
Vimont (Ch.) : *Histoire d'un navire*. 1 vol. — 2 fr.

Paris. — Imprimerie générale de Ch. Lahure, rue de Fleurus, 9.